Veel mensen denken dat succes iets te maken heeft met geluk. Een hogere instantie die u in staat stelt om te slagen. Dit is bullshit! Succes is niet gebaseerd op geluk en zeker niet op toeval. Het is hard werken, discipline en wilskracht. Al het andere is een kreupel excuus. U kunt zo succesvol zijn als u wilt zijn. Het enige wat u hoeft te doen is klaar te zijn om vol gas te gaan.

Natuurlijk is dit deels erg oncomfortabel en ook niet erg gemakkelijk. Maar is je leven niet de moeite waard om te vechten voor je dromen en je doelen? Is het niet de moeite waard? Voor u? Voor uw gezin? Voor uw vrienden? Wilt u uw hele leven lang voor de vrijdag op maandag en weer bang zijn voor de maandag op zaterdag? En dat tot je 70 jaar oud bent?

Oh, nee, nee, nee! Dit leven heeft meer te bieden. Je moet gewoon nemen wat je wilt. En als dat succes, vrijheid en onafhankelijkheid is, dan moet je er tenminste een beetje voor willen doen.

Als je een paar basisregels volgt en een solide basis legt, krijg je precies waar je van droomt.

Wat, waarom en hoe moet je beginnen? We regelen dit nu!

Opmerking: Van tijd tot tijd zal ik u vragen om aantekeningen te maken en u vragen om het in dit boek te schrijven op de daarvoor bestemde plaats. Als je dit eBook leest op een apparaat waar je geen aantekeningen kunt maken, pak dan een vel papier en schrijf dingen op. Let ook op de context waarin u deze notities moet schrijven.

AGENDA

OVER UW ZELF

- Voordat we aan de slag gaan 8
- De langzame koude start...9
- De basisvoorwaarde 13
- Over de kunst van het doen van je ding..13
- Welke persoon bent u?..14
- Je bent gemiddeld en dat zuigt!..16
- U bent wat u doet!..18
- Je bent niet in ontwikkeling..19
- Wees de neuk eerlijk met jezelf!...21
- Voordat er iets verandert, moet je iets veranderen! 22
- Doen wat je liefhebt of liefhebt wat je doet 23
- Maar wat als......? 25
- Het verschil tussen prijs en waarde..26
- Wat is de belangrijkste voorwaarde om financieel vrij te worden?.....................................28
- De tijdsfactor...31
- Directe resultaten van processen...33
- Bestaat er zoiets als geluk? 34
- Zaligheid of talent? Wat wint?..38
- kansen grijpen 41
- Problemen zijn uitdagingen..45
- Pareto-principe...47
- Wil ik zelfs succes? Succes is eenzaam...48
- Wees blij als je alleen bent...52
- Beter om slim te beslissen dan slim te rijden...55
- Zo faalt u nooit meer!...56
- Hoe kiest u uw doelen 57
- Dus hoe moet u uw doelen kiezen? 59
- Wat zijn nu eindelijk deze REAL-doelstellingen?..65
- Hoe programmeer je jezelf naar REAL-doelen 67
- Herprogrammering van uw onderbewustzijn 69
- Waarom is het zo belangrijk dat u uw onderbewustzijn programmeert naar uw doelen?...70
- conditionering 73

Vind een mentor 76

Wat zijn nederlagen en hoe ga je ermee om? 78

Verantwoordelijkheid nemen 79

Dagboek bijhouden 83

De gewoonten van de succesvolle 84

Wat is uw grootste probleem? 91

Plannen is alles 92

partnertaken 97

De perfecte tijd 98

Een hete tip voor uw succes 100

Over uw financiën

Waarom geld meer waard is dan uw tijd 101

Hoe krijg je geld? 102

Waarom je denkt dat geld je niet gelukkig maakt 103

Wat kan geld voor u doen? 106

Waarom geld slecht besteed wordt 106

Waarom u uw geld verkeerd verdient 107

Rijkdom opbouwen met een schamel maandloon 110

Consumentenschulden zijn geen ereschulden! 111

Welke bronnen van inkomsten zijn er en welke zijn voor u zinvol? 115

Uw situatie en waarom u momenteel te weinig geld heeft 117

Stap voor stap naar financieel bewustzijn 117

Wat zegt deze lijst u? 118

Wat zeggen uw uitgaven over u en uw consumentengedrag? 121

Wat betekent rijk zijn eigenlijk? 122

Hoe kunt u geld verdienen? 125

Waarom iedereen van dit passieve inkomen houdt 132

Wat zijn geschikte passieve bronnen van inkomsten? 134

Geld is slecht 135

Leer hoe om te gaan met geld 136

Wat te doen met gespaard geld? 136

Hoe ga je verstandig om met geld om? 137

Wat kunt u met uw geld doen? 138

Geld beleggen in risicovolle activa 141

Wat kunt u nog meer doen met uw spaargeld? 142

edele metalen..143

Maak een éénjarig plan. 144

Wat probeer ik je te vertellen? Waarvoor dient de hocus-pocus? 147

Wat is het nut van dit alles? 149

Over mij persoonlijk

Wie ik ben en waarom ik je iets wil vertellen..151

Ik heb er gewoon geen zin meer in. Geen zin meer in deze gemiddelde levensduur. Geen motivatie meer om me elke dag naar mijn werk te slepen om geld te verdienen dat toch al door al mijn rekeningen wordt opgegeten. Waar ga ik naartoe? Waar is mijn familie in dit leven? Ik heb geen zin meer om in deze hamsterfiets te rennen en te rennen en te rennen en toch geen centimeter vooruitgang te boeken. Ik moet iets veranderen. Ik zal iets veranderen! Het leven heeft me meer te bieden dan alleen maar werken en wachten op vrijdag. Ik ben moe, ik ben moe. Ik ben mijn leven beu. En daarom ga ik het nu veranderen. Vandaag, hier en nu, ga ik mijn leven veranderen!

Er zijn twee soorten mensen in deze wereld. Sommigen die klagen en anderen die klagen. U heeft dit boek gekocht. Maakt dat u een doener? Nog niet, maar je legt de basis. Maakt het lezen van dit boek u tot een doener? Het is duidelijk dat als je je aan de regels houdt en je speelt volgens de regels, ja, duidelijk. Als je meespeelt, zul je al tijdens het lezen merkbare veranderingen waarnemen. Sommige dingen kunt en moet u onmiddellijk uitvoeren, andere dingen moet u vandaag beginnen zodat ze morgen vruchten afwerpen. Mijn doel is niet om je hier met oppervlakkigheid door meer dan 100 pagina's te slepen. Mijn doel is om je concrete en praktische instructies te geven zodat je je leven vandaag de dag kunt veranderen. Ik zal je ook vertellen waarom je deze tips moet accepteren en wat het je brengt, wat de betekenis is en waar het geheel naartoe moet leiden.

Het maakt niet uit in welke situatie u zich op dit moment bevindt. Waar je ook vandaan komt, ik kan en zal je helpen. Wat is er met u aan de hand? Want ik ga terug naar iets waar iedereen hetzelfde over denkt. Of het nu rijk is, of het nu arm is, of het vet, of het nu dun is. Een instrument dat u zal helpen om uw leven te veranderen is beschikbaar voor u net als elke andere persoon in de wereld.

-Sommige mensen hebben meer van iets, anderen minder. Er is echter één ding dat we allemaal hetzelfde hebben. En dit is de tijd. Iedereen heeft precies 24 uur per dag om het verschil te maken. De meest succesvolle mensen in de wereld hebben 24 uur, 1440 minuten, 86 400 seconden zoals jij. Waar het om gaat is wat je ermee doet. -

Ik wil je in dit boek laten zien hoe je erin slaagt om je leven plotseling te veranderen. En in het positieve. Je hoeft alleen maar te begrijpen waarom je iets moet veranderen. Daar zal ik voor zorgen. Daarna wil ik je graag wat concrete tips geven over hoe je dat moet doen. Ik wil niets minder dan u de gelukkigste persoon ter wereld maken. Laten we eens kijken of het werkt.

Dit boek is verdeeld in drie delen. In het eerste deel wil ik je helpen hoe je jezelf en je persoonlijkheid kunt in orde maken voor succes en welvaart en hoe je het best mogelijke uitgangspunt voor je succes kunt creëren. Het tweede deel gaat over hoe u financieel vrij wordt. Met concrete aanbevelingen en een gedetailleerde beschrijving! Ten derde zal ik u vertellen wie ik ben en waarom ik de vrijheid neem om u tips te geven.

Dus, laten we aan de slag gaan!

Over jezelf

Voordat we aan de slag gaan

Vanaf het begin wil ik een deal met je sluiten! Je hebt een paar euro's geïnvesteerd in dit boek. U verwacht dus waarschijnlijk, en terecht, dat u een rendement op uw investering krijgt. U wilt hier wat van hebben. Dus, wat ga je voor je geld van mij krijgen?

Na het lezen van dit boek heb je een duidelijke strategie en een gestructureerd plan om in korte tijd enorme financiële vooruitgang te boeken en onafhankelijk te worden. En vooral gelukkig! Als je er nog steeds van overtuigd bent dat veel geld je niet gelukkig maakt, moet ik je teleurstellen: Het maakt je gelukkig. Het zal je een stuk gelukkiger maken dan je misschien denkt. Wat is er met u aan de hand? Dat zal ik je later uitleggen. Verder zal ik samen met u een aantal dingen doornemen die u echt succesvol zullen maken. Niet zomaar een beetje, maar echt. Ik zal u uitleggen wat voor u belangrijk is, waarom het belangrijk is en, tot slot, hoe u het moet aanpakken. U leest rechts: Ik zal u concrete tips geven! Tips om direct aan de slag te gaan. Ik heb u zelfs nodig om direct vooruitgang te boeken.

Nu is dat stap één. En stap twee: Wanneer wordt het geheel merkbaar? Hoe snel zult u resultaten kunnen zien? Hier komt de deal!

Ik durf te wedden dat als je een paar pagina's verder komt met dit boek, je vandaag resultaten zult zien. Dan over een week of twee, als je het boek dan al gelezen hebt. Dan heb je al een paar dingen gevisualiseerd, opgeschreven, samengevat en een plan gemaakt. Alles is al psychologisch en fysiek tot stand gekomen. Over een maand start u uw eerste projecten. Het moet wel, anders houdt u zich niet aan de regels en de deal. En over een jaar? Over een jaar bent u succesvol! Ik kijk uit naar uw boodschap in een jaar waarin we hier op dit moment terug kunnen kijken en het samen kunnen vieren.

Dat is de deal van mijn kant. Ik zal je wat input geven. Heel constructief en praktisch. Maar ook iets theoretisch. Die mindsetverhalen..... Misschien kun je het niet meer horen of lezen. Ik denk dat het hier anders zal zijn. Het wordt op een andere manier toegepast en vertaald in praktische kennis en niet alleen oppervlakkig gibberish. Dus, heb ik mijn deel van de deal geaccepteerd? Geweldig! Laten we dan aan de slag gaan en geen tijd verspillen!

Wat is uw aandeel in deze deal? Nou, je moet samenwerken. Het boek wordt ongemakkelijk, zo ongemakkelijk dat je het gedeeltelijk wilt demoniseren. Maar je realiseert je wel dat het op de een of andere manier zinvol is, en je wilt verder. Ga verder omdat het je aanspreekt over iets waarvan je ervan overtuigd bent dat het juist is om erover te praten. En je blijft doorgaan tot je iets maakt. En je kunt er niet echt tegen vechten. Wat dan? Dan ben je ineens succesvol? Zo is het! Dus uw aandeel in deze deal is om mee te gaan, doe de dingen die ik u vraag te doen. Je hebt al een keer in dit boek geïnvesteerd, dus je kunt het nu goed doen.

De langzame koude start

Dus geef dit boek nu een beetje van je kostbare tijd en laten we het eens proberen. Behalve tijd heb je niet veel te verliezen. Misschien riskeert u uw gemiddelde status, uw vaak genoemde hamsterwiel, uw vooroordelen en uw comfortzone. Wat kunt u winnen? Tevredenheid, welvaart, gezondheid en ga zo maar door..... geluk.

Ik heb al gezegd dat ik ervan overtuigd ben dat financiële welvaart een belangrijke factor is in het creëren van uw "geluk". Waarom zou geld je gelukkig maken? Simpelweg omdat het al het andere voor u mogelijk maakt om gelukkig te zijn.

Als je genoeg geld had, hoef je niet vijf keer per week, laat staan zes keer per week, je 9-to-5 werk te doen, ook al wil je het niet echt doen. Hou je van de baan die je hebt gekregen? Als je er volledig in opgaat en alles wat voor jou daar belangrijk is, als je jezelf daar kunt ontwikkelen en je volledige persoonlijkheid kunt ontvouwen, dan ben je een absolute uitzondering. Dan heb je de juiste roeping voor jezelf gevonden. Dan behoor je tot de 5% die echt doen wat ze willen. Dit boek geeft u nog enkele andere gezichtspunten. Eerder als katalysator voor nog meer succes, geluk en tevredenheid. Maar je telt waarschijnlijk niet mee als een van die mensen, zoals het grootste deel van de mensheid daarbuiten. Omdat u anders nauwelijks zou hebben overwogen om dit boek te lezen, denk ik dat u er klaar voor bent om een verandering te willen.

U behoort dus tot de naar schatting 95% van de mensen die vastzitten in het hamsterwiel. Vijf tot zes dagen per week om haar dagelijks brood te verdienen, om haar aansprakelijkheid te dekken, om voedsel voor het gezin op tafel veilig te stellen, om mobiele telefoonrekeningen te betalen en ga zo maar door. En misschien ga je hooguit 1-2 keer per jaar op vakantie, als dat al zo is. Op het laatste moment natuurlijk, want daar ligt het grootste besparingspotentieel.

Is dat uw geluk? Maakt dit leven, deze toestand waarin u zich bevindt, uw vooruitzicht op de komende 10 jaar, laat staan 20 of 30 jaar, u gelukkig? Zo nee, lees dan verder! Als je meer geld had, hoefde je niet in het hamsterwiel te blijven, maar kon je je tijd anders besteden. Tijd doorbrengen met de dingen die echt belangrijk voor u zijn, dingen die u, uw familie en vrienden verder brengen. Of andere mensen. Je zou zelfs het potentieel hebben om de situatie van andere mensen te verbeteren buiten je eigen situatie. Zou je daar gelukkig van worden? Of in ieder geval gelukkiger dan uw verblijf in het hamsterwiel te financieren? Geld maakt je toch een beetje gelukkiger. Althans omdat het je meer perspectief geeft.

Geld komt meestal alleen met hard werken. Hard werken kost veel mensen veel tijd, soms sociale contacten (waarbij men zich moet afvragen of deze contacten wel echt belangrijk waren) en de gezondheid in gevaar brengen. Tot diep in de nacht werken en vroeg opstaan maakt je ziek (althans de meeste mensen denken van wel). Waarschijnlijk ook waar, maar alleen als je echt heel onlogisch te werk gaat en deze procedure maandenlang doorloopt. Waarom kiest u niet gewoon voor een slimmere manier om u vooruit te helpen? In de loop van dit boek zal ik u vertellen hoe u deze weg kunt vinden. Speciaal voor u en perfect aangepast. Maakt het je gezonder als je je 9-tot-5 baan doet, je geen energie hebt om te koken na het werk, je zuigt wat ongezonde dingen in en je bent te moe en depressief om bijvoorbeeld naar sport te gaan? Misschien werkt het niet eens omdat het de enige tijd is die je met je familie kunt doorbrengen die je nog niet de hele dag hebt gezien. Misschien maakt dat je ergens een beetje verdrietig, belastend, maar je hebt ook geen tijd om een evenwicht te vinden in je dagelijkse leven. Waarschijnlijk ook schadelijk voor uw gezondheid. Maar er is nog steeds een zondag die je kunt gebruiken voor recreatie. Eerlijk gezegd..... Hoeveel herstel je op een zondag? Morgen is het weer maandag neuken.....

Er is een leuk gezegde dat ik je hier niet van je af wil houden:

Maandag zuigt niet. Ofwel uw werk, ofwel uw houding ten opzichte van het werk.

Stel je nu voor, nu is het echt iets. En u wilt in de toekomst beter voor uzelf zorgen. U besluit dus om gebruik te maken van een aantal medische screeningsaanbiedingen. Helaas kosten sommige gezondheidsdiensten ook geld. Deels niet bepaald weinig, waar ook ter wereld. Heeft u het geld om alle onderzoeken en individuele gezondheidsdiensten te kiezen die u goed zouden doen of die u wenst? Zo niet, dan is hier nog een reden voor u om te blijven lezen.

Nog een ander punt: hoe zit het met uw situatie in uw beroep? Bent u een beslisser? Kunt u uw ideeën en beslissingen integreren in de processen die u wilt? Of zijn uw handen min of meer gebonden? Het enige wat overblijft is dat je soms wel eens van streek kunt raken van de beslissingen van anderen, maar dat je ze zelf niet of onvoldoende kunt beïnvloeden. Is het waar? Werkcollega's, bazen, klanten of medewerkers.... Hoe ziet de samenwerking eruit? Met andere woorden: Beperkt uw beroep u of kunt u daar uw volledige potentieel benutten? Alle personen met wie u in professioneel contact staat: ondersteunen zij u bij uw persoonlijkheidsontwikkeling en ontwikkeling? Wat hoop je uit je baan te krijgen? En welke effecten heeft uw werk, uw professionele mogelijkheden en perspectieven op uw privéleven?

Kun je werk en privéleven scheiden? Bent u evenwichtig en gelukkig na uw werkdag en kunt u echt genieten van uw vrije tijd? Wat als je een baan had waar je echt kon opstaan, plezier kon hebben en iets bijzonders kon maken? Klinkt meer als een sprookje, nietwaar? Wat zou zo'n kans voor u waard zijn? En zou je zelfs werken als dat niet nodig was? Of zou u misschien verschillende projecten starten, die zeker wat tijd en werk vergen, maar die u volledig vervullen en andere mensen misschien nog meer toegevoegde waarde bieden dan uw huidige werk? Denkt u dat er dan veel zou veranderen? Zo ja, lees dan verder.....

Dit waren slechts enkele voorbeelden van de situatie waarin u zich op dit moment bevindt en waarom u op een bepaalde manier gebonden bent. Het is uw werk dat u ongelooflijk veel tijd en zenuwen kost. En waarom doe je dingen die je kracht kosten en je niet gelukkig en tevreden maken? Waarschijnlijk voor het geld. De geldfactor is dus een punt dat je gelukkiger kan maken omdat het je heel andere mogelijkheden biedt. Geld zelf kan je niet eens gelukkig en gratis maken. Maar de dingen die mogelijk gemaakt kunnen worden in ruil voor geld, doen dat wel. Niet het pure papier of de koperen munten maken je blij bij het zien ervan, maar wat je er achter ziet, welke mogelijkheden er achter schuilgaan, welke mogelijkheden ze je bieden. Niemand zegt dat je een Lamborghini nodig hebt om gelukkig te zijn. Maar om te reizen, om verschillende plaatsen te zien, om verschillende culturen te leren kennen, om je familie zekerheid te geven, om vrij te zijn, dat kan je gelukkig maken. Of de steun van hulpbehoevende mensen maakt je gelukkig. In de meeste gevallen kost dit ook geld.

Je ziet, geld zelf maakt je niet gelukkig. Dat zie ik. Maar het staat u de dingen toe die u gelukkig kunnen maken. Ik ben hiervan overtuigd, en wel om de volgende reden:

Ik kom uit een nuchtere familie. Geld is altijd een probleem voor ons geweest. We moesten erfgenamen verkopen, het financieel meest waardevolle wat we in onze vier muren hadden, om ons dagelijks voedsel te financieren. Nieuwe kleren, schoolreisjes, schoolboeken, etc. hebben ons altijd voor nieuwe uitdagingen gesteld. We konden nooit aan luxe denken, omdat we niet eens de overlevingsbehoeften voor een bepaalde tijd konden garanderen. We hebben geleerd wat financieel moeilijke tijden zijn. We waren niet gelukkig, maar we hebben ons aangepast en konden ermee leven. Ik werd van jongs af aan geconfronteerd met het feit dat geld altijd de beperkende factor was om echt gelukkig te zijn, zeg maar zorgeloos.

Nu? Nu ben ik verder. Ik ben dankbaar dat ik alle financiële middelen heb om me te kunnen veroorloven wat me echt gelukkig maakt. En dat is wat ik overbreng naar mijn familie. Dat is wat ik geluk noem. Niet omdat het toevallig kwam, maar omdat er hard gewerkt werd. Moeilijk in de zin dat het niet vanzelf kwam en dat je ongemakkelijke beslissingen moest nemen. Moeilijk, omdat ik veel te maken had met mezelf, mijn omgeving en mijn beslissing. Stoer, want niet iedereen doet dat, en je wordt niet zomaar meegesleurd. Ik begrijp nu niet waarom het zo erg vervuild is. Voor mij is de korte vorm van een statement moeilijk: H-a-r-t = uitdagend-maar-rechtse-doen.

Voor mij betekent het niets meer dan: Soms ongemakkelijk, maar uiteindelijk precies de beste oplossing voor mij. Daarom zijn deze ongemakkelijke beslissingen de moeite waard. Denk na over welke situaties je te maken krijgt met uitdagingen, welke beslissingen moeilijk zijn. Wat wordt het?

Als we meer afstand nemen van het hele concept van succes, kunnen we zien: Er zijn veel mensen die beduidend beter af zijn dan jij. Velen hebben hard gevochten voor hun lot, velen zijn een beetje makkelijker gemaakt. Maar er zijn ook veel mensen die beduidend slechter af zijn dan jij. Ik denk dat we ons daarvan bewust moeten zijn. Maar dat is geen reden waarom we niet zouden moeten streven naar het bereiken van onze doelen. Het is geen reden om potentieel weg te geven en ons leven aan ons voorbij te laten gaan. Het grootste ding dat je waarde hecht aan je situatie en je toch de behoefte geeft om meer van je leven te maken is dankbaarheid. Dankbaar voor de mogelijkheden die u heeft. Dankbaarheid maakt dat je waarde hecht aan je leven en motiveert je nog steeds om meer te doen, zelfs voor hen die er slechter aan toe zijn. Maak het uw bedrijf om ze een beter leven te geven.

Ook mag het lijden nooit worden gecompenseerd door ander lijden. Dat is ook niet waar dit boek over gaat. Ik wil dat u dankbaar bent voor wat u hebt. Maar ik ben meer geïnteresseerd in de mogelijkheden die je hebt om meer van je leven te maken. Niemand zegt dat je met je rijkdom alleen luxe horloges en sportwagens moet bezitten. Met geld kun je zoiets geweldigs doen en zoveel mensen in deze wereld helpen. Het enige wat belangrijk is, is om hier open voor te staan en jezelf niet af te sluiten. Met succes en voorspoed kun je grote dingen bereiken, laat dat tegen je gezegd worden.

Ik zal vanaf nu heel eerlijk en eerlijk tegen je zijn. Deels provocerend om wat dingen van je op te wekken en te proberen ze te visualiseren. Ik wil dat we er openlijk over praten, ook al is het onaangenaam, ook al is het pijnlijk: het helpt niet, want anders ben je nooit klaar om er iets aan te veranderen. Tot nu toe heb je nog niets veranderd. Daarom moet je dit als motivatie nemen om de eerste stap te zetten. En dat is wat je moet doen, hier en nu.

De basisvoorwaarde

Het eerste en belangrijkste waar we het over moeten hebben is je bewustzijn. Het is voor jou van groot belang dat je een bewustzijn voor jezelf creëert of je huidige bewustzijn verder aanscherpt. Een bewustzijn voor de dingen die je doet en voor degenen die je ook niet doet. Bent u het met mij eens dat je niets kunt veranderen als je niet weet wat je moet veranderen? Eerst beantwoorden we de vraag "wat", dan het "waarom" en dan het "hoe".

Je moet een bewustzijn creëren van waar je bent en waar je naartoe wilt. Je moet je bewust zijn van de dingen die je doet die je vooruit helpen en welke dingen je teruggooien. Je moet ook een bewustzijn creëren van wat je moet doen en hoe je het moet doen om vooruit te komen. Het draait allemaal om het creëren van dat soort bewustzijn. En het is niet gemakkelijk om dit bewustzijn te ontwikkelen, want in de loop van je leven heb je er al een verworven, wat je helaas alleen maar heeft geholpen om in je huidige situatie te komen. Dat is prima, maar nu moeten we ervoor zorgen dat je een nieuw bewustzijn creëert of je vorige bewustzijn verder aanscherpt. Wat is er met u aan de hand? Zodat je kansen herkent, waar je eerder alleen risico's hebt gezien, zodat je nadenkt over mogelijkheden die je nog niet eerder hebt gezien, en zodat je uitdagingen aangaat, waar je eerder problemen ondervond.

Sommige van de dingen waar we het over gaan hebben, lijken misschien vreemd voor u, sommige lijken zelfs abstract. Je nieuwe bewustzijn is een open bewustzijn. Dus sluit jezelf niet af van hen zodra ze ongemakkelijk of onbegrijpelijk voor je lijken. Dat lijkt zo, omdat ze je nieuwe perspectieven bieden. En dat is wat je nodig hebt om echt het verschil te maken.

Je bewustzijn ziet dus veel meer kansen in de toekomst dan je tot nu toe hebt gedaan. Wat heeft het voor zin? Het zal u helpen om echte vooruitgang te boeken in uw leven. Een kans is de springplank naar een nieuwe hoogte, waar u naartoe kunt verhuizen. De nieuwe hoogte biedt op zijn beurt weer nieuwe mogelijkheden voor u, waardoor u de kans krijgt om grote vooruitgang te boeken. En met elke nieuwe hoogte komt er een beter en gelukkiger leven.

Over de kunst van het doen van je ding

Kunt u zeggen dat u uw ding doet? Bent u ervan overtuigd dat u precies de versie van uzelf bent die u wilt zijn? Ik betwijfel het, althans op dit moment. Wat is er met u aan de hand? Omdat je daar waarschijnlijk veel te verslaafd aan bent. Als je afhankelijk bent van andere mensen, of het nu je werkgever is, zelfs je partner, of andere hiërarchieën en structuren, dan doe je zeker niet je ding. Dat betekent niet dat het slecht is of dat je een fatale fout maakt. Ik denk echter dat je op sommige gebieden meer uit jezelf kunt halen. Ik denk niet dat jij op dit moment de beste versie van jezelf bent. En dat is precies wat ik met dit boek probeer te veranderen. En ik weet zeker dat ik dat ook kan.

Succes hebben in het leven betekent voor iedereen iets anders. "Succesvol zijn" is de meest inflatoire uitspraak, die net zo specifiek is als een boom in het bos. Wat betekent succesvol zijn voor u? We kunnen er hier nu zeker over filosoferen, en ik zal je op een later tijdstip helpen om een definitie voor je te vinden, maar het betekent in de eerste plaats het volgende: Succesvol zijn is de kunst van het doen van je eigen ding. Is het waar? Doen wat je vult, wat je gelukkig maakt. Om te doen wat je wilt uit het leven. En het is belangrijk om te doen wat je inspireert en waar je voor leeft. En er zijn altijd manieren en middelen om dit te bereiken. Het is toch niet eenvoudig, want het is ook een proces. Een proces dat zijn resultaten nog steeds gedeeltelijk onder controle houdt tot het aan het eind zijn volle pracht en praal onthult. Dit vereist discipline en uithoudingsvermogen. Ik heb echter nog niemand ontmoet die heeft gezegd dat discipline, wil, doorzettingsvermogen en enthousiasme geen vruchten hebben afgeworpen. Daarom wil ik je benaderen en je helpen om je ding te doen. En je gaat het maken. Ik beloof u.

Doe wat je wilt doen, doe wat je wilt doen. Het zal ook andere mensen ten goede komen, omdat ze er altijd baat bij hebben als een persoon opgaat in wat hij doet. Het zal zoveel energie en toegevoegde waarde genereren dat het andere mensen kan wegvegen. Ik denk niet dat we moeten praten over de vraag of je dit wilt doen, maar eerder over hoe je dit kunt bereiken. En dat is precies mijn motivatie. Om u te helpen uw ding te doen. Dat is de motivatie om dit boek te schrijven. Niet om de 1,50 euro te ontvangen die naar mij toe gaan als ik dit boek koop. Ik koop zelf een pakje havermout. Ik vond de kunst om mijn ding te doen. En mijn ding is om samen met jou naar haar te zoeken, zodat je je ding kunt doen. Succesvol zijn betekent voldoening. Het vervullen van uw behoeften, het vervullen van uw wensen. Wat vind je leuk?

Welke persoon bent u?

Je kent het gezegde: "Wie vecht, kan verliezen. Als je niet vecht, heb je al verloren". Ik denk niet dat het mogelijk is dat je de betovering niet kent. En misschien is hij je al ziek en moe. Maar denk je dat het waar is? Ik heb een bekentenis af te leggen: Wat je ook denkt, die spreuk is waar! Als u deelneemt aan een wedstrijd en niet op de dag van de wedstrijd verschijnt, bent u automatisch verloren gegaan. Dit is niet alleen het geval bij wedstrijden, maar vrijwel overal ter wereld in bijna elke aangelegenheid. Maar we willen dat feit niet overbrengen in het leven. Dat is te abstract. Die uitspraak telt hier niet mee. Ja, dat doe ik!

Deze uitspraak telt ook hier! En nog veel meer! Wat gebeurt er als je niet vecht? Niets! Er gebeurt niets. Uw leven zal nul-commando nul veranderen. Het blijft 100% zoals het is. Je maakt geen extra ervaringen op, krijgt geen nieuwe kansen, maakt geen nieuwe kansen en leert geen verrijkende mensen kennen. Het verandert puur GARNICHTS!

Wat gebeurt er als je toch gaat vechten? Of zelfs aan de slag? Wat is het ergste wat er kan gebeuren? Heel eenvoudig: In het ergste geval verandert er ook niets. Worst case scenario, je bent terug waar je nu bent. Misschien heeft u waardevolle contacten gelegd, elementaire ervaring opgedaan of nieuwe kansen gemist. Maar het slechtst denkbare scenario, als je begint te handelen, is het scenario dat je er op zijn best uitkomt om niets te doen: Het is uw uitgangspunt.

En begin niet te zeggen: In het ergste geval zit je vast aan contracten, kosten en dergelijke. Die dagen zijn voorbij. In het tijdperk van de informatie, waar u toegang hebt tot en bouwen van alles in de wereld met het internet en technologie, heb je geen kosten die je in eerste instantie moet uitgeven om een paar euro's te verdienen. Als je hier intuïtief aan twijfelt, dan vraag ik je of je er al uitgebreid mee omgaat en waar je intuïtie op gebaseerd is. Als je er echt slim mee omgaat, zul je zien dat je je eigen website, e-mails, klantengesprekken, etc. volledig gratis kunt maken: Als je dat niet doet, dan heb je ofwel een slecht onderzoek gedaan of ben je vastgelopen. Toegegeven, misschien kost het je 10 euro. Dat is het echt.

Een goed advies dat ik u hier wil geven is een manier van denken dat ik mijn levenshouding heb bepaald:

"Doe altijd wat u uw beste vrienden aanraadt om te doen".

Wat is er met u aan de hand? Omdat je ervan overtuigd bent dat het goed is, anders zou je het je beste vrienden vertellen, nietwaar? Een vriendin heeft een aanbod gekregen om te profiteren van een grote kans in het buitenland, maar is bang om zijn of haar leven in Duitsland op te geven. Wat zou u haar adviseren? Natuurlijk moet hij/zij het geheel goed in overweging nemen, maar uiteindelijk......? Wat als het een grote kans is? Als dat precies is wat hem/haar gelukkig maakt? Je zou zeggen, "Doe het! Je moet het doen! Doe wat je gelukkig maakt". Waarschijnlijk zou je een slimme wijsheid najagen: "Je hebt nooit spijt van die dingen in het leven die niet optimaal werkten. Je betreurt de kansen die je niet hebt genomen. Misschien sla je die lijn ook over. Maar je reageerde toch op de een of andere manier?

Maar zou je die kans ook aangrijpen? Zou je het zelfs waarnemen als het ongemakkelijk voor je was? Er zijn talloze voorbeelden, maar slechts één oplossing! Zou je zelf doen wat je aan je beste vrienden aanbeveelt? Ik denk niet dat het verkeerd is om de beslissingen aan te bevelen en te bevestigen, ik denk dat het verkeerd is om ze niet op te merken!

In elke situatie waarin u geconfronteerd wordt met een beslissing, denk na over wat u uw beste vriend(in) aanbeveelt en doe hetzelfde! Anders ben je gewoon niet trouw aan jezelf. Doe ook wat u denkt dat het goed is!

Je bent gemiddeld en dat zuigt!

Velen van ons leven volgens het BNA-principe: Trek gewoon geen aandacht! Wat we ook doen, we willen gewoon geen aandacht trekken. Wijk niet positief of negatief af. Gewoon met de stroom meezwemmen. De meest in het oog springende ervaring die ik op dit gebied heb gehad, was inderdaad tijdens mijn opleidingsperiode, die ik heb doorgemaakt tijdens mijn duale studie. Mijn collega's waren er trots op dat ze niet de aandacht hebben getrokken. Het was haar heetste tip voor mij in mijn carrière. Zonder veel te weten over de wereld van het werk, was het voor mij logisch wat ze me wilden vertellen, en ik trok er een conclusie uit: "Ze zullen toch zeker niet gelijk hebben! Ik heb het niet hardop gezegd, maar het sprong gewoon in mijn hoofd toen ik deze tips kreeg om niet op te vallen! Waarom zou ik niet willen opvallen en opgemerkt worden? Negatieve afwijking? Tuurlijk, het is ongemakkelijk. Dan kun je beter niet opvallen. Positieve afwijking? Wat is daar mis mee? Voor mij is er maar één ding: de afgunst en haat van andere collega's die dat niet willen. Waarom niet? Omdat het hen de kans geeft om niet de aandacht te trekken met de minimale hoeveelheid werk die ze doen, omdat iedereen betrokken raakt bij deze sleur. Zodra één of enkele mensen meer werk in dezelfde tijd beginnen te doen of om beter werk in dezelfde tijd te creëren, beginnen ze de aandacht te trekken, en dat op een eerder negatieve manier. Ze wilden het gemiddelde behouden, zodat het beeld gelijk zou zijn en niemand zou opvallen die halfslachtig werkte, weinig werk deed, ontevreden was...... Dus konden ze altijd in hun comfort blijven en werden ze er niet over benaderd. En dat is zo'n beetje het ergste wat je kan overkomen: Het vinden van wegen, het vinden van excuses, het laten bepalen van comfort in je leven. En als zelfs iemand het aandurft om er met u over te praten of om u de hele zaak te laten voelen.....

Het motto is dus: Als iedereen het op die manier doet, dan zal het niet opvallen. Zo kan iedereen in zijn eigen comfortzone blijven en hopen dat het binnenkort een weekendje weg is.

Die houding stonk me ongelooflijk. Ik wilde opvallen. Niet omdat ik super groot ben of omdat ik een opvallende aandoening heb, maar omdat ik niet de houding en het leven van mijn collega's wilde leven. Dus ik wist dat ik iets anders moest doen,

 moet in het beste geval iets beters doen, of moet gewoon meer doen om op te vallen. En toen realiseerde ik me één ding: Je hoeft niet overal de beste te zijn. Je hoeft alleen maar op een minimale positieve manier af te wijken. Dat is genoeg. En dat kan met relatief weinig moeite, want het gemiddelde is relatief laag. Dus het was duidelijk: nog een uur werk, nog een experiment in het laboratorium, nog een evaluatie meer precies.... Dat is genoeg om een positieve indruk te maken.

Het zijn niet de mensen die er positief uitspringen die dom zijn. Het zijn de meningen die het gemiddelde erover vormt. Het gemiddelde voelt zich verraden als iemand meer doet of meer betrokkenheid toont. Maar het gemiddelde leeft ook het gemiddelde leven waarover iedereen klaagt. De gemiddelde persoon martelt zichzelf om op maandag te werken en huilt van vreugde als het vrijdag is, en is dan weer bang voor maandag. De gemiddelde mens werkt zijn hele leven om dingen te kopen, waar hij dan zijn hele leven voor moet werken. Het gemiddelde is zo ongelooflijk stevig verankerd in dit hamsterwiel. Het gemiddelde houdt niet van afwijkingen. Het gemiddelde bevalt je niet. Geen probleem, je vindt hem ook niet leuk! Bovendien wil je geen gemiddeld leven. Als het erop aankomt, moet je altijd precies het tegenovergestelde doen van wat het gemiddelde doet.

Ik heb toen ook meer dan gemiddeld gegeven. Ik wist dat dit de enige reden was waarom ik tot dit standpunt ben gekomen. Met een gemiddelde aanvraag, een gemiddeld interview en een gemiddelde beoordelingstest zou ik waarschijnlijk zelfs dan nog niet in het duale studieprogramma zijn opgenomen. Ik ben beloond voor het afwijken van het gemiddelde. Het leek me dus een goede zaak voor mij.

Tot op de dag van vandaag heb ik er nooit spijt van gehad dat ik iets bovengemiddeld ben. Toon gewoon een beetje meer initiatief, een beetje meer bereidheid, een beetje meer bereidheid, een beetje meer bereidheid. Het is voldoende om iets meer te investeren om aanzienlijk meer te worden beloond. Ik had zelf deze ervaring, en iedereen die bereid was om iets meer dan gemiddeld te doen, bevestigde dit ook.

Feit is: Als je meer wilt dan het gemiddelde krijgt, dan moet je ook bereid zijn om meer te geven dan het gemiddelde. Dan ben je ook bereid om ze te beledigen. Je wilt meer in je leven dan een gemiddeld succes, dus je moet er klaar voor zijn om deze hindernis te overwinnen en verder te gaan. Er zullen altijd situaties zijn waarin je mensen en processen ontmoet die helemaal niet gemiddeld zijn en je op deze weg begeleiden. Maar eerst moet je door het hete zand om naar de verkoelende zee te gaan. Dan heb je ook bovengemiddelde vrienden, bovengemiddeld succes en bovengemiddeld geluk.

U bent wat u doet!

Zeer weinig mensen hebben grote dingen bereikt door niets te doen. Sommigen hebben iets bereikt door iets in hun hoofd te hebben. Wetenschappers en onderzoekers slagen hierin. Toch telt het resultaat meestal mee. Het topje van de ijsberg, wanneer al het harde werk en je ijver onder de oppervlakte verborgen blijft, laat je resultaat zien, en dat is wat andere mensen waarnemen. Misschien is het niet zo moeilijk als dit. Maar misschien gaat het meer om het realiseren van dingen, echt iets doen. Als je zieke mensen wilt helpen, helpt het helaas niet veel om de gedachte te voeden, maar niet om actief te worden. Als je echt zieke mensen wilt helpen, telt het om iets te doen. Het doen maakt hier het beslissende verschil. En dat is echt een heel dramatisch verschil. Het doen onderscheidt de chatterer van het ijverige, het mislukte van het succesvolle. Alleen het maken van het verschil maakt het verschil. En dat verschil heb je in je leven zeker al genoeg meegemaakt. Want wat je voorheen ook dacht, wat je ook gepland hebt, als je nog steeds op dezelfde plaats staat als voorheen, dan heb je niet zo veel gedaan. Je kunt veel denken en weten, zonder toepassing en dit brengt je helaas weinig op.

Je kunt alleen iets veranderen als je echt iets doet. Als u een doener bent, maakt u ook het verschil. Het verschil dat u in staat stelt om vooruit te komen. Hoezeer haatte ik die uitspraak toen ik ermee geconfronteerd werd. Voor mij was het het toppunt van oppervlakkigheid. Hoe moet ik iets doen als ik niet weet wat ik moet doen. Ik heb altijd gelezen: "Never mind, just start"! Maar met wat? Ik heb geen idee!

Maar op een gegeven moment ben ik pas echt begonnen. Ik ben net begonnen met het nastreven van een doel. Wat het doel ook is. Eerst wilde ik fitnesscoach worden, dan handelaar, dan management consultant, dan start-up manager. Ik ben net begonnen met veel verschillende dingen. En dit doel bracht toen genoeg facetten met zich mee, waar ik vervolgens voor moest zorgen. Deze "just start" maakt dan een heel ander perspectief mogelijk. Wat het ook is, het enige wat je hoeft te doen is een doel hebben. En het doel kan zo veelzijdig zijn als u zich kunt voorstellen. Dat is genoeg om te beginnen. Iets, hoofdzaak, het heeft op de een of andere manier iets te maken met je doel. Begin u ergens over te informeren. Begin mensen om hun mening te vragen. Begin met het adverteren van iets. Gewoon ergens beginnen! Als je je kamer opruimt, moet je ergens beginnen. Hier is het hetzelfde.

Mijn primaire doel was om geld te verdienen aan de kant met iets wat ik wist. Omdat veel van mijn kennissen mij vroegen naar mijn dieet voor voedingstips, dacht ik dat ik kon beginnen met het schrijven van trainingsplannen. Dus ik ben net begonnen met het schrijven van trainingsplannen omdat ik dacht: Waarom niet? Ik kan zeker trainingsplannen maken en deze aan andere mensen geven, verkopen, in ruil aanbieden, enz. En toen ik ermee begon, breidde mijn gevoel er uiteindelijk uit. En dan waren er nog andere dingen die ermee te maken hadden. Daarna moest ik zorgen hoe ik geïnteresseerden kon bereiken. Dit hangt samen met marketing, acquisitie en dergelijke. Daarna moest ik kijken tegen welke prijs ik de plannen kon aanbieden. Ik had dus te maken met de markt en mijn concurrenten. Allemaal dingen die ik in het begin niet echt op mijn scherm had, maar dat kwam omdat ik gewoon iets begon te doen. En met de kennis die ik toen heb opgedaan, kan ik nu op een heel andere basis bouwen. Vandaag kan ik ervan profiteren. Het maakt niet uit welke kant ik nu op ga: Ik heb al ervaringen opgedaan die mij alleen maar verder kunnen brengen. Als ik niet net was begonnen, zou ik deze ervaringen vandaag niet hebben. Dus nu begrijp ik wat het betekent om gewoon aan de slag te gaan. Begrijpt u dat?

Als je het eerder begrijpt dan ik, zul je nog sneller succes kunnen vieren. Dan heb je al een klein voordeel en de eerste belangrijke les uit dit boek met je meegemaakt. Zo eenvoudig is het. Daarachter: "Gewoon doen! Wees een doener" is veel meer dan wat we op het eerste gezicht zouden begrijpen. Als je dat ziet en begrijpt waarom het zinvol is om gewoon te beginnen, zelfs als de richting en het doel nog niet zeker is en honderd procent vastligt, dan zie je ook waarom het zinvol is om gewoon te beginnen. Ervaringen zijn vaak belangrijker dan wekenlang zorgen te maken, alleen om praktische ervaring op te doen.

Je bent niet in ontwikkeling.

Je blijft altijd waar je bent omdat je altijd doet wat je al kunt. Deze zin is u al lang bekend. Hij beschrijft een fenomeen dat je elke dag opnieuw en opnieuw tegenkomt. Dit gaat over het kernprobleem in uw dagelijks leven. Je bent comfortabel, doet wat je al kunt, omdat je weet hoe het werkt en welk resultaat je kunt verwachten. Het probleem is nu alleen dat deze dingen u in uw huidige situatie hebben gebracht en u ervan hebben weerhouden om vooruit te komen. Hoe kom je er dan uit?

Gemakkelijker gezegd dan gedaan, maar: Door dingen anders te doen dan je eerder hebt gedaan. Anders betekent niet noodzakelijkerwijs beter. Je weet niet of het beter wordt als je het anders doet. Maar je weet dat het anders moet zijn om het beter te krijgen. Middelen in gewone taal: Verander je dagelijkse leven! Het is niet allemaal slecht wat je nu doet. Het lijkt gewoon niet genoeg om echt vooruitgang te boeken. Meer doen, beter doen, vaker doen. Eenvoudig voorbeeld: Als je wat gewicht wilt verliezen en elk dieet is tot nu toe mislukt, moet je er iets aan veranderen. Een beetje meer sporten, intensiever sporten, de trap nemen in plaats van de lift. Je moet iets veranderen om ook andere resultaten te krijgen.

Dit is een van de grootste obstakels voor ons succes: we doen elke dag hetzelfde, maar verwachten andere resultaten. Het is alsof je vertrouwt op een hogere autoriteit. Alsof er iets met jou en je lot te maken heeft. We weten allebei hoe realistisch dat is. Om deze reden is er geen andere manier om dingen anders te doen dan voorheen. Niet alles is anders. Dit leidt niet tot een zinvol resultaat. We hebben deze methode de "DOE - Design of Experiments" in kwaliteitsmanagement in de chemie genoemd en het kan ook in het dagelijks leven prachtig gebruikt worden.

De DOE beschrijft een proces dat afhankelijk is van meerdere parameters. Bijvoorbeeld een chemische reactie die afhankelijk is van de druk, de temperatuur en de hoeveelheid van de stof. Als de eerder geselecteerde reactieomstandigheden niet tot het gewenste resultaat leiden, dan is het mogelijk om deze parameters aan te passen en aan te passen om hun invloed op het reactieresultaat te verkrijgen. Stel dat we nu alles veranderen, d.w.z. alle drie de reactieparameters (druk, temperatuur, hoeveelheid stof). Nu werkt de reactie! Wij ontvangen het gewenste resultaat. Dat is in het eerste opzicht zeer verheugend, maar niet noodzakelijkerwijs in het tweede. Omdat het mogelijk is dat we hebben gekozen voor een veel te grote hoeveelheid materiaal en een veel te hoge temperatuur dan echt nodig zou zijn. Misschien is 80°C voldoende in plaats van de 140°C die nu wordt gebruikt. Het probleem is dat het temperatuurverschil dat we te veel hebben opgewarmd ons geld kost. Voor een klein reactiemengsel misschien nog te verwaarlozen, voor een groot apparaat met een volume van duizend kubieke meter al honderden tot duizenden euro. Dit betekent dat een chemisch bedrijf veel meer energie kan besparen als het had geweten dat de 80°C al voldoende zou zijn om de betreffende reactie tot het gewenste resultaat te leiden. Misschien hoefde de temperatuur niet eens zo hoog te worden ingesteld, misschien was alleen de hoeveelheid stof doorslaggevend. We kunnen dit achteraf niet meer zo gemakkelijk achterhalen, omdat we alle procesparameters direct op alle procesparameters hebben vastgeschroefd.

Het Design of Experiments beschrijft nu dat in een proces dat afhankelijk is van meerdere variabelen of parameters, je achtereenvolgens de ene na de andere verandert en nadenkt over het effect op het resultaat. Dit geeft ons een veel nauwkeuriger beeld en vertelt ons wat het resultaat het meest afhankelijk is van het resultaat. We veranderen dus slechts één parameter stap voor stap en zien welk resultaat we krijgen. Zo besparen we energie, die we onnodig zouden moeten uitgeven om alle andere parameters op hetzelfde moment (waarschijnlijk onnodig) te veranderen en krijgen we een kristalhelder oorzaak-gevolg principe.

Wat betekent dit concreet voor uw leven? Als u andere resultaten wilt, moet u iets anders doen. Maar niet alles is nu anders. Want ook dat leidt tot tijd- en energieverspilling van uw kant. Dus misschien verander je in je dagelijks leven dingen die belangrijk waren voor je, voor je mentale conditie, voor je motivatie. U verandert te veel dingen, en het ongemak dat dit met zich meebrengt, resulteert in een zeer groot tijd- en energiegebruik. Aan de ene kant betekent dit dat je je doel gemakkelijker had kunnen bereiken, dat je misschien al bestaande, succesvolle processen hebt stopgezet en veranderd en dat je nu een gebrek aan motivatie ervaart door het onnodige verlies van kracht. Omdat het verlaten van het comfort je al zoveel heeft gekost, heb je nu weinig motivatie en energie om verder te gaan.

Precies dit fenomeen ligt ten grondslag aan de stelling: stap voor stap! Ooit gehoord dat als iemand je iets leert, hij of zij "stap voor stap" zegt? Eerst de een, dan de ander? De ene voet voor de andere? Leren staan en lopen voordat je begint te rennen? Dat is de psychologie erachter. Neem geen te grote stappen, begin klein, maar begin dan echt! Anders neemt u het over, verliest u kracht en motivatie, wat het momentum van opgeven voor u kan vergroten.

Doe gewoon iets anders dan je eerder hebt gedaan. Eerst het een, dan het ander, en zo verder. Dit leidt ertoe dat je je realiseert welke veranderingen dit in je leven zal brengen, je kunt inschatten of het positieve of negatieve veranderingen zijn en indien nodig processen optimaliseren of, als je je realiseert dat ze slecht voor je zijn, ze in hun oorspronkelijke staat brengen of ze helemaal weglaten.

En wat betekent anders maken concreet? Gewoon een paar dingen meer doen, iets meer tijd investeren, iets intensiever denken, iets meer informatie geven.

Wees de neuk eerlijk met jezelf!

Wat wil je van het leven, wat wil je bereiken voor jezelf, je familie, je vrienden? Wilt u verder leven zoals u dat nu doet? Uw woorden, wat u wilt hebben, wat u wilt bereiken, wat u wilt bereiken, wat u kunt doen, alles wat in rook opgaat omdat u gewoonweg niet klaar bent om het comfort te verlaten en eindelijk iets uit uw leven te maken! Je bekritiseert anderen, klaagt over politiek, maatschappij en durft een standpunt in te nemen, bekritiseert andere mensen en hun doelen. Maar waarom doet u dit? Omdat je jezelf in een betere situatie ziet? Ik denk van niet. Omdat je de ervaring hebt gehad en ervan bent gegroeid? Ik denk niet......

Je zit momenteel te gevangen in je kosmos en wacht nog steeds op een geschenk uit de hemel dat je morgen rijk en gezond wakker wordt. Wakker worden! Nu. U kunt met dezelfde waarschijnlijkheid ook morgen ernstig ziek en bitter arm wakker worden. Ik hoop dat geen van beide dingen niet gebeuren. Voor de een kun je iets doen, voor de ander moet je er zeker iets aan doen! Waar je nu bent, ben je alleen maar omdat je hebt gedaan wat je eerder hebt gedaan. Het maakt niet uit wat je tot nu toe hebt bereikt of wat je nog niet hebt bereikt. Beide zijn hier alleen het product van. Wees de neuk eerlijk met jezelf: U droomt van vakantie, van een baan die u vervult, van een huis dat u zekerheid en zekerheid geeft, van een gezin dat u liefde geeft, en wat doet u er specifiek voor? Wees eerlijk tegen jezelf! Wat doe je er precies voor? Je hoopt op een betere toekomst zonder er vandaag iets aan te doen. Je hoopt op een gelukkig toeval. Je weet hoe ik me daartegenover voel. Als hij nog niet gekomen is, waarom zou hij dan morgen of overmorgen komen? Het moment dat je opeens rijk en gelukkig wordt? Zijn er andere mensen waarvan je gelooft dat ze een goed leven hebben? Is alles wat ze hebben gebouwd op geluk? Hoe waarschijnlijk is het dat je na een moment van geluk nog een moment van geluk zult ontvangen als je meer dan 10, 15 of zelfs 20 jaar tevergeefs hebt gewacht op het eerste moment van geluk. Als dit je plan is om te wachten op willekeurige momenten van geluk, dan kun je vijf, zes of zeven momenten van geluk in je hele leven ervaren. Dat is het! Je zult niet veel meer momenten van geluk ervaren omdat je ze in de eerste plaats niet meer herkent. En omdat je het niet verdient. Vrij verspild als je je hele leven aan het sleutelen bent, hè? Een leven lang wachten op maximaal zeven momenten van geluk. Herinnert ons aan de situatie in het hamsterwiel: Zes dagen per week wachten op de zevende dag, wanneer je kunt doen wat je gelukkig maakt. Het heet niet discipline, het heet dwaasheid. Wees eerlijk tegen jezelf! Wees maar eens eerlijk tegen jezelf! Wat motiveert je echt? Wat maakt u gelukkig? Waar sta je 's morgens voor op? Wat zou u wensen als u drie wensen had? Schrijf deze drie wensen op!

1

2

3

Wat heb je tot nu toe effectief gedaan en wat doe je vandaag zodat je deze wens morgen kunt waarmaken? Merk je iets op? Precies! En daarom gaan we vandaag alles veranderen. Je begint vandaag om je morgen te bepalen, om overmorgen te leven zoals je het je voorstelt.

Voordat er iets verandert, moet je iets veranderen!

Waar je nu bent, kom je daar door te doen wat je tot nu toe hebt gedaan. Dat betekent dat je morgen altijd het product is van wat je vandaag doet. Je hebt vandaag een baan omdat je gisteren een stage of een diploma hebt afgerond. U woont waar u gisteren de huurovereenkomst heeft ondertekend. Ons vandaag is ongetwijfeld altijd het product van wat we gisteren hebben gedaan. Als je gisteren de was hebt gedaan, kun je vandaag vers gewassen t-shirts dragen. Dus als u uw was vandaag niet strijk, kunt u morgen geen gestreken overhemd aantrekken. Strijk je vandaag nog? Zo niet, dan kunt u er morgen niet van profiteren. U kunt uw kleding laten strijken, maar dan moet u de prijs betalen. Strijken is als het leven. Wat u vandaag nog niet kunt doen, kunt u morgen niet meer profiteren. Wat je gisteren nog niet klaar was om te doen, kun je vandaag niet genieten. Heeft dat zin? Waarom heeft dit voor jou zin, maar in je leven kijk je er heel anders naar? Waarom ben je ongelukkig met wat je vandaag hebt, terwijl je gisteren niet bereid was om er meer voor te doen? En waarom zou je wensen dat morgen beter zou zijn als je niet bereid bent om vandaag iets te veranderen? Er is een grove logische fout. Dat kan niet. Maar leef je je leven niet precies zo dat je denkt dat het morgen beter zal zijn zonder dat je er vandaag iets concreets voor doet? Je leeft in de dag, je leeft hetzelfde dagelijkse leven, steeds weer opnieuw, en je denkt dat er morgen iets zal veranderen, als bij toverslag. De wetten van de natuur beloven je in hoge mate en heilig dat dit niet zal werken. En wanneer is de tijd dat je dat zult begrijpen? Hoeveel jaar duurt het nog om dat te laten zien? Je realiseert je al snel dat een brand heet is. Dat je morgen niet rijk wordt als je er niets aan doet, niet tot vandaag. De enige manier waarop iets kan veranderen is als je iets verandert. Je kunt alleen een beter leven leiden als je zelf beter wordt. Hoe wordt u beter? Door te stoppen met de dingen die je altijd doet, maar je komt nergens. Dat betekent niet dat je geen vrije tijd hebt of dat je geen successen meer viert. Ze zijn belangrijk, zodat u kunt genieten van wat u hebt bereikt. Maar stop met dingen te doen die je niet gelukkig maken of je op korte termijn voldoening geven, maar maak je op de lange termijn niet gelukkiger. Dit zijn de pijnstillers die je zo min mogelijk moet consumeren.

Uw denken heeft u tot nu toe geleid tot waar u nu bent. Het zal niet veel meer veranderen. Het is dus maar al te logisch dat je ook je manier van denken, je acties, je ideeën moet veranderen als je een ander leven wilt hebben. Een mooi gezegde zegt:

Ik weet niet of het beter wordt als het anders is. Maar ik weet dat het anders moet zijn om het beter te krijgen.

Ongeacht wat u van dergelijke citaten vindt. Geen enkele zin beschrijft dit fenomeen zo goed als deze. Schrijf deze zin op, lees hem elke ochtend en elke avond. Zeg het hardop. En je zult zien dat je manier van denken verandert.

Doen wat je liefhebt of liefhebt wat je doet

Ik hoef hier niet te kauwen op iets dat je al weet. Je weet zelf dat je vaak heel goed bent in wat je echt leuk vindt om te doen. Simpelweg omdat je hier vooral veel liefde voor het detail hebt en je je ook bijzonder inspant om het goed te doen. Gewoon omdat u ervan geniet. Dat is ook duidelijk. Het is niet langer een geheim en zelfs wetenschappelijk bewezen dat de prestaties en resultaten van mensen die doen wat ze liefhebben gemiddeld beter zijn dan degenen die iets doen als middel om een doel te bereiken. Zoveel is bekend. En logisch ook.

Maar wat heeft het voor zin? Velen raden je steeds weer aan: Doe wat je liefhebt! En als je dat doet, zul je altijd een manier vinden om in je levensonderhoud te voorzien. Ik denk dat dat deels waar is, maar ik ben niet helemaal overtuigd. Er zijn twee dingen waar ik me zorgen over maak: met bijna elk idee kun je toch wel prettig geld verdienen, maar er is meer nodig dan alleen een passie. Dit vereist een bijbehorend zakelijk idee, de mogelijkheid en de omgeving om er geld mee te verdienen. Dit is zeker mogelijk, maar het is niet zo eenvoudig als wordt gesuggereerd. Ik denk echter dat de aandachtige lezer dat al weet.

Het tweede punt is dit: Wat doe je toch graag? Bent u zich daar zelfs van bewust? Weet je wat je echt gepassioneerd maakt? Behalve slapen en eten en feesten? Er zijn hier zeker mogelijkheden om een maandelijks inkomen te genereren, maar de ideeën moeten abstracter worden. Ik ben ervan overtuigd dat we ons vaak niet bewust zijn van alle dingen die we graag doen. Ik denk dat dit vaak onbewust gebeurt omdat het ergens routine is geworden. Als dat bij jou niet het geval is, des te beter, dan kun je hier de dingen opschrijven die je leuk vindt om te doen:

-

-

Zo niet, dan moet je zo goed mogelijk nadenken over de afgelopen vier weken in je geestesoog en nadenken over wat je de afgelopen vier weken keer op keer hebt gedaan. Want vaak doe je de dingen die je leuk vindt, zelfs gewoon ertussenin, zonder ze bewust te waarderen. Maar je associeert het met een soort compensatie, het is goed voor je. En dat is de reden waarom dit beroep steeds weer voorkomt. En nu is het de bedoeling om je te helpen die processen op te sporen door je terug te herinneren. En nee, slapen telt niet mee.

-

-

-

Dat was nu de eenvoudige variant. Er zijn ook dingen die je leuk vindt om te doen, maar die niet zo vaak voorkomen of niet altijd direct naar de tweede kunnen worden gedaan, bijvoorbeeld skiën, voetballen, zwemmen, etc.

Ga om met de dingen die je leuk vindt om te doen, want dit zijn ook activiteiten die je potentieel heel goed kunt doen. Natuurlijk helpt dit je enorm om echte toegevoegde waarde te creëren. Voor u, of voor andere mensen die er zijn. Reeds uw reflecties verzameld hier helpen u om uzelf te wijden aan uw passies.

Een andere manier is om lief te hebben wat je doet. Je doet genoeg, dag na dag. Zelfs als je het niet bewust waarneemt, of als je het gewoon aan de zijkant doet. We doen altijd iets, ook al doen we niets, we doen iets. Niets! Deze andere aanpak vereist dat je een passie opbouwt voor de dingen die je al doet. Of het nu gaat om het strijken van uw top. Misschien is dit een baan waar je helemaal niet van geniet. U kunt echter proberen om facetten op te nemen die deze taak voor u interessanter maken. U kunt proberen er uw eigen uitdaging uit te halen door van dag tot dag vlekkeliger of sneller te strijken. Of, je associeert deze activiteit met iets anders dat je positieve gevoelens geeft. Bijvoorbeeld naar muziek luisteren, zingen, dansen, een serie kijken, podcasts opnemen, voicemails schrijven, voicemails schrijven, gebruik maken van voice-to-text applicaties om je creatieve gedachten te schrijven. Ook hier zijn de mogelijkheden voldoende abstract. Maar ook zo divers als je het nodig hebt. Dus denk na over wat je kunt associëren met taken om ze mooier te maken. Misschien zal het u ertoe aanzetten om nu al uit te kijken naar deze activiteit, zodat u de tijd heeft om een hobby van u te beoefenen of u kunt deze tijd gewoon voor uzelf nemen. Het is gewoon een manier om naar   dingen   te   kijken   en   een   gewoonte.

Doe wat je liefhebt, of hou van wat je doet. U heeft de keuze uit beide!

Maar wat als......?

....sommige dingen zijn echt ongelooflijk moeilijk voor je, je bent echt bang voor iets, je hebt er geen zin in, je kunt het niet doen of of of.....

Doe het dan als eerste! Doe het direct. Geen gedachte, geen discussie. Als het uitvoerbaar is, doe het dan direct. Ook al is het misschien niet de meest verstandige beslissing om dit proces rechtstreeks af te ronden en te verkiezen boven andere, het is toch de juiste beslissing. Om de zeer eenvoudige reden dat dit proces anders te belastend en te verlammend is. De psychologische reden is hier de doorslaggevende! Aan de ene kant stelt u dit proces onnodig uit en vertraagt u uw vooruitgang. Aan de andere kant zal de gedachte aan onaangename dingen u waarschijnlijk veel meer belasten dan dat het u kracht zou kosten om ze direct te doen. Dit is een veel voorkomend fenomeen: de dingen die je niet graag doet, stel je uit. Maar als het moet worden gedaan, of moet worden gedaan, omdat het nuttig is, dan is het ook hier slechts een tijdelijke opluchting om deze dingen voor u uit te stellen. De gedachte dat het nodig is om het te doen, belast je waarschijnlijk veel meer dan wanneer je er alleen maar mee worstelt. In termen van tijd kost het u waarschijnlijk nog minder tijd om het gewoon direct te implementeren, in plaats van het verder uit te stellen. En: Het resultaat ligt voor u. Dus je hebt er dubbel van geprofiteerd. Dat is alles dus.

Een heel belangrijke tip van mij is dan ook: zet geen dingen op tafel die voor jou onaangenaam zijn, maar doe ze direct, direct, direct, direct! Eerste ding! Als het niet je hele concept doorbreekt, doe het dan nu! U zult er meer baat bij hebben dan wanneer u een andere oplossing zou overwegen. Maak het uw stelregel om de dingen te doen die u op dit moment het meest storen! Door deze aanpak zult u zich al snel realiseren dat het u binnenkort niet moeilijk zal vallen of dat u iets zult uitstellen omdat het ongemakkelijk is omdat u nu alle processen op een vergelijkbare manier bekijkt. Ze krijgen allemaal de juiste prioriteit en worden niet vertraagd door overlast. Heb ik al gezegd dat dit punt van deze aanpak is waar u baat bij heeft? Alle taken krijgen de juiste prioriteit die u eraan geeft. Er zullen dus geen inconsistenties in uw planning zitten.

Het verschil tussen prijs en waarde

Een prijs is altijd iets wat je moet betalen. Een waarde is altijd iets wat je ontvangt. Prijs en waarde zijn relatief en altijd afhankelijk van de kijker.

Een prijs is vaak de toegangsdrempel. Een obstakel dat overwonnen moet worden. Als u een product of dienst wilt kopen, moet u er een prijs voor betalen. Zonder betaling van de prijs ontvangt u het product of de dienst niet. U plaatst de prijs altijd in verhouding tot de waarde die het product of de dienst u brengt. De vraag: "Is het mij de moeite waard?" beschrijft precies dit fenomeen. Is de prijs passend bij de waarde die het voor u heeft? We voelen ons goed en we zijn meer bereid om deze ruil te accepteren als de waarde voor ons hoger lijkt dan de prijs die we ervoor moeten betalen. Een uitwisseling van gelijke rang gaat meestal alleen gepaard met een grote afweging. Als de prijs hoger is dan de waarde die we ons voorstellen, barst de transactie meestal voor ons uit.

Alles in het leven heeft zijn prijs. Voor sommige dingen moet je iets opgeven, voor andere dingen moet je iets uitgeven, voor andere moet je iets overwinnen. Als je iets wilt bereiken, moet je de prijs betalen. De prijs die je moet betalen kan zo verschillend zijn als je je kunt voorstellen, als de prijs echt contant kan zijn, soms is het het overwinnen van angst of luiheid, soms is het het ongemak van het opgeven van dingen die je gewend bent. Een prijs betalen betekent niet alleen geld uitgeven. En voordat we een prijs betalen, beoordelen we de waarde die de uitkomst van onze transactie ons brengt. Voor ons is waarde de enige bepalende factor. Probeer echter zelf te internaliseren dat er een significant verschil is tussen prijs en waarde. Het is belangrijk dat de waarde van iets altijd via de kijker tot stand komt en niet via het proces van creatie of de waardeketen van een goed. De waarde voor iets ligt uitsluitend in de (toegevoegde) waarde voor het individu. Probeer de waarde van de dingen te zien voordat je naar de prijs kijkt.

Hier is een eenvoudig voorbeeld: Wat is de waarde van water? En tegen welke prijs wordt water verkocht? De waarde wordt niet bepaald door hoe ver het water door de leidingen moet stromen, door welke valleien en bergen het stroomt, of uit welke bron het ontspringt. De prijs die voor het grote publiek wordt vastgesteld, wordt echter precies door dergelijke factoren bepaald. De waarde van water varieert echter volledig van persoon tot persoon en van situatie tot situatie.

Hier is een eenvoudig voorbeeld:

Een wandelaar gaat op pad om de oneindige uitgestrektheid van de woestijn te verkennen. De watervoorraden zijn echter al na de eerste dagen opgebruikt, zodat het de komende dagen een sterke dorst heeft en geen mogelijkheid tot drinken heeft. Plotseling komt er een tweede wandelaar langs die op de terugweg is en nog tientallen liters water in haar bagage heeft. Ze heeft zichzelf verkeerd beoordeeld en nam veel te veel met haar mee. Dus nu moet ze alles terug slepen.

Toen deze twee wandelaars elkaar ontmoetten, merkte de dorstige wandelaar de grote watervoorraden van de wandelaar op. Hij vraagt haar wat of hoeveel ze wil voor een liter water. De wandelaar kan nu elke prijs vragen die de wandelaar bereid zou kunnen zijn te betalen, aangezien water voor hem op dit moment van onschatbare waarde is. Voor de wandelaar is het water niet meer van te hoge waarde, want ze is al over een paar dagen terug in de stad en heeft geen water meer nodig. Integendeel: water is voor u een last die u nog steeds in de stad moet dragen. Het water dat de wandelaar ook bezit en de dorstige wandelaar wil is daarom veel waard en niet veel waard. De prijs? Afhankelijk van de vaardigheden, de goodwill, maar ook van de onderhandelingsvaardigheden van de wandelaar.

Je ziet dat prijs en waarde altijd relatief zijn. Ze zijn ook afhankelijk van de situatie waarin u zich op dit moment bevindt. Het is belangrijk dat je rekening houdt met de waarde voor jezelf van de dingen die je elke dag tegenkomt of zult tegenkomen. Alles heeft zijn prijs. Betaal de prijs als de waarde voor u hoger is. Dan maakt het niet uit hoe hoog de prijs is. Als de waarde hoger is, zal het altijd een winstgevende transactie voor u zijn.

Dus denk goed na over wat voor u de moeite waard is. Maar wees dan bereid om bepaalde dingen op te geven of, als ze echt zinvol zijn voor u en uw vooruitgang, de prijs te betalen, ook al is die hoog. Als u deze prijs in deze situatie passend vindt, betaalt u deze.

Wat is de belangrijkste voorwaarde om financieel vrij te worden?

Het is belangrijk dat u, naast al deze vragen waarom, ook het antwoord op de vragen krijgt. En een factor is ook het geld, dat samenhangt met uw doel. Ik ben ervan overtuigd dat zelfs als je het grote geld niet wilt verdienen, je toch moet streven naar financiële vrijheid, want het kan al het andere voor jou in deze wereld mogelijk maken. Geld is en blijft de meest liquide financiële hulpbron als ruilobject voor goederen en diensten. Betekent wat uw doelen ook zijn: Geld zal zeker een rol spelen in bepaalde onderdelen. Daarom moeten we zien hoe we u financieel stabiliseren.

Dus, wat is de belangrijkste eis? Geen geld. Dat zou een beetje te gemakkelijk zijn. Geld dat je krijgt en geld dat je krijgt als je rijk bent. Er is een gezegde dat zegt: "Wie geld heeft, heeft geld". En daar is een eenvoudige reden voor. Want als het je gelukt is om een bepaalde welvaart op te bouwen, dan laat het zien dat je met geld kunt omgaan. Om deze reden zal het voor de rijken gemakkelijker zijn om geld te verdienen. Ze zeggen: "Neem de miljoenen van een miljonair weg, en in korte tijd zal hij weer miljonair zijn". De omgang met geld is de enige beslissende factor.

Geld is dus belangrijk om rijk te zijn en te worden. Belangrijker is echter hoe hiermee om te gaan. Hoe gaat u om met geld? De belangrijkste component hiervoor is inderdaad uw mentaliteit en de bijbehorende omgang met geld. Geld is als een appelboom. Eerst moeten ze zorgen voor de zaden en daarna voor de eerste groei. Later kunt u uw appels uit de boom plukken zonder er veel voor te hoeven doen. Maar je moet de boom planten en zelf laten groeien.

Waarom is dat nog belangrijker dan alleen maar geld verdienen? Het antwoord is duidelijk: Omdat je mindset je dingen doet die je rijk maken. Je mindset is verantwoordelijk voor het zoeken naar kansen, het vinden van kansen, het nemen van tegenslagen en het maximaliseren en vieren van succes.

Dit is het meest ongemakkelijke van alles wat we ons kunnen voorstellen. Omdat het iets ongrijpbaars is, iets wat je niet kunt kopen, lenen of gewoonweg ergens kunt vinden. Deze mentaliteit is eerder een zeer abstracte zaak die we tegenkomen als we er uitgebreid mee omgaan. Het moet worden uitgewerkt. Het lijkt erg onrealistisch, soms zelfs oppervlakkig en niet erg productief. Iedereen zegt: "Het hangt af van je innerlijke houding." Als je denkt dat dat niets meer is dan heet geklets, dan kan ik je heel goed begrijpen. En als je dat niet denkt, dan kan ik je heel goed begrijpen. Omdat ik beide kanten inderdaad heb meegemaakt, om er uiteindelijk mijn eigen indruk van te kunnen vormen. En dat moet u ook.

Deze mindset die je helpt om rijk te worden is erg belangrijk omdat je erg open staat voor je omgeving. Meestal helpt het niet als je 's nachts nadenkt over welk product je moet uitvinden, een bestseller creëert en miljoenen verdient. Meestal zijn het de kleine dingen die je overkomen waar je denkt dat je iets sneller, makkelijker of zelfs beter kunt doen dan iemand anders. En zo is het eerste idee geboren.

Naast het idee om iets op te richten, te creëren of te realiseren, sta je open voor nieuwe ideeën. Nieuwe ideeën, nieuwe mensen, nieuwe mogelijkheden. Dit alles gebeurt alleen als je een open vizier hebt. Wie weet of het volgende contact dat u maakt u misschien niet in een gigantisch bedrijf stort? Misschien is deze persoon op zoek naar iemand met wie hij/zij een groot project kan realiseren? Altijd openstaan voor nieuwe dingen, dankbaar voor elke gelegenheid, het kan je leven veranderen.

Het belangrijkste punt in je mindset is het volgende: Doen! Dit feit loopt door je leven. Doe het! Gewoon doen! Welk idee je ook hebt: Als het niet helemaal uit is, heeft het een zeer groot potentieel. Er zijn zeker talloze mensen die geïnteresseerd zijn in wat je doet. Bekijk de diversiteit van onze culturen, onze producten, onze voeding. Waarom zijn er miljoenen verschillende varianten van één product? Er zullen altijd mensen zijn die extravagantie waarderen, gekke ideeën steunen of gewoon op je idee hebben gewacht. Maar het belangrijkste wat je moet doen voor je succes is het doen! Je moet het doen. Je moet beginnen en echt doorzetten. Het kostte me drie pogingen om dit boek te schrijven totdat ik echt wist dat ik het moest doen omdat ik mensen wil helpen die hun moed hebben verloren of gewoon hun standaard leven niet willen leiden. Gewoon doen. Totdat je dat doet, gaat er niets gebeuren. Helemaal niets! Nul! Het gaat niet veranderen. Er zal morgen niemand komen om uw bedrijf op te bouwen en aan u te geven. Je wordt morgen net als vandaag wakker en gaat volgende week net als vandaag naar bed. Er verandert helemaal niets. Dat is wat je misschien nog niet eerder hebt begrepen. Niets verandert op zich. Je wordt niet alleen gespierd, je wordt niet rijker, je wordt niet beter. Je moet er iets aan doen. En omdat het ongemakkelijk is, verzet je je ertegen en word je eerder boos dan eindelijk iets te veranderen. De tijd dat je je door jezelf ergert, neerslachtig, ontevreden en zelfs ongelukkig bent, deze keer..... neem er 50% van, en je had al alles kunnen bouwen wat je nu al tot je doel zou hebben gebracht. In plaats van vijf uur lang te klagen over hoe goed anderen zijn en hoe slecht je bent, neem je slechts twee uur van mij en doe je iets verdomd productief. Dan heb je nog drie uur de tijd om rare dingen te doen.

Je wilt altijd iets veranderen of iets laten veranderen, maar je doet er niets voor. Hoe kan er dan iets veranderen? Heilig geschenk? Magie? Bullshit! Het leven dat je nu leeft is het product van wat je tot nu toe hebt gedaan. Hoe kan morgen veranderen als je vandaag hetzelfde doet als gisteren? Je winkelt vandaag voor rijst en je wilt morgen lasagne eten. Werkt niet zo! Waren de jaren daarvoor niet genoeg bewijs om je te laten zien dat je niet vooruit kunt met dit soort denken en handelen?

Je hebt het er altijd over om morgen te beginnen. Morgen zal ik het mis hebben.....! Begin nu! Niet alleen vandaag, nu! Schrijf drie dingen op die je vanaf nu wilt veranderen!

1

2

3

Schrijf op welke veranderingen dit voor u kan brengen en wat u ermee wilt bereiken. U wilt stoppen met roken? Schrijf het hier onmiddellijk op en denk na over wat u met dit geld dat u maandelijks bespaart, kunt doen. In geval van twijfel: Bespaar! Een pakje sigaretten per week kan u 6 euro kosten. Dat is 24 euro per maand. Dat is 288 euro per jaar. Dat is 2880 euro in 10 jaar tijd. Denk na over wat je uit dit geld had kunnen halen dankzij het samengestelde rente-effect. Vergeet niet dat elke bespaarde euro meer invloed heeft op het eindresultaat van de samengestelde interest.

Dus, heb je de lijst nu ingevuld? Wat wil je nu veranderen en hoe zou het je leven veranderen? Schrijf het kort en bondig op, maar zodat je op het eerste gezicht een duidelijk beeld voor je ogen hebt. Stuur mij deze lijst per e-mail. Over een maand en een jaar zullen we een conclusie trekken. Heb je het echt meteen veranderd? Heb je gedaan wat mogelijk was? Zo niet, dan waren je doelen onrealistisch, of je was een slapper en je ging er niet meer mee door. Dan heb je niets meer geleerd. Mijn e-mail vindt u aan het einde van dit boek.

Heeft u uw doel bereikt? Of bijna bereikt? Verdomd, dan heb je het eindelijk door en zag je hoe het werkt. Dingen komen niet van de ene op de andere dag. Gedeeltelijk succes is ook succes. Ze brengen je dichter bij je doel. Dichterbij dan je ooit in staat bent geweest om door je dagelijkse beslommeringen heen te komen. Zo werkt het! Niet anders! U zult uw successen morgen niet meteen zien, maar volgende week. En volgende maand zullen ze nog duidelijker zijn. En volgend jaar zal het vruchten afwerpen. En over vijf jaar zult u zien dat het de beste beslissing van uw leven was.

U moet uw schakelaar omdraaien. Als je iets wilt veranderen, moet je iets veranderen. Er gebeurt niets vanzelf, behalve dat het hamsterwiel voor u blijft draaien en u ooit sterft. Niets anders gebeurt vanzelf. Het is echt ongemakkelijk, vooral als je gewend bent om dingen te doen zoals je ze hebt gedaan. Maar u wilt meer. U wilt naar het volgende niveau gaan. Dan moet je doen wat nodig is.

De tijdsfactor

Hoe vaak hoor ik niet van mensen dat ze gewoonweg geen tijd hebben om dingen te doen, om iets te bouwen, om iets te creëren. Heeft u tijd? Heb je genoeg tijd om iets te doen?

Jeff Bezos, oprichter van Amazone, rijkste man ter wereld..... Heeft hij meer tijd dan jij? Heeft hij 26 uur per dag en hebt u slechts 24 uur per dag? Dat is onzin, toch! Maar waarom doet u dan alsof het zo is? Hoeveel tijd heb je om iets als Jeff Bezos te maken? Precies zoveel uren per dag als hij. Geen milliseconde meer of minder. Precies dezelfde tijd! Het hangt af van twee kleine dingen: Wat u met uw tijd doet en hoe u met tijd omgaat. Niets anders. De een heeft te maken met prioriteiten stellen, de ander met organiseren.

Prioriteiten stellen betekent dat u taken en zaken in een bepaalde volgorde uitvoert. Er zijn veel nuttige boeken over hoe je prioriteiten kunt stellen. Een korte samenvatting van mij: Begin met de belangrijkste en meest dringende en zet de rest in de rug. Het geheel heeft twee effecten: In de eerste plaats zult u niet langer enkele dingen doen die voor u van ondergeschikt belang zijn. Ofwel helemaal afzien en vergeten dat ze bestonden zonder dat je een insnijding in je leven voelde, of gewoon om ze later te doen als je alles wat belangrijk was van te voren hebt geregeld. Zo realiseer je je hoe absurd deze activiteit was en hoeveel tijd er verloren is gegaan zonder waarde toe te voegen. Soms merk je zelfs dat je ervan profiteert als je het weglaat. Ten tweede, je krijgt echt de echt belangrijke dingen gedaan als je de beste prestaties kunt krijgen, zodat de belangrijke dingen echt goed worden gedaan. Dit moeten dingen zijn die een grote toegevoegde waarde hebben voor u of voor andere mensen.

Hoe kom je erachter welke taken belangrijk zijn voor jou of voor de mensen om je heen? Stel jezelf de volgende vragen:

Waarom doe ik dit?
Wat voor goeds zal het mij doen?
Wat zijn de voordelen voor andere mensen die voor mij belangrijk zijn?

Hoeveel tijd kost dat mij?

Hoeveel geld kost het me en wat wil ik investeren?
Hoeveel tijd en geld kost het me?
Hoe helpt het mij om mijn algemene doelen te bereiken?

Wat gebeurt er als ik deze activiteit achterwege laat?
Wat kan ik nog meer doen?

Door uzelf deze vragen te stellen, brengt u het proces mentaal in kaart en denkt u echt na over de voordelen van deze activiteit. Hiermee hecht u al een zekere mate van belang aan elke activiteit: Meer of minder. En als het minder belangrijk is, stel je het automatisch in vraag en denk je na over wat je in plaats daarvan kunt doen. Je roept dus alle processen zoveel mogelijk voor je mentale oog en ervaart ze bewust. De tijd die u in deze overwegingen investeert, bespaart u opnieuw veel tijd. Het potentieel om tijd te besparen door het prioriteren van taken is enorm.

Begin veel tijd te besteden aan dingen die je vooruit helpen, of in ieder geval gelukkig maken, in plaats van het te verspillen aan dingen die je voor een korte tijd "gelukkig" maken. 80% van uw tijd zou dat moeten doen. Niet minder. De overige 20% kan gebruikt worden voor andere taken. Voor degenen die je leuk vindt, zelfs als ze je nergens naartoe brengen. Deze tijden moeten echter altijd bewust worden beleefd. Bewust van de vraag of ze goed voor u zijn of meer kans hebben om uw visie te vertroebelen. Bij nadere beschouwing blijkt echter dat ze je vaak alleen maar voor de gek houden om iets te geloven. Zorg ervoor dat het geen dingen zijn die zo oppervlakkig zijn dat je er persoonlijk, objectief of emotioneel niet van profiteert en nog steeds even ontevreden bent als voorheen. Je bent gewoon tijdelijk aan het verdoven om je af te leiden van je eigenlijke plan. Je houdt er niet van om jezelf te bedriegen, toch?

Het is nu uw taak om de activiteiten die u overdag doet te behandelen en na te denken over wat voor soort activiteit u doet en hoeveel u het nodig heeft.

Directe resultaten van processen

En nu, helaas, heb ik heel slecht nieuws voor u: En ja, dit is een lokmiddel om uw aandacht te vestigen op wat er komt. Dus, volledige aandacht en lees wat ik hier nu schrijf.

Het slechte nieuws voor u is dat helaas alles in uw leven aan een proces onderhevig is. En dat is echt een probleem, zo lijkt het tenminste. Dit is een groot probleem voor u. Dit betekent dat je de dingen vaak niet van de ene dag op de andere kunt veranderen of dat je de resultaten niet direct ziet: het herprogrammeren van gewoontes duurt dagen tot weken, zodat ze gemakkelijk met de hand gaan en dan zelfs routine worden en je opluchting brengen. Het veranderen van dingen in je leven duurt weken, misschien zelfs maanden, zelfs jaren. Het leren kennen van uw partner voor het leven duurt meestal maanden of jaren. Ook de tijd tussen de eerste ontmoeting en de vaste relatie is meestal een langer proces. Om gewicht te verliezen, om gewicht te winnen, om te trainen voor een marathon, om een complexe maaltijd te bereiden. Er gebeurt niets van de ene seconde op de andere. Maar dat is een goede zaak, want het geeft ons de tijd om na te denken over een aantal dingen, om ze te verbeteren en uiteindelijk een uitstekend resultaat te leveren. Dit proces maakt onderscheid tussen doeners en verliezers. Verliezers falen onderweg, niet omdat ze er niet in slagen of niet in slagen, maar omdat ze te lui, te ongedisciplineerd of simpelweg te ongemotiveerd zijn. En dat is op zijn beurt weer een goede zaak. Omdat het geld dat ze niet verdienen het geld is dat we nog gemakkelijker kunnen verdienen. De kansen die ze niet nemen zijn de kansen die je nu ook nog kunt nemen. En het leven dat ze niet kunnen leven is het leven dat je nu kunt leven. Voorafgaand aan dit boek was je misschien een van die verliezers die altijd hebben opgegeven. Tenminste als het ging om de echt grote plannen in het leven. Maar nu heb je besloten om een van de verhuizers en shakers te worden. Nu wil je iets veranderen. Nu ga je iets veranderen!

Processen zijn vaak lastig omdat ze geen directe feedback geven, althans meestal niet. De mens is gewend aan de technische mogelijkheden om direct informatie te ontvangen om zijn orders op dezelfde dag nog te ontvangen om direct de resultaten van de zoekmachine te krijgen. U bent gewoon niet meer gewend om processen uit te werken en het resultaat later te ontvangen. We kunnen echter een aantal dingen niet veranderen. Sommige dingen, zoals gewoonten, obesitas, de rijtest, ze gaan niet 's nachts. Je moet bereid zijn om te werken voor dingen waarvan de resultaten en successen pas in de nabije toekomst zichtbaar worden. Dat is niet comfortabel, zoals hier niets over deze lezing, omdat je niet direct ziet waar je iets voor doet, omdat je niet voelt hoe iets onmiddellijk verandert. En daarom is je mindset zo belangrijk. Omdat je gemotiveerd blijft en doorgaat omdat je weet dat er iets gaat veranderen. Omdat je jezelf, het proces en de wetten van de natuur vertrouwt, dat er altijd een oorzaak-gevolg principe is. Dat is de sleutel die je vooruit brengt, die je motiveert, die je op de bal houdt, en dat is de factor die je succesvol maakt.

Van de 82.000.000.000 mensen in Duitsland zijn er 1.000.000.000 miljonairs. Niet omdat ze bijzonder getalenteerd zijn of bijzonder gelukkig, nee. Maar omdat ze hebben begrepen dat dingen onderhevig zijn aan processen en dat deze processen de doorslaggevende factoren zijn. Ze hebben begrepen dat je vandaag de dag iets moet doen om over vijf jaar in welvaart te leven. Ze begrijpen dat ze werken voor iets dat morgen niet af is, maar dat het over vijf jaar een leven mogelijk maakt waar ze nu van dromen en dat het tot het einde van hun dagen zal duren.

Sommige dingen in dit boek lijken misschien een beetje abstract. En als je er met andere mensen over praat, dan kan het zijn dat deze mensen er ook geen idee van hebben, het als oppervlakkig beschouwen en het misschien bespotten. Ik denk dat u hen iets moet aanraden over hun leven of misschien moet u dit boek lezen als het u heeft geholpen. Want er is een reden waarom slechts 1 miljoen van de 82 miljoen mensen in Duitsland miljonair zijn en niet andersom. Het laat zien dat er voor elke 82 mensen slechts één persoon is die denkt zoals jij. Dus naar wie moet je luisteren? Het grote publiek, de meerderheid? Ik weet zeker dat je dat niet doet!

Je hebt al ervaren dat veel mensen denken zoals je hebt gedacht en veel mensen leven zoals je hebt geleefd. Maar omdat je niet wilt leven zoals je hebt, moet je iets veranderen. Zelfs als het ongemakkelijk is, ook al lijkt het soms te zwaar voor je. Onthoud: 1 van 82. Als je niet bij de 81 wilt horen, maar je hebt er tot nu toe wel bij behoord met je manier van denken, probeer dan te overwegen of de 1 van 82 misschien iets anders deed, of hij misschien niet dezelfde gedachten had als jij, en dan gewoon iets anders deed dan gisteren, om zijn morgen te veranderen. Denk na over wat je kunt veranderen om niet een van de 81 te zijn, maar anders dan 81 mensen.

Zie het als een tuin: Je geeft de wortels elke dag water omdat je weet dat hun bollen of knoppen uiteindelijk mooie bloemen zullen worden. Omdat je al gezien hebt dat ze bestaan en omdat je afhankelijk bent van de aard van de dingen. Het oorzaak-gevolg principe. Ook al zie je vandaag de dag nog niets meer, je besproeit deze wortels dag in, dag uit, zodat er over een paar weken een prachtige bloemenweide uitkomt. Dus geef jezelf elke dag water, zodat er in korte tijd een gelukkig persoon uit je tevoorschijn kan komen.

Bestaat er zoiets als geluk?

Ja, er is zoiets als geluk. Maar nee, het is niet wat luie mensen daarmee bedoelen. Wat begrijpen luie mensen daarmee? Ze stellen zich voor dat geluk zoiets als het lot is. Een hogere macht, een omstandigheid die je gewoon overkomt (maar dan vooral de ander) en andere mensen gelukkig en succesvol maakt. Als bij toverslag, door een hogere macht. Lot. Het lijkt erop dat je er geen controle over hebt. Dus het zou gewoon gebeuren. Puur toeval. En als het toeval positief is, dan was het geluk! Niet alleen geluk, maar ook het lot. En het slechte aan dit gelukkige lot is dat het alleen de ander overkomt. Nooit voor jezelf! Je hebt nooit geluk. Altijd de anderen! De anderen hebben rijke ouders, betere levensomstandigheden, een betere baas, een betere beloning. Het is meestal een kwestie van geluk. Associeert u deze dingen deels met geluk? Zo ja, dan heb je zo'n ongelooflijk grote denkfout in je hoofd, die we eerst en vooral dringend moeten opruimen. En dat is echt belangrijk, dus laten we er recht over praten.

Het bijvoeglijk naamwoord voor geluk is gelukkig. Je weet wat gelukkig zijn betekent. Ergens in de richting van tevreden, voldaan. Dus, je hebt

zo gelukkig als je geluk hebt. Je bent jaloers als je jaloezie hebt. Juist? Dat klopt. Nou, we hebben de oplossing al. Geluk is niet wat er met ons gebeurt, geluk is wat we voelen, wat er in ons gebeurt. Externe omstandigheden kunnen dus nooit geluk zijn, geluk kan alleen in ons worden gevoeld. Klinkt erg spiritueel, maar dat is het helemaal niet. Geluk is een emotioneel begrip, geen extern proces.

Je vriendin kreeg vorige week het aanbod van haar baas om naar Thailand te vliegen. Ze heeft het geluk dat ze dit aangeboden krijgt. Uw collega heeft helaas alleen maar een ongelooflijke vliegangst en denkt dat ze deze vlucht niet kan annuleren, omdat haar reputatie of zelfs haar werk ervan afhangt. Heeft ze nog geluk? Is ze nog steeds op een gelukkige plek? U ziet, alles is een kwestie van interpretatie. En zo is geluk ook een kwestie van interpretatie. De luie mensen omschrijven de dingen als geluk, waar de ijverige hard voor heeft gevochten door voortdurend te werken. De luie persoon ziet geluk in dingen die andere mensen hebben die hij zelf wil, maar is niet bereid om te doen of zelfs op te geven. De prijs is voor hem te hoog voor dit "geluk". De luie man ziet niet wat voor werk de ijverige man in zijn leven stopt, terwijl anderen niet kijken. De luie ziet het topje van de ijsberg, terwijl de ijverige naar de bodem zwemt.

Wat u ziet als geluk is niets meer dan een excuus om uw situatie te verdoezelen om uw werkelijke doelen verkeerd te beoordelen en de ongemakken die ermee gepaard gaan te verdoven. Geluk is bijna een non-woord. Het is een verkeerde inschatting van het werk van de dappere en ijverige. Het beledigt de makers. Geluk moet uit onze woordenschat worden verwijderd. Geluk is het enige wat gebruikt kan worden. Of moet worden gebruikt.

Wat is er met u aan de hand? Omdat geluk iets anders lijkt te betekenen voor verschillende mensen. Over een aantal zaken zijn we het toch zeker eens, omdat we vergelijkbare doelen of drijfveren hebben. Dit betekent ook dat we soms naar dezelfde staat van geluk konden streven. Maar als we beter kijken, dan betekent geluk voor jou iets anders dan voor mij. En dat is wetenschappelijk bewezen! Geluk is altijd alleen maar geluk in je ogen, omdat je nooit weet wat je tegenhanger wil, welke zorgen hij/zij ermee associeert, wat je geluk noemt en wat er in zijn/haar hoofd gebeurt. Omdat ieder mens anders denkt en anders is, wordt geluk altijd anders gedefinieerd.

Geluk is dus eerder de innerlijke houding. En dit zal zich waarschijnlijk het beste in een gelukkige staat ontwikkelen als je de dingen zo bekijkt dat ze geluk voor je kunnen betekenen. Het kan dus gelukkig zijn dat je deze trein gemist hebt omdat je daar misschien wel eens heel onaangenaam kennis hebt gemaakt met een opdringerig persoon. Het kan gelukkig zijn dat je de baan niet hebt gekregen omdat je een geheel nieuwe jobadvertentie tegenkwam die je veel meer brengt waar je naartoe wilt. Uw concept van geluk moet zich ook kunnen heroriënteren. Geluk betekent dus ook aanpassing aan veranderende omstandigheden.

Het betekent ook dat onze innerlijke houding ten opzichte van geluk van invloed is op hoeveel geluksmomenten je ervaart. Dat is logisch, nietwaar? Geluk kan een self-fulfilling prophecy zijn, geluk hangt af van je houding ten opzichte van geluk. Bent u het met mij eens? Dan heb ik het geluk dat je het met mij eens bent. Want ik ben blij als ik je kan geven wat geluk eigenlijk betekent.

Geluk is ook niet het lot, zeker niet toevallig. Zoals je net hebt gezien, is het altijd slechts een product van je innerlijke houding. Evenzo heb je zeker begrepen dat geluk niet voor iedereen hetzelfde betekent. Hoe kan geluk dan het lot zijn? Of toeval?

Dan ga je ervan uit dat een hogere autoriteit je leven beheerst. Deze manier van denken is alleen te rechtvaardigen als je een gelovige bent. Of u nu wel of niet bent, maakt nu niet uit. Maar het maakt wel uit of je overtuigingen elkaar tegenspreken. Geluk wordt puur bepaald door je innerlijke houding. En is er iemand anders die je houding naast jezelf controleert? Bepaalt dit ook een hogere instantie? Zo ja, dan ben je een zeer strenge gelovige. Als je denkt dat alleen jij beslist, en deze innerlijke houding bepaalt op haar beurt weer het geluk en het verdriet, dan beslis je uiteindelijk of je geluk hebt of niet. Is het waar?

Geluk is dus slechts het product van een innerlijke houding, en de innerlijke houding is het product van jezelf. Iets waarop alleen jij invloed hebt en dat je vrij kunt bepalen. Betekent dat je volledig autonoom de controle over je geluk kunt nemen. Schrijf me alstublieft een mailtje, als ik hier een mentale of logische fout heb ingevoegd. Maar eigenlijk zijn de causale verbanden duidelijk. En de afleiding ervan ook harmonieus. Dus waar zit de fout in de matrix? Waarom ben je dan niet blij, als je zelf kunt beslissen?

De fout in de matrix is, en nu wordt het moeilijk, 100% voor jou! Want het grootste probleem is dat uw ideeën en verwachtingen niet overeenkomen met uw motivatie en wil. En dat maakt je ongelukkig of laat je geen geluk of veel meer "voelen". Hoe kun je geluk hebben als je innerlijke houding niet op zoek is naar geluk? Is het mogelijk dat u sommige dingen niet als geluksgunstig beschouwt? Misschien sluit het geluk zich voor u af omdat u er niet voor openstaat. Omdat je niet eens weet wat geluk voor jou betekent. Heb je ooit nagedacht over wat geluk is voor jou? In welke situaties zou je geluk wensen?

Gelieve kort samen te vatten wat geluk voor u betekent. Schrijf het hier op, hoe gelukkig u bent. Zorg ervoor dat je handige dingen, concrete situaties of toestanden beschrijft.

Beantwoord nu zelf de volgende vragen:

Wat doe je om dat geluk te vinden? Wat ben je tot nu toe geweest of ben je er vandaag klaar voor om dit geluk te ervaren? Schrijf alstublieft drie dingen op die je er al voor hebt gedaan. Deze dingen moeten concreet zijn. Niet: ik wil rijk worden - en ik heb er mijn hele leven voor de loterij gespeeld.....

Het spelen van loterij is ook niet puur "geluk". Spelen loterij is spelen in waarschijnlijkheid. U verwijst hier naar de statistieken. Je bent bereid om 1 op de 14 miljoen kans te maken om te winnen. Wat doet u op dit moment om morgen geluk te hebben? Of zelfs vandaag nog? Wanneer en waar wil je dat je geluk had? En realiseert u zich dan zelfs uw geluk? Ervaar je elk moment van geluk dat je elke dag ervaart? Denk je niet dat je dagelijks leven puur geluk is voor andere mensen die niet goed zijn? Ieder mens ziet iets anders in geluk omdat hij/zij uit verschillende omstandigheden komt, verschillende situaties heeft meegemaakt. En daarom kan alleen ieder mens zelf bepalen wat geluk voor hem of haar betekent. Dus waar is uw geluk vandaag?

Belangrijk voor jou is: Wat zie jij als geluk en waar wens je jezelf geluk toe? Wat doe je er eigenlijk voor? Hoe vaak heb je er iets voor gedaan? Als alles wat je niet doet voor het geluk, doe je in omgekeerde richting voor het niet-geluk, welke kant heeft dan de overhand? Ik weet dat je zeker denkt, het is allemaal een kwestie van interpretatie. Als u erover nadenkt, dan ben ik het helemaal met u eens. Ja, dat is een kwestie van interpretatie. Maar dat is precies de reden waarom je in staat zou moeten zijn om geluk voor jezelf te interpreteren.

Geluk is een kwestie van houding. Geluk is uw houding! Iets dat voor niemand is voorbehouden. Geluk is iets dat je achtervolgt als je er naartoe grijpt. Geluk heeft niets te maken met toeval, het heeft iets te maken met inspanning. Inspanning zal je geluk brengen als al het andere een pauze heeft. Geluk is een winst die je kunt verdienen. En deze overwinning wordt niet ontzegd aan degenen die geluk hebben. Geluk is de prijs die u krijgt wanneer u uw harde werk in iets steekt wanneer niemand naar u kijkt.

Het duurt slechts een moment om te beslissen dat je geluk hebt. Even een moment, dat is alles wat nodig is om een beslissing te nemen, wees gelukkig. Het duurt maar een moment om sterk te zijn, een moment waarop je jezelf kunt onderscheiden van de anderen. Je hebt geluk, wat er ook voor nodig is. Geluk is slechts een kwestie van houding.

Geluk is wat er diep van binnen in je gebeurt als je moe bent van het ongeluk. Als je het beu bent om geen geluk te hebben. Geluk is wanneer je verlangen naar de overwinning, naar geluk, naar welvaart, groter is dan je grootste excuus, je grootste angst, je ergste gewoonte. U verdient geluk! Geluk is van jou! Neem wat van jou is!

Zaligheid of talent? Wat wint?

Diligence wint. Op die manier kunnen we het hoofdstuk daadwerkelijk afsluiten. De belangrijkste verklaring is afgelegd. Toch wil ik dit feit nader toelichten om het in je hoofd te verankeren en deel uit te laten maken van je leven.

Vaak hebben we het erover dat andere mensen veel betere voorwaarden hebben voor alles. Die heeft overigens meer geld, heeft rijk geërfd of heeft rijke ouders. De andere is van nature erg mooi, is al in de wieg gelegd. De andere is de geboren verkoper. Als we op zoek zijn naar excuses, dan vinden we ze. excuses waarom andere mensen het zo gemakkelijk hebben en jij het zo moeilijk hebt. Het meest giftige woord in deze context is het woord talent. Hoe vaak hoor ik niet dat iemand anders talent heeft voor iets, en dat hij/zij het allemaal makkelijker vindt. Hoe vaak hoor ik niet dat hij of zij geluk heeft en bovendien talent. Dat is een combinatie, ik zou het tijdelijke direct willen zegenen. Wat brengt u talent?

Talent betekent dat je automatisch iets beters kunt doen dan anderen zonder er iets aan te hoeven doen. Ik geef toe, ik denk ook dat er zoiets bestaat als talent. Maar alleen als het aangeboren is. Een zangtalent, daar kan ik nog steeds mee leven. Spontaan kan ik geen andere talenten bedenken die ik net zo gemakkelijk zou kunnen accepteren als deze. Er zijn geen verkooptalenten, alles is getraind! Maakt talent u een beter mens? Helpt talent u uw facturen te betalen? Heeft u talent nodig om een bedrijf op te bouwen? Heb je ooit gehoord van een talent om een bedrijf te starten en te verkopen? Of heeft u vaker gehoord dat er hardwerkende, gemotiveerde en betrokken mensen zijn die dit soort dingen bereiken?

Er kan zoiets bestaan als talent. En sommige mensen vinden het misschien makkelijker om te doen wat je moeilijker vindt om te doen. Maar het kan niet zo zijn dat ze dingen automatisch beter kunnen doen. We hadden het erover dat lichter niet altijd beter is. Zelfs talent helpt u niet om uw kont elke dag open te scheuren voor uw doelen. Als u een talent hebt voor naaien, maar er zijn nu naaimachines of 3D-printers die uw kleding maken, hoe kan talent u dan helpen?

Talent helpt u slechts tot een bepaalde limiet. Daarna is talent niet meer genoeg.

Heb je soms ook het gevoel dat sommige mensen gewoon succes hebben? Zelfs op school waren er mensen die nooit hoefden te studeren voor hun examens, en toch schreven ze altijd goede cijfers terwijl je hard werkte voor de gemiddelde cijfers? Dat was altijd oneerlijk.

Ervaar je van tijd tot tijd dat iemand precies hetzelfde werk doet als jij en dan nog steeds het voordeel krijgt? Op het werk, bijvoorbeeld? Uw collega doet precies hetzelfde als u, alleen zij krijgt de verhoging of de promotie? Of op zijn minst lof toezwaaien? En je gaat weer met lege handen naar buiten.

Weet u dat anderen automatisch iets beters kunnen doen? Presteert u zeer goed zonder veel te moeten investeren? Op het werk, in de sport, in relaties..... Sommige mensen vinden alles gemakkelijker, terwijl je voor elk resultaat moet vechten. Is dat eerlijk?

We hebben het vaak alleen maar over dit verdomde talent. Talent is blijkbaar echt een aangeboren vaardigheid die je ergens heel goed in maakt zonder veel te hoeven trainen of te moeten investeren. Talent wordt vaak gedemoniseerd door mensen die beweren geen talenten te hebben. Zij waren niet zo gezegend door God met zulke grote vermogens. Voor haar is alles hard werken. Zij boeken alleen vooruitgang door zorgvuldigheid. En om bij te blijven, moet het ontbrekende talent met extra inzet worden gecompenseerd.

En vaak zijn de ijver en de inzet zo groot dat we het niet eens proberen, maar gewoon aan de getalenteerde mensen overlaten. Je hebt sowieso een veel betere uitgangspositie. Stel dat een getalenteerde man concurreert met een hardwerkende man. Zowel in het veld waar het talent zijn talent heeft. Als ze vechten voor het betere resultaat, wie heeft volgens jou de overhand?

Het is moeilijk te zeggen, nietwaar? Je bent waarschijnlijk gescheurd. Natuurlijk heeft de getalenteerde man een zeer goede uitgangspositie. Maar het hebben van talent betekent niet meteen een heel goed resultaat.

Bovendien mag de hardwerkende man niet worden onderschat: Hij is niet begiftigd met een natuurlijk talent, maar wie weet hoeveel training hij heeft afgerond, hoeveel tijd en zweet hij heeft geïnvesteerd om grote vooruitgang te boeken. De getalenteerde man, die matig investeert in zijn vooruitgang, wordt geconfronteerd met de hardwerkende man, die ervoor brandt en alles geeft om vooruit te komen. Wie denkt u dat hij/zij wint?

Ik ben ervan overtuigd dat de hardwerkende wint. Wat is er met u aan de hand? Het is eenvoudig! Omdat de ijverige hongerig is, meer honger dan de getalenteerde kan ooit zijn. De hardwerkende man heeft al zoveel geïnvesteerd in zijn vooruitgang. Je denkt niet dat hij hem nu door de overwinning zou laten winnen, toch? Denkt u dat de hardwerkende zo ver is gekomen om de tweede te zijn die het plein verlaat? Ik denk van niet.

Hoe zit het met het draagvermogen? De getalenteerde persoon is gewend om zijn of haar vermogen te gebruiken om alledaagse uitdagingen aan te gaan. Dat is het, dat is het. De hardwerkende man is gewend om hard te vechten voor zijn vooruitgang. Als er voor beiden een grotere uitdaging is, kan de getalenteerde persoon overweldigd worden omdat hij niet gewend is om dergelijk werk te moeten doen. Dit zal hem waarschijnlijk voor een grote uitdaging stellen.

Het ijverige daarentegen is gewend om voor iets te vechten. Nog grotere uitdagingen vormen voor hem geen probleem. Wie denkt u de uitdaging ambitieuzer aan te gaan?

Ik denk dat je begrijpt wat ik je probeer te vertellen. Talent is goed en mooi en kan u helpen om een iets eenvoudigere beginsituatie te hebben als u vooruitgang wilt boeken. Het maakt echter niet uit hoeveel en welk talent je hebt. Je verliest altijd aan de hardwerkende mensen. Hij/zij brandt meer, hij/zij is ambitieuzer, hij/zij heeft meer honger. Dit leidt tot de ijverige gevechten meer, want overwinning betekent meer. En dat leidt er weer toe dat de ijverige ook de strijd zal winnen.

Hard werken zegeviert altijd over talent. Dat is altijd al zo geweest en dat zal altijd zo blijven. Omdat het je hoofd is dat je wint, niet wat talent. Talent laat je niet eerder opstaan en later op de avond naar bed gaan om aan je doelen te werken. Het is hard werken en discipline. Niets anders. Niets anders zal je zo motiveren als je eigen succes, het harde werk dat je ergens in stopt. En de vruchten die je zult oogsten zijn een stuk zoeter dan de vruchten die je krijgt van zoiets als talent of geluk.

Discipline en zorgvuldigheid geven je meer en meer duurzaam effect, een fundament waarop je kunt bouwen. Talent bevriest je, laat je niet doorbijten. Er is bijna niets in deze wereld dat je niet kunt leren. Het is altijd slechts een kwestie van toewijding en discipline. En dat maakt je beter dan wie dan ook ter wereld. Je moet gewoon hongeriger zijn dan welke man ter wereld dan ook.

kansen grijpen

Dit is waarschijnlijk een van de moeilijkste hoofdstukken waar we het hier over hebben. Kansen grijpen, kansen laten liggen, kansen zien, kansen zien, eraan werken, ze mogelijk maken. Dit is een onderwerp waarmee men zeker boeken over boeken kan vullen. We moeten er echter wel iets aan doen, want het is echt een belangrijk onderdeel van uw project. Het project om uw leven te verbeteren.

We hoeven hier niet te discussiëren over de filosofische betekenis van een kans. Ik denk dat we het erover eens kunnen zijn dat een kans op een positieve interpretatie een mogelijkheid is, waardoor u in het resultaat een overeenkomstig winstgevend resultaat krijgt. Het woord toeval wordt vrijwel nooit negatief gebruikt (ik weet niet waar), maar het impliceert altijd dat het resultaat positief kan en moet worden. Daarom associëren we het alleen maar met echt goede mogelijkheden voor ons. Wij zien onszelf in een positie om grote kansen te behouden en er vervolgens het beste van te maken.

Je streeft er waarschijnlijk ook naar om kansen te krijgen. Kansen die je vooruit brengen, die je goed doen, die dingen voor je doen gebeuren. Maar toch is uw bereidheid om kansen te grijpen beperkt. Klopt dat niet? Want je weegt altijd vooraf af hoe goed deze kans is, of het de moeite waard is en welke risico's of, laten we het ongemakken noemen, het is ermee verbonden. De meest geschikte kans is zeker het behalen van een maximaal rendement met minimale inspanning en minimaal risico. Past toch?

Ik ben het met u eens. Waarom ingewikkeld als het gemakkelijk te doen is? Als je je doel kunt bereiken zonder er echt veel voor te hoeven doen, dan is het zeker (en ik ben ervan overtuigd dat het veel beter is) dan als het erg oncomfortabel is of als je er veel voor moet opofferen. Waarom zou ik dat niet moeten doen als u dat niet hoeft te doen? Ik denk dat dat tot nu toe logisch is.

We hebben hier dus fundamenteel verschillende soorten mogelijkheden die niet anders kunnen zijn. Ofwel moeten we echt goede mogelijkheden uitwerken, ofwel moeten we kansen krijgen waar we heel weinig risico's nemen en een groot rendement krijgen, ofwel moeten we mogelijkheden vinden die kleiner zijn, maar ook weinig risico's met zich meebrengen. Of we vinden die risicovoller zijn, maar ook een goed rendement opleveren, en proberen het risico zo veel mogelijk te beperken of te elimineren. Ik denk dat we de keuze kunnen beperken tot twee kansen. De grote en de kleine veilige. Als we de keuze hebben tussen een laag risico en een hoog risico, zullen we zeker het lage risico nemen als het rendement hetzelfde is.

Als je nu moet kiezen tussen deze twee: Ben je op zoek naar grote, zekere kansen of kleine, zekere kansen? Het maakt niet uit wat u zoekt en wat voor u nuttiger en comfortabeler lijkt. Kortom, welke van deze gevallen komt het meest voor? Grote kansen, die zeker zijn, of kleinere kansen, die ook goed haalbaar zijn, maar misschien ook wat ongemakkelijker kunnen zijn? Denk na over wat voor soort kansen je tot nu toe bent tegengekomen.

Waarschijnlijk wordt het meervoud vertegenwoordigd door de kleine kansen, toch? Wat betekent dat voor u? Er zijn veel meer kleinere mogelijkheden die vaak weinig risico's met zich meebrengen, maar soms ook heel onhandig, dan grotere mogelijkheden die nauwelijks risico's met zich meebrengen. Ik ben er zeker van dat dit niet alleen een fenomeen is waar u mee te maken krijgt, maar een fenomeen dat iedereen kent. Het gaat er nu dus om wat we uit deze informatie halen.

Wil je liever wachten op deze grote kansen of probeer je de kleintjes zo goed mogelijk te gebruiken? De formulering van de vraag vertelt u waar ik hiermee naartoe ga. Ik wil dat u de kleine kansen aangrijpt en die kleine kansen in uw grote kans om te zetten. Voordat je dit boek wegzet verveeld, vertrouw me en geef me nog een paar minuten van je tijd, zodat ik je erover kan vertellen. Ik beloof dat dit de beste en meest concrete tip zal zijn die ik u kan geven en dat het uw leven zal veranderen. Ik ben er zeker van.

We zijn het er dus over eens dat de kleine kansen veel vaker voorkomen dan de grotere kansen. En de meer risicovolle kansen zijn voor u ongemakkelijker dan de veilige kansen. Juist? Welnu, we hebben al in een andere context gesproken over het feit dat meer risico meestal gepaard gaat met meer winst. Nu is het natuurlijk de vraag hoe u het meest kunt profiteren van deze situatie. Het is daarom zinvoller om de aandacht te richten op de kleine kansen, omdat ze gewoon in het grote aantal voorkomen en waarschijnlijk een groter effect hebben in de massa dan individuele, weinig grote kansen. Heel eenvoudigweg omdat je ook een grotere kans op winst hebt door het effect van de massa, vooral als ze elkaar zo nodig als hefboom kunnen gebruiken. Als je al profiteert van een kans en er beter van wordt, je meer geld hebt of rijker bent door een ervaring, opent dit de deur naar verdere mogelijkheden. De oude mogelijkheden die zich aan u zouden voordoen, blijven bestaan omdat u de basisstructuur behoudt en die waren al eerder mogelijk. Maar door een stap voor te zijn en toegevoegde waarde voor jezelf te kunnen creëren vanuit een opportuniteit, ongeacht in welk opzicht, zal het ook nieuwe opportuniteiten voor jou genereren. Dus ze hebben een voorkeur voor elkaar. Dat is wat ik het samengestelde rente-effect van kansen noem. Hoe meer kansen je hebt en hoe meer kansen je transformeert, hoe meer kansen je hebt en hoe meer kansen je hebt. En hoe meer kansen je in het algemeen hebt, des te groter is de kans dat je een grote kans maakt op een laag risico, toch? Door uw nieuwe ervaring, door uw meer geld, door uw plus in vaardigheid, zult u in staat zijn om open te staan voor volledig nieuwe mogelijkheden en te zoeken naar hen waar u nog niet eerder zou hebben herkend. En dit, natuurlijk, onthult, puur volgens de wiskundige wetten van de statistiek, een veel grotere kans op het verkrijgen van de werkelijk perfecte grote kans.

Bovendien: De mogelijkheid om te falen bij een kans wordt altijd gegeven. Dit betekent ook dat je, zonder je echt met het onderwerp bezig te hebben gehouden, ook een grote kans zou kunnen missen met een laag risico. Degene op wie u misschien jaren heeft gewacht. Dat zou natuurlijk dubbel zo vervelend zijn. Dus u kunt er de voorkeur aan geven om een paar kleinere kansen te gebruiken om uzelf te bewijzen, en ze zelfs met succes te gebruiken om de middelen en ervaringen die u hebt verzameld op een winstgevende manier in te zetten voor de nieuwe, misschien wel grotere kansen en om een positief eindresultaat waarschijnlijker te maken.

Zie het als voetbal: Heb je liever een grote kans tegen de tegenstander of veel kleinere kansen? De grote kans kan ook worden gegeven. Daarna is het zover. Als je tegenstander zelfs maar een doelpunt scoort, is dat een nederlaag voor jou. Met veel kleine kansen kan het gevaar van het niet scoren van een doelpunt nog groter zijn, maar je hebt nog steeds een kans om een doelpunt te scoren na een paar kansen. Vooral omdat je een gelijkspel of zelfs een nederlaag kunt winnen. En je kunt altijd beter uit je vele kleine kansen halen, zodat je ook uit een kleine kans een grote kans kunt halen. Begrijp je het plaatje erachter?

Bij een enkele grote kans hangt het af van hoe je die ene beslissing op dat moment op die plaats neemt. Als je ze niet optimaal raakt, is de kans voorbij. En je wacht jaren of decennia op zo'n nieuwe kans. Hoe ziet het eruit als je naar een kleine kans kijkt? Probeer ze te draaien. Of het nu lukt of niet, de volgende kleinere kans is niet lang meer te verwachten.

De kansen zijn wederzijds, want je komt via de een naar de ander. En wie zegt dat je geen kleine kans kunt maken? Net als in het voetbal heb je de kans om een goede zet te doen en bij elke kleinere kans een gevaarlijke aanval te doen. Je kunt je aanval altijd verbeteren, zodat zelfs kleine kansen grote kansen worden. En als je klaar bent om heel zelfverzekerd te zijn en je hebt elke kleine kans omgezet in een grote kans, dan ben je ook klaar om de grote kansen te transformeren. Omdat je van elke kleine een grote kans maakt!

Wat is dit alles om u te vertellen? Concreet: verspil uw leven niet met wachten: Wachten op de juiste beslissing, wachten op de juiste kans. Je zult haar niet vinden omdat je haar niet zoekt als je wacht. En zelfs als ze komt, zul je haar niet herkennen. Uw kansdetectiesysteem is volledig in slaap, zelfs in atrofie, als u niet steeds op zoek bent naar kansen. Zelfs de grootste kans fizzles door zonder dat je het beseft. Als u het zoekt, zult u altijd kleinere dingen vinden die u naar boven kunnen katapulten.

Als u op zoek bent naar geluk, als u op zoek bent naar het klavertjevierblad, dan moet u gaan zoeken als basisvereiste. En op deze manier vindt u zeker nog meer mooie bloemen die u naar andere bloemenvelden leiden. En u vindt deze bloemen zo mooi dat u in de nieuwe velden nog meer interessante planten vindt. En je gaat op zoek naar hun wortels en ze leiden je naar een veld waar veel perfecte bloemen staan. En je bent blij dat je ze hebt gevonden omdat je betrokken raakte en openstond voor deze nieuwe bloemen. En dan wil je er een kiezen en mee naar huis nemen. En je buigt naar beneden, duwt de bloemstijl zachtjes opzij en plotseling, diep daar beneden, vind je het klavertjevierblad.

De een is de grote kans, de ander de vele kleine. Veel kleintjes kunnen je een grote kans geven. En dan zul je bewezen hebben dat je ze herkent en transformeert. Je moet zoeken, want alleen hij die zoekt vindt. Dus wat moet u concreet doen? Zoeken! Wat dan? Je moet jezelf perfectioneren bij het omdraaien van zelfs kleine kansen. Dit geeft u de gewenste kans / rente effect en vermindert ook het risico waarover we in het begin gesproken hebben. Je bent toch bijna vergeten dat er zoiets als dat bestaat? Precies! En daar gaat het om. Als je er op een gegeven moment zo briljant in bent en het proces van het transformeren van kansen hebt geperfectioneerd, dan zul je de risico's niet langer opmerken omdat ze voor jou niet meer zichtbaar zijn. En weet u hoe dit fenomeen wordt genoemd? Het heet routine! Een actie die je kunt uitvoeren zonder er echt veel over na te hoeven denken om tot realiseerbare resultaten te komen. Als deze resultaten het resultaat zijn van kansen die je vooruit helpen en je hebt ervaring in het succesvol afronden ervan.... waar zou dat je brengen?

Nee, serieus, waar zou dat je nemen? Schrijf het hier op. Maximaal 5 zinnen.....

Je ziet waar het geheel je kan brengen, en je voelt de kracht van de sluimerende kracht van binnen. En nu weet u op zijn laatst waarom het belangrijk is om ook kleine kansen te benutten: Omdat de kans veel groter is dat ze je de grote kansen krijgt.

Problemen zijn uitdagingen

Woorden zeggen alleen wie je wilt zijn. Je kunt zeggen wie je bent door wat je doet.

Denk na over problemen en schrijf drie typische problemen op die je telkens weer tegenkomt, die je al tegenkomt of kan tegenkomen:

Schrijf dan drie uitdagingen op die je regelmatig moet, moest of kan tegenkomen:

Het woord probleem veroorzaakt een cascade van negatieve gevoelens bij de mens. Zelfs als we het niet opmerken, vormt dit woord zo'n negatief associatieraamwerk in ons onderbewustzijn, zodat we altijd intern iets "schrikken" met dit woord. Waarom is dat?

Heel eenvoudig: Omdat een probleem ons altijd voor een uitdaging stelt en problemen meestal onaangenaam zijn. Er is nauwelijks een voorbeeld waarin een probleem als halverwege positief kan worden beschouwd. De problemen zijn altijd stresserend, overweldigend, lelijk. En dat is wat onze hersenen begrepen. Daarom schakelen we, zodra we dit woord horen, altijd direct over op confrontatie, afwijzing of andere verdedigingsmechanismen die ons ter beschikking staan.

Het is een gedachteconstructie die ons zeker nergens zal brengen. Niet alleen dat het ons niet langer in staat stelt om helder en oplossingsgericht te denken, maar ook dat het ons demotiveert om de volgende stap te zetten. Problemen zijn altijd belastend.

De situatie is anders wanneer problemen niet langer als zodanig worden ervaren. En het sleutelwoord is al gevallen. Het wordt interessanter voor u wanneer problemen uitdagingen worden. Je denkt, "Dat is gewoon een ander woord. Grofweg heb je helemaal gelijk! Desondanks moet je toegeven dat het woord uitdaging je je heel anders doet voelen dan het woord probleem, nietwaar? Zelfs als het voor het grootste deel onbewust gebeurt, flitst een klein deel ervan in je bewustzijn en geeft je een heel andere associatie.

Over welke dingen heb je voor elk woord geschreven? Hoe verschillen ze van elkaar? Ik weet niet wat u hier hebt geschreven, maar ik weet dat u naar deze twee groepen anders kijkt. Misschien heb je het jezelf gemakkelijk gemaakt en heb je beide contouren op dezelfde manier ingevuld. Misschien heb je het verschil wel gemerkt.

De problemen zijn echt stressvol, zwaar, ze creëren een onaangenaam gevoel in je. Ze wegen zwaar op u of uw situatie. Als je dat zou kunnen, zou je ver van het doel af staan. De uitdagingen daarentegen zijn veeleisend. Natuurlijk hebben ze wat middelen nodig, maar je denkt dat ze zeker scheppend zijn. En je bent er vrij zeker van dat je het ook gaat beheersen, nietwaar? Uitdagingen zijn niet zo moeilijk, psychologisch gezien, ze zijn niet zo stresserend, omdat we een uitdaging altijd associëren met de mogelijkheid van triomf. Dit geeft ons in feite een beter gevoel voor de hele aanpak.

In geval van problemen betwijfelen wij of en wat de uitkomst zal zijn. We hopen op het beste voor ons, maar zo zeker zijn we niet. Het is anders met uitdagingen. We zijn er meer dan ooit van overtuigd dat we het zullen halen. Er is nog wat lucht.

En nu komt de truc: als we hierboven hebben gezegd dat problemen ons voor uitdagingen stellen, dan zijn uitdagingen niet meer dan het resultaat van problemen. Voor ons betekent het dus dat elk probleem tot een uitdaging leidt, maar niet elke uitdaging leidt tot een probleem. Wat kun je hier concreet van leren? Het is eenvoudig! Vanaf nu zijn er geen problemen meer voor u. Omdat zij niet langer de bevoegdheid hebben om te bestaan. Het is een onnodig woord, een misleidend feit, wanneer elk probleem eindigt in een uitdaging. Door deze benadering, dat elk probleem slechts een uitdaging is, kun je de wereld met heel andere ogen waarnemen.

Uitdagingen dagen ons uit, ze kietelen alles uit ons, maar we zijn bereid om ze te beheersen omdat we vastbesloten zijn om als winnaar uit de bus te komen. We weten dat we bijna elke uitdaging aankunnen: Het is een wedstrijd, een wedstrijd met en over onszelf. En de mens houdt van concurrentie omdat hij graag zichzelf vergelijkt. Hij houdt er ook van om uitgedaagd te worden en er steeds beter uit te komen.

Wat gebeurt er als u nu al uw problemen als uitdagingen ziet? Ten eerste bent u bereid om ze aan te pakken en u bent bereid om te vechten om deze uitdaging aan te gaan. En ten tweede bent u op zoek naar oplossingen omdat u deze uitdaging kunt en wilt aangaan.

Je vraagt je niet langer af waarom je voor deze uitdaging staat en of je die aankan, maar je denkt na over hoe je deze uitdaging aankan. Ruil altijd het woord "als" voor het woord "hoe". Het "hoe" veronderstelt dat je het maakt, het is alleen onduidelijk op welke manier. Het woord "of" staat ook een storing toe. En falen is geen optie waar u tevreden mee moet zijn. Wees dus voorzichtig om alleen te vragen hoe je iets doet, niet of je iets doet.

Pareto-principe

Het Pareto principe zegt dat je met 20% inspanning 80% van het resultaat kunt bereiken. Voor de overige 20% van het resultaat heeft u 80% van uw inspanning nodig.

Dit principe wordt niet willekeurig gekozen, maar het is een fenomeen dat steeds opnieuw wordt waargenomen. In principe leert het ons twee dingen: dingen die 100% resultaatgericht en buitengewoon relevant zijn, vereisen de volle 100% inspanning. Omdat ze dus ook zeer arbeidsintensief zijn, moet de inspanning voor deze activiteiten altijd de moeite waard zijn.

Wat zijn uw activiteiten waarvoor u 100% moet geven?

Schrijf het hier op:

Bij welke activiteiten denkt u dat 80% van de doelstellingen voldoende is? Dit zijn taken die routinematig kunnen worden uitgevoerd of die qua reikwijdte en eisen zeer geschikt zijn voor deze eisen. Een voorzichtig voorbeeld: Een huiswerk dat niet geëvalueerd wordt en een pure aanwezigheidstaak vertegenwoordigt, kan volgens het Pareto-principe worden verwerkt. Het bespaart u veel tijd en zenuwen. Een Master-Thesis moet de 100% krijgen. Dit is geen aanbeveling om te werken aan huishoudelijke taken die niet met weinig moeite worden geëvalueerd. Het is veel meer een kwestie van de relatie tussen de verschillende prioriteiten.

Wat heeft het voor zin? En waarom kan het Pareto-principe u veel opleveren? Vaak ben je te druk bezig met onbelangrijke dingen, die je helemaal niet bezig houden, je niet gelukkig maken of je niet vooruithelpen. Vaak verlies je jezelf te veel in detail voor iets dat voor jou niet belangrijk is of niet van invloed is op jou en je leven of het leven van anderen. En deze dingen verspillen gewoonweg onnodig tijd, geld en zenuwen, die dan in de echt belangrijke dingen ontbreken.

Om deze reden helpt het als je een aantal dingen opschrijft die je slechts 20% inspanning nodig hebt, en die de andere 80% nog steeds nodig hebben.

Denk na over welke dingen kunnen worden gedaan na 80/20 (80% resultaat met 20% inspanning) en schrijf ze hier op:

Denk bovendien na over welke van uw geschreven dingen u echt zullen helpen.

Nu heb je een overzicht welke processen voor jou belangrijk zijn en welke minder. Bewust nadenken over je activiteiten geeft je een bewustzijn van wat je echt vooruithelpt, wat belangrijk voor je is en wat gewoon tijdverspilling is. Omdat een resultaat van 80% niet betekent dat je iets onvolledig laat liggen of iets onzorgvuldig doet, betekent het dat je jezelf niet in details moet verliezen en dat de tijd die je wint wordt geïnvesteerd in iets wat echt belangrijk en zinvol voor je is.

Wil ik zelfs succes? Succes is eenzaam......

...of het selecteert de mensen uit je leven die je niet steunen. Zoals zoveel in de wereld is alles een kwestie van mening, pure interpretatie. De drang tot zo vaak gedemoniseerde zelfverwerkelijking, de totale toewijding aan succes en het voortdurend werken, dit alles leidt ertoe dat je op een gegeven moment geen vrienden meer hebt en aan je lot overgelaten wordt. Is dat wat je denkt? Geef toe, misschien heb je dat gedacht, of misschien heb je dat niet gedaan. Het is een feit dat deze vooroordelen ongelooflijk nutteloos zijn en, zoals zo vaak, worden begrepen door mensen die niet bereid zijn om voor hun doelen te vechten en er de voorkeur aan geven om over dingen te praten en ze te bespotten in plaats van zelf met de werkelijkheid om te gaan.

Laten we eerlijk zijn: Ben je er echt van overtuigd dat je je echt goede vrienden verliest als je nu vol gas geeft om je doelen te bereiken? Zullen ze zich tegen je keren en je dom vinden als je jezelf wilt realiseren en hard wilt vechten voor je doelen? Vindt u dat per se dom? Of vinden ze het liever benijdenswaardig, gedisciplineerd, dapper, en respecteren ze niet alleen je werk, maar waarderen ze het ook? Het maakt niet uit wat je vrienden van deze dingen doen, wat wil je dat ze doen? Wilt u dat ze uw werk wegnemen en uw succes bagatelliseren? Of hoopt u op steun, motiverende woorden, respect en, indien nodig, erkenning voor wat u hebt bereikt?

Er zullen altijd mensen zijn die hun comfortzone niet willen verlaten en zeggen dat ze dat niet kunnen. Bullshit, 'want je bent het levende voorbeeld van hoe het nu werkt. Er zullen altijd mensen zijn die ziek over andere mensen spreken om ze zich beter te laten voelen. Want als je alleen beneden staat, wordt het koud en eenzaam. Dus je probeert al die mensen die je op de een of andere manier kunt beïnvloeden naar beneden te houden, zodat je in de maatschappij bent en je negativiteit en verdriet door die maatschappij kunt witkalken. Er zullen altijd mensen zijn die ontevreden zijn over hun leven, maar die u liever ook ontevreden maken, zodat ze niet eenzaam zijn. Als een zelfgemaakte oplossing, in plaats van zelf iets te veranderen.

Maar er zullen altijd mensen zijn die het werk dat je doet waarderen. Er zijn mensen die je respecteren, die je accepteren, die je bewonderen. Er zijn mensen die u aanmoedigen, motiveren, motiveren, begeleiden, waar ze ook staan.

En er zijn mensen die zich geen zorgen maken over de toegevoegde waarde die je voor andere mensen biedt, welke dingen je creëert en wat voor werk je doet. Ze gaan over hoeveel je op je kunt vertrouwen en hoe hecht je relatie is.

Met wie wil je jezelf omringen? Zonder helderziend te zijn, vermoed ik dat je jezelf wilt omringen met de tweede en derde soort mensen. Maar doet u dat al? Het is gemeen, soms kwetsend, maar nooit onrechtvaardig, om je zorgen te maken over wat voor soort mensen je jezelf omringt. Daarom moet je nadenken over welke mensen dicht bij je in de buurt zijn en met welke mensen je jezelf wilt omringen. En zie dan hoezeer deze twee een gemeenschappelijk snijpunt vormen.

Welk type persoon vertegenwoordigt volgens u de tweede en derde groep? Mensen die ontevreden zijn over hun leven, die hun daad niet bij elkaar krijgen, die lui zijn en geen initiatief tonen? Misschien zijn het deels mensen die in de derde groep te vinden zijn. Maar hoeveel denk je dat zulke mensen gemotiveerd zijn om je te helpen als ze zelf geen vooruitgang boeken? Dit wordt nu vrij gemeen, maar hoeveel denk je dat deze mensen je kunnen motiveren en je kunnen helpen om je doelen te bereiken? Ik kan me voorstellen dat de doeltreffendheid van de acties van de Commissie tot op zekere hoogte beperkt zal zijn. En voordat ik nu veel klachten ontvang, wil ik graag bevestigen dat vriendschappen altijd over de waarde van vriendschap gaan en niet over de waarde die je voor jezelf kunt halen. Gelukkig ben ik het daarmee eens. Maar afhankelijk van het karakter van je vriendschappen moet je onderscheiden met wie je bespreekt welke dingen en uit welke relaties je meer waarde moet putten en waaruit je minder waarde moet putten in termen van je honger naar succes.

In gewone taal betekent: Als je mensen in een omgeving hebt die zelf lui en niet betrokken zijn, moet je niet met ze praten over je weg naar succes. Je kunt het proberen, maar je krijgt alleen negativiteit en kritiek. Deze mensen zullen u niets anders geven dan destructiviteit en ongenoegen op dit gebied. Ze doen dat niet opzettelijk (maar meestal niet), maar hun kosmos staat geen andere mening toe. Dat is fataal, maar helaas de houding van veel mensen daarbuiten. Met deze mensen kunt u zich vermaken en zorgen voor andere dingen in deze wereld. Maar niet als het gaat om succesdenken. U kunt zich met hen vermaken op andere gebieden van het leven. Dat is geweldig. Maar je moet deze mensen in ieder geval een keer geïdentificeerd hebben, zodat je weet wat je wel en niet kunt waarderen.

Andere mensen hebben zelf honger naar succes. Zij streven zelf naar ontwikkeling en zoeken naar kansen en uitdagingen. Ze begrijpen je niet alleen heel goed, maar ze willen je ook verder brengen. Zij kennen de wet van de aantrekkingskracht: wie goed doet, zal weer goed doen. Ze geven veel om jou en je zelfrealisatie omdat ze weten dat je er een gelukkig mens van wordt. En omdat ze deze ervaring zelf hebben gehad of willen hebben, is het logisch dat ze ook bereid zijn om u te ondersteunen. Denk je dat je met dit soort mensen over je ontwikkeling kunt of zelfs beter over je ontwikkeling kunt of moet praten? Als je antwoord nu intuïtief JA was, dan heb je helemaal gelijk! Met dit soort mensen kun je een zeer inspirerende en waardecreërende relatie opbouwen. Ze zal je een voorsprong geven omdat je haar ook een voorsprong hebt. Het heet geven en nemen. Ik denk niet meer dat ik het principe erachter hier hoef uit te leggen. Natuurlijk zullen dit soort mensen in staat zijn om beter te motiveren, om meer te inspireren en vooral om beter te ondersteunen als het gaat om succes. Dit zijn niet de betere mensen op zich, maar gewoon het type persoon die u op dit gebied kan helpen.

Andere mensen kunnen u misschien aanvullen op andere gebieden en u waardeert hun kwaliteiten op deze gebieden, maar als het gaat om waardecreërende uitwisseling voor uw succes, is de keuze anders.

Begrijp me alstublieft niet verkeerd: Je moet elke soort persoon hebben als een vriend met wie je graag tijd doorbrengt en die je goed doet, maar je moet duidelijk onderscheiden welke persoon je op welk gebied advies kan en moet geven. En dan moet je alleen de uitwisseling zoeken in het betreffende gebied met de mensen van wie je ervan overtuigd bent dat ze je verder zullen brengen, hetzij door een goed gevoel, positieve invloed of direct, waardecreërend voordeel. Het maakt niet uit wat voor soort relatie je hebt met je vrienden, je hoeft alleen maar te weten wat je van hen hebt en het te leven.

Want er is nauwelijks iets ergers in deze wereld dan om mensen om je heen te hebben die je willen zien falen. Falen, omdat ze zelf niet in staat zijn om uit hun comfortzone te klimmen en zelf hun leven onder controle te krijgen. Mislukt omdat ze niet alleen naar beneden willen zijn terwijl u op weg bent naar boven. Ze willen je zien falen omdat het zo veel makkelijker is dan zelf klimmen. Maar ze zullen altijd blijven waar ze nu zijn en nooit het gevoel krijgen wat het werkelijk betekent om gelukkig te zijn, nooit ervaren wat het leven echt openhoudt voor hen. Er is geen reden om naar deze mensen te luisteren, geen reden om naar hun principes te leven. De weg die u ingeslagen bent zit vol uitdagingen en kansen waarvoor u uw kracht uitstekend kunt inzetten. Laat mensen in je leven je kracht niet stelen. Laat mensen je niet meeslepen in je leven. Geen mensen die je willen vernietigen.

Ja, succes kan je eenzaam maken. Het scheidt u van mensen die niets goeds voor u willen. Hij selecteert ze gewoon. Je (kunt) met te veel mensen in contact (kunnen) blijven als je je realiseert dat alles om je heen goed is met deze relatie, maar niet met het idee van succes. Dat is goed, maar zij of hij of zij zal niet uw metgezel zijn op het pad dat u hebt gekozen. Succes maakt je eenzaam, omdat alleen de minste mensen bereid zijn om hun comfort te verlaten. Zij zullen proberen je klein te houden, om de vlam die in je opvlamt te doven. Ze willen niet dat je slaagt, zij het "onbewust", want het is ongemakkelijk voor hen om ermee geconfronteerd te worden, omdat ze zich alleen voelen en omdat het hen het gevoel geeft eenzaam te zijn. Niemand zal er meer zijn om met hen excuses te zoeken, de wereld zwart te schilderen en te baden in ontevredenheid. En om zich daar "goed te voelen", zogezegd. Succes maakt je eenzaam omdat je klaar bent om op het gas te stappen, vooruit te komen en het leven te leiden dat het je te bieden heeft. Geen 9to5-job, geen lopende na de rekeningen maandelijks en naar het werk te gaan om deze verplichtingen voor een mensenleven te moeten onderhouden. Daarom is succes eenzaam. Bent u klaar om deze eenzaamheid te accepteren?

JA, DAT IS WAAR. SUCCES MAAKT JE EENZAAM. MAAR NIET U, MAAR DE MENSEN DIE NIET KLAAR ZIJN OM IETS VAN HUN LEVEN TE MAKEN.

Ze worden eenzaam omdat ze hun weg hebben gekozen om daar te blijven.

Je bent een wolf. En die uitdrukking zegt dat je honger hebt, dat je bereid bent om tegen elke prijs te vechten. Een wolf is een winnaar. Maar een wolf is ook een lastdier. En als je een wolf bent, vind je je wolf verpakking. Uw kudde die u beschermt, die u vooruithelpt, die u helpt het beste uit uzelf te halen. En het beste ding over het is, kiest u uw kudde. Er zullen altijd mensen in je leven zijn die je steunen, die je waarderen en die je ongelofelijk verder brengen. Maar er zullen altijd mensen zijn die je niet helpen, die je willen zien falen, die je tegenhouden. Laat ze zien dat ze ongelijk hebben!

Je bepaalt met welke mensen je jezelf omringt. U bepaalt zelf met welke mensen u ruilt. Maar je kunt niet direct beïnvloeden wat voor soort mensen in je leven komen. Dus leer deze mensen te identificeren en te beslissen welke persoon u op uw weg moet begeleiden.

Succes maakt je eenzaam omdat veel mensen niet begrijpen wat het betekent om jezelf te ontvouwen. Succes is eenzaam omdat veel mensen zich niet realiseren wat het leven voor hen in petto heeft. Succes is eenzaam omdat veel mensen niet bereid zijn om voor iets als u te vechten. Succes maakt je eenzaam omdat ze niet begrijpen waarom je werkt in plaats van TV kijken of waarom je sport in plaats van forfaitaire feesten. Ze zullen niet begrijpen waarom u wilt slagen. Maar geloof me, ze willen een stukje van de taart als je daar aankomt.

Succes is eenzaam, het selecteert de mensen die je tot mislukking willen brengen. Succes en al zijn facetten, die het met zich meebrengt, zorgen er automatisch voor dat de mensen die u schade berokkenen u automatisch zullen verlaten. Hoe triest bent u over dit verlies?

Met welk type persoon wilt u praten? Wat voor soort persoon zou je graag bij je willen hebben? U beslist!

Wees blij als je alleen bent

Je hebt waarschijnlijk al eerder gehoord dat je gelukkig en tevreden moet zijn met jezelf om van anderen te kunnen houden op een manier die er echt toe doet. Wat vindt u van die uitspraak? Bent u ervan overtuigd dat het dat is, of denkt u dat het bullshit is? Beantwoord eerst de volgende vragen voordat we verdergaan.

Ben je blij als je alleen bent?

Voelt u zich eenzaam als u alleen bent?

Bent u alleen zo sterk als in een groep

Kun je gewoon tijd met jezelf doorbrengen?

Kunt u alleen van uw tijd genieten?

Verkiest u groepswerk boven individueel werk?

Wat doe je met je tijd als je alleen bent?

De mens is een kuddedier. We zijn ofwel zelf de mening toegedaan of worden vaak geconfronteerd met deze uitspraak. Dit betekent dat we onder natuurlijke omstandigheden altijd de voorkeur geven aan een kudde, d.w.z. omringd door andere mensen, in plaats van eenlingen te zijn. En dat wordt ook actief in onze samenleving beleefd. Het vermogen om in een team te werken, wat we nodig hebben op het werk, gaat hand in hand met de gewenste diversificatie van alle leeftijdsgroepen, religies, afkomst, beroepen en visies. "Samen zijn we sterk" is het motto. Maar is dat echt zo?

Ik denk eerlijk en oprecht dat het waar is en dat het gewoon zo is. Ik denk dat we door diversiteit en teamwork vaak veel meer kunnen bereiken dan wanneer we allemaal op onszelf zijn afgestemd. Omdat in een team veel sterktes met elkaar kunnen worden gecombineerd, wat betekent dat mogelijke zwakheden van de ene persoon gecompenseerd kunnen worden door de sterktes van de ander. Klinkt in eerste instantie geweldig. Dat is het. Maar dat betekent niet dat je alleen sterk bent als team of dat je alleen maar blij moet zijn als je in je kudde zit. Het gezegde "Love yourself before you can love others" krijgt een geheel nieuwe betekenis als je de voordelen ervan voor jezelf en voor anderen begint te ontdekken.

Hebt u ooit een relatie, een partnerschap of enige vorm van samenwerking gehad waarin u of uw partner totaal ongelukkig was en de relatie evenwichtig en gelukkig was? Ik denk dat zelfs als je deze ervaring nog niet hebt gehad, je je kunt voorstellen dat het niet zal werken, althans niet op de lange termijn of niet erg goed. De redenen hiervoor zijn voldoende: voordat u proactief kunt werken op de bouwplaatsen van de relatie, moet u eerst zelf uw moeilijkheden aanpakken. Beide missen kracht en/of uithoudingsvermogen. Dit zijn relaties die eindigen met de woorden: "Het is niet aan jou. Het is aan mij. Voordat je gelukkig kunt zijn in een relatie of samenwerking, moet je eerst gelukkig en tevreden zijn met jezelf. Heeft dat voor jou zin? Bent u van mening dat u in vrede met uzelf moet leven om meer te kunnen investeren in een relatie?

Voor uw succes is het niet anders. Je kunt nauwelijks productief samenwerken als je je eigen doelstellingen niet echt kunt omarmen. Je kunt niet koken voor een uitgebreid gezin als je niet van je eigen eten houdt. Natuurlijk kan dat wel, maar dat kan beter niet. Teams en de dynamiek van groepen werken zeer goed en bieden een ongelooflijke toegevoegde waarde, maar alleen als het individu tevreden is met zichzelf. Trouw aan het motto "Wees blij als je alleen bent".

Op weg naar boven zul je niet altijd veel metgezellen vinden. Echte metgezellen, trouwe partners, zullen u niet in grote getale tegenkomen. En dat is een goede zaak. Want dan kunt u zich volledig richten op uw REAL-doelstellingen en er direct naartoe lopen. Vroeg of laat vindt u ook zeer goede metgezellen, met wie u beiden van de symbiose profiteert. Je moet echter leren om gelukkig te zijn als je alleen bent. Want alleen zijn betekent niet dat je eenzaam bent. Alleen zijn betekent anders zijn dan de meeste mensen. En omdat je een leven wilt dat anders is dan het leven van de meeste mensen, betekent dit voor jou dat alleen zijn een indicator is dat je iets anders doet. En dat is zeker een goed teken in de eerste plaats. Om andere resultaten te bereiken, moet je eerst anders handelen, goed of slecht, het belangrijkste is anders. Als je alleen bent, laat het je zien dat je bereid bent om dingen te doen die anderen niet doen. Het geeft u de kans om u te onderscheiden. Alleen zijn is buitengewoon zijn. Hiervoor krijg je erkenning, jaloezie, nederigheid, allerlei vormen van bevestiging. Zelfs als het kritiek is, is het een bevestiging dat je anders bent. En als je anders bent, ben je vaak alleen. Omdat je het anders doet. Omdat je meer doet. Omdat u meer wilt. Anders zijn is geweldig. Alleen is geweldig. Want alleen zijn betekent niet eenzaam zijn, maar anders zijn, onafhankelijk zijn.

Begrijpt u waarom het goed kan zijn om alleen te zijn? Ziet u in waarom u gelukkig zou moeten zijn als u alleen bent? Als u dit feit in overweging neemt en alleen gelukkig bent, zodat uw kracht niet wordt bepaald door een groep of een kudde, maar alleen sterk is, heeft u een ongelooflijk potentieel om uw vlam ook in een groep te laten branden.

Leer gelukkig te zijn. Het is uw tijd. Het is tijd voor jezelf om jezelf op te poetsen, je te focussen en een nieuwe aanpak te kiezen. Leer om je tijd zelf betekenisvol te maken, omdat je niet altijd omringd wordt door mensen die je verder willen, kunnen of moeten brengen. De weg naar succes ga je deels alleen, wees er blij mee. Maar wees ook blij en dankbaar als je loyaliteit vindt, als je mensen vindt die je vuur blijven ontsteken. Als u alleen gelukkig bent, zult u ook blij zijn als er een metgezel opduikt. Dit is de sleutel. Je weet nooit wanneer of waarom andere mensen je leven zullen verlaten. Vrijwillig of onvrijwillig. Maar je kunt wel weten wanneer je moet stoppen of wanneer je alles moet geven.

Wees blij als je alleen bent. Wees dankbaar als je in het team zit. Beide zullen van elkaar profiteren.

Beter om slim te beslissen dan slim te rijden

Toegegeven, de kop is zo'n beetje het gruwelijkste wat ik had kunnen bedenken. En toch denk ik dat ze het punt bij de hand heeft. Dus laten we het eens proberen en kijken of je het met me eens bent.

Ten eerste: Deze rubriek is alleen symbolisch bedoeld. Smarts zijn geweldige en zuinige auto's voor stadsverkeer en ik wil dit voertuig onder geen enkele omstandigheid evalueren.

Dus, wat moet die zin tegen je zeggen? Wat zijn slimme beslissingen? Smart wordt nu veel gebruikt in het Duits in verband met intelligente en doordachte beslissingen. Dus slimme beslissingen zijn beslissingen die je een voorsprong geven. Het zijn dus de "betere" beslissingen. Hoe bepaalt u of een beslissing beter of slechter is of was? Heel eenvoudig: Kijk naar de output. Kijk naar het directe verband tussen uw beslissing en uw resultaat. Wat is het resultaat van uw beslissing? Als het een direct resultaat is, heb je hier al het antwoord. Als het resultaat (voor u!) goed is, dan was de beslissing slim. Als het resultaat niet goed is, dan was de beslissing niet slim, maar ook niet verkeerd. Waarom niet verkeerd? Want, zoals we al eerder hebben besproken, kunt u uit elke situatie uw ervaring putten. En deze ervaring helpt u bij het omgaan met de komende situaties. Dit betekent dat zelfs fouten geen verkeerde beslissingen zijn, alleen maar slechtere of niet slimme beslissingen. En dat betekent ook dat we van tijd tot tijd niet-slimme beslissingen moeten nemen om ervaring op te doen en beter te worden. Oh geloof me, je zult ze steeds weer tegenkomen, daar hoef je je echt geen zorgen over te maken. Dus heb geen spijt van een beslissing die je hebt genomen, zeker niet als je er op het moment dat je het maakte van uitging dat het de juiste beslissing was. Of het nu slim is of niet, het resultaat is goed of de ervaring is belangrijk.

Krijgt u echter niet direct resultaat van uw beslissing, maar volgt er een proces uit, dan beschrijft de voortgang van dat proces of u al dan niet een slimme beslissing heeft genomen. Het is irrelevant of het proces dat hieruit voortvloeit eenvoudig, zwaar, lang of kort, duur of goedkoop is. Wat hier belangrijk is, is welke dingen je er direct van leert en welke output je ermee produceert. En zelfs daar kunnen zich fouten voordoen. Maar zoals u zeker weet: dom is niet degene die een fout maakt, maar degene die de tweede keer een fout maakt. Evalueer opvolgingsprocessen dus altijd op basis van de kwaliteit die ze voor u leveren op de volgende gebieden. Zelfs een duur en langdurig proces kan voor u ideaal blijken te zijn.

Tot zover, zo goed! Wat zijn nu slimme keuzes? Slimme beslissingen zijn beslissingen die u onmiddellijk een positief resultaat voor u opleveren of die leiden tot een proces dat u een positief resultaat voor u oplevert. Met een positief resultaat kunt u direct profiteren, in welk opzicht dan ook. Een fout kan ook een positief resultaat zijn, want het is slechts een kwestie van nadenken en of het de eerste fout van deze aard is. Als het de tweede keer is, was het echt geen slimme beslissing.

Wat heeft dit alles te maken met een Smart? Nou, aan de ene kant was een woordspeling mogelijk, ook al was het een zeer slechte, en aan de andere kant moet dit plaatje duidelijk maken dat je door slimme beslissingen een zeer grote hefboom hebt om een resultaat te produceren indien nodig, waardoor je verder komt en je niet met een Smart hoeft te rijden als je dat niet wilt. Dat is alles wat er aan de hand was.

Natuurlijk is het voor u van belang dat u overwegend slimme keuzes maakt. Verdriet, maar geen niet-slimme beslissingen achteraf. Daaruit zult u leren en deze fout niet een tweede keer maken. Dus de volgende keer in dezelfde situatie maak je een slimme beslissing. Hierdoor profiteert u sneller, duidelijker, effectiever of effectiever.

Slimme beslissingen leiden tot een directe toegevoegde waarde of een proces dat die toegevoegde waarde voor u oplevert. Dus: Maak uzelf bewust van de aard van uw beslissingen. Wanneer en in welke situaties heeft u al slimme beslissingen genomen? En welke ontmoet je in de juiste situaties? Welke niet-slimme beslissingen kunt u omzetten in ervaring om uw slimme hit rate te verhogen? Vraag elke beslissing, of het nu slim of niet slim blijkt te zijn, want het geeft je een goede indruk van hoe je in de volgende situatie slim kunt reageren. Zo eenvoudig is het!

Zo faalt u nooit meer!

De kunst van het omgaan met zowel successen als mislukkingen is een belangrijke factor op uw weg naar succes. Misschien denk je tot nu toe dat succesvolle mensen geen fouten meer hebben, en dat alles gewoon als een klok loopt. Als dat zo is, dan moet ik nu de bittere werkelijkheid aan u onthullen: Succesvolle mensen hebben veel meer mislukkingen dan successen. En nog meer mislukkingen dan dat ze mislukte mensen hebben. Dat klinkt natuurlijk niet zo mooi als je net gevist bent en warm bent voor succes. Maar dat is een feit dat u niet mag worden onthouden. Succesvolle mensen falen veel vaker dan mislukte mensen! En dat is ook een goede zaak! Zonder hen zouden succesvolle mensen helemaal niet succesvol zijn? Klinkt raar? Ik zal je verlichten!

Succesvolle mensen zoeken naar mogelijkheden waar andere mensen risico's zien. Succesvolle mensen zien uitdagingen waar andere mensen problemen zien. Succesvolle mensen zijn doeners door bereid te zijn om dingen te doen waar anderen alleen maar over praten.

Succesvolle mensen verschillen van niet-succesvolle mensen, vooral als het gaat om dingen te doen, dingen gedaan te krijgen, te beginnen met iets. Succesvolle mensen zoeken actief naar mogelijkheden. Ze doen waar anderen gewoon toekijken. Als gevolg daarvan zien, ontwikkelen en gebruiken succesvolle mensen veel meer mogelijkheden om iets te doen. En als ze 100 manieren hebben gevonden, doen ze dat 100 keer! En dat is 100 mogelijkheden meer dan de niet-succesvolle mens heeft. Het is bijna zeker dat niet alle 100 mogelijkheden goed werken en direct winst opleveren. Maar zelfs als slechts vijf van de 100 dingen werken, zijn dat vijf kansen om te slagen dan de niet-succesvolle dingen zouden hebben. En aangezien de succesvolle persoon veel met deze mogelijkheden omgaat, zal het hem geen pijn doen om de 95 mogelijkheden die niet werkten te hebben aangepakt. Hij weet dat hij hiervan profiteert omdat hij zijn "schade" altijd kan beperken en tot een minimum kan beperken en een ongelooflijke schat aan ervaring kan opdoen met deze 95 mogelijkheden. Van de vijf mogelijkheden die hij heeft, kan hij er één zo goed transformeren dat het alleen al hem veel meer winst oplevert dan de 95 mislukte pogingen hem kosten. Dus hij heeft er baat bij als het goed gaat, maar ook als het niet zo goed gaat. Het is dus van cruciaal belang om naar mogelijkheden te zoeken en deze vervolgens aan te pakken. En, tot slot, hoe je er mee omgaat. Je doet ervaring op, leert voortdurend nieuwe dingen en past je kennis steeds opnieuw toe. Wat gaat er volgens jou gebeuren? Dat is wat ik denk! U zult slagen. Dan is het slechts een kwestie van tijd!

Hoe kiest u uw doelen

Doelen zijn belangrijk. Doelen zijn zo belangrijk, dat je niets moet doen zonder een doel. Ze zijn zo belangrijk dat we er al over hebben gesproken en ik heb u gevraagd om onmiddellijk een paar doelen voor u op te schrijven. Nu is het tijd om je te berispen als je het nog niet gedaan hebt, maar ook om jezelf de kans te geven om het nu te doen. En dit is zeker de laatste kans om dat te doen. Dus ik smeek u, voor u, uw leven, om uw doelen nu op te schrijven, ten minste drie in aantal.

Het proces van schrijven is erg belangrijk. Dus ik vraag je om het nu weer te doen!

.

.

.

Als u dit nu hebt gedaan, is het heel goed, maar niet uitstekend, omdat u niet de discipline en de wil had om het op een andere plaats op te schrijven. Vraag jezelf af of je leven, je doelen of als je het niet waard bent om dit te doen. Maar goed, laten we verdergaan.

Misschien heb je je doelen al eens eerder opgeschreven. Dan wil ik deze gelegenheid te baat nemen om u te prijzen. En als je ze hier nu weer hebt opgeschreven, dan moet je zien of je ook dezelfde doelen hebt opgeschreven. Dat is natuurlijk ook belangrijk. Zo niet, dan moet u dit als een gelegenheid aangrijpen om uzelf opnieuw af te vragen wat uw grootste en belangrijkste doelen zijn.

Waarom zijn doelen zo belangrijk? Heel eenvoudig, omdat zij de weg bepalen die we moeten volgen om hen te bereiken. Het is als een navigatiesysteem door ons leven: Als we niet weten waar we heen en weer willen rijden, rijden we onnodig heen en weer, volledig lukraak, en verbruiken we onze middelen, verslijten we onze transportmiddelen en verspillen we onze tijd volledig.
Je zou nooit met de auto of trein gaan zonder te weten waar je naartoe ging. Tenzij u graag rijdt en geniet van de tijd. Dat is een redelijke uitzondering. Anders komt u waarschijnlijk nooit op uw bestemming aan als u niet weet waar u heen moet. En dat leidt natuurlijk tot een catastrofale reis.

Als dat het geval is met je voortbeweging, waarom doe je dat dan niet op dezelfde manier in het leven? Denkt u dat het leven gestructureerd is om u doelen op zich te geven? Of denkt u dat er geen wegen en paden in uw levensplan staan, zodat dit alles toevallig gebeurt? Denk je niet dat om een bepaalde staat of situatie te bereiken er kortere, snellere, mooiere wegen of misschien omwegen, langere wegen, steilere wegen en ga zo maar door? Ik denk dat we het daarover eens zijn. Natuurlijk verbinden we vaak de route en de bestemming met het transport. Maar het is precies het identieke beeld dat op je leven kan worden gereflecteerd. Doelen zijn doelen, wegen zijn wegen, en wegen leiden tot doelen. Paden kunnen anders zijn, net als doelen. Maar het valt niet te ontkennen dat er dramatische verschillen tussen deze twee bestaan, die voor u voordelig of moeilijker kunnen zijn. Juist?

Doelen zijn ook belangrijk, omdat je anders niet weet wanneer je aankomt. Je hebt dus een volledig lukrake rit gemaakt die voor jou nooit zal eindigen omdat je niet weet waar je bestemming is. En het slechte nieuws is, je kunt niet zomaar teruggaan als je verloren bent en de weg niet kent. Elke seconde van je leven heeft een effect op de toekomst, alles wat je doet, denkt, hoopt.... Het bepaalt je acties, het verbruikt zuurstof om te ademen en tijd om te leven. Je krijgt nooit meer de tijd terug die je verliest: Elke seconde is uniek in je leven! Uw ongeplande reis door het leven is dus uiteindelijk veel dramatischer dan een ongeplande reis per auto. Beide met dezelfde ingang, maar een andere uitgang.

Een doelpunt vertelt je welke route je moet nemen en wanneer je moet aankomen. De belangrijkste hoekstenen van een reis. Dus waarom denk je dat je daar niet aan zou moeten denken? Misschien kunt u denken aan andere parallellen waarmee rekening moet worden gehouden. Maar de twee belangrijkste moeten hier worden gepresenteerd. Verbruik, afval, slijtage, slijtage, etc. worden hier helemaal niet genoemd, maar het zijn wel heel belangrijke andere factoren.

Dus hoe moet u uw doelen kiezen?

Hierover bestaan twee verschillende opvattingen: Eén partij stelt dat men zich kleine doelen moet stellen, zodat men ook regelmatig succesmomenten voelt en daarmee de motivatie om door te gaan, aanwakkert. Bovendien kun je de vooruitgang heel goed zien. Nog anderen beweren: Denk groot! Denk groot! Denk oversized. Alleen grote geesten kunnen grote visioenen creëren en realiseren. Twee visies die niet meer van elkaar kunnen verschillen. Welke van beide heeft dan wel zin? Het is duidelijk dat er hier sprake is van een gulden middenweg en het ziet er zo uit:

Stel jezelf grote doelen! Stel jezelf grote doelen voor het neuken! Realistisch, maar grote doelen! Je moet SMART zijn. Slimme doelstellingen, slimme beslissingen.

S - specifiek = u moet specifiek verwijzen naar een gewenste toestand of situatie

M - meetbaar = je moet je doel kunnen meten (hoeveel mensen heb ik geholpen, hoeveel kapitaal heb ik verdiend enz.)

A - ambitieus = je moet geen te kleine doelen stellen, ze moeten je uitdagen

R - realistisch = ze moeten realistisch en haalbaar zijn. Alles wat anderen hebben bereikt, kun je nog meer bereiken.

T - gepland = vaste datum. Dit helpt je om te controleren of je je doel hebt bereikt en of je op schema ligt.

Waarom zouden uw doelstellingen SMART en realistisch moeten zijn? Zeer eenvoudig voorbeeld:

Dit is uw doelwit.

Je doel is, zonder een echte relatie te hebben, niet super groot, maar ook niet klein. Als je er op die manier naar kijkt, zou je waarschijnlijk gewoon zeggen dat het relatief klein is.

Op elke reis, hoe goed gepland en hoe goed je het ook benadert, er zullen altijd uitdagingen zijn. Groter, kleiner..... Wat dan ook. Dat zal het zeker zijn. Kleinere uitdagingen zijn niet super dramatisch en kunnen meestal relatief snel worden aangepakt. Dit is een kleine uitdaging:

Als je met een kleine uitdaging wordt geconfronteerd, zul je zelfs dan een relatief klein doelwit niet uit het oog verliezen, zie hier (dezelfde vormmaten worden gebruikt):

Maar wat gebeurt er nu als er een grotere uitdaging is die echt veel kracht nodig heeft om het onder de knie te krijgen en er uiteindelijk nog sterker uitkomt? Stel dat de uitdaging zo'n dimensie had.

Als de uitdaging een dergelijke omvang aanneemt, gebeurt het volgende:

Ik weet zeker dat je denkt, "Waar is het doelwit? Je kunt het niet meer zien! En dat is precies het punt dat ik voor jou wil visualiseren. Zodra u voor grotere uitdagingen staat, bestaat het gevaar dat u uw doel uit het oog verliest als het te klein is. De inspanning lijkt te groot om de uitdaging aan te gaan, in tegenstelling tot het rendement dat je zou krijgen door het bereiken van je doel. Dit leidt ertoe dat je je doelen te snel loslaat en opgeeft, en dan weer aan de reis begint zonder plan. En dit proces zal zich keer op keer herhalen, omdat je je doelen te klein stelt en er altijd uitdagingen zijn die iets groter zijn dan je relatief kleine doel.

Wat is de oplossing? Om een doel te kiezen dat groter is. Groot genoeg om de belangrijkste uitdagingen te overtreffen. Nog grotere uitdagingen zullen ervoor zorgen dat uw doel in uw gezichtsveld verschijnt en niet wordt verhuld.

Je ziet dat dit slechts een plaatje is, maar het laat op indrukwekkende wijze zien hoe belangrijk het is om geen doelen te stellen die te klein zijn.

Dus grote doelen zijn minder gemakkelijk te missen, en als je die doelen hebt, voel je echt een verlangen naar ze, dan zullen nog grotere uitdagingen je er niet van weerhouden om vooruit te komen. Ze moeten gewoon echte doelen zijn. Wat echte doelen zijn, daar kom ik zo meteen op terug.

Maar wat is het probleem, waarom beveelt niet iedereen zonder uitzondering grote doelen aan? Daar is maar één psychologische reden voor: het gaat om de motivatie om dit doel echt te willen bereiken.

Veel mensen raden u aan om kleine doelen te stellen, zodat u sneller succes kunt vieren en zo uw motivatie kunt stimuleren. Dit stelt u in staat om stap voor stap uw doel te bereiken en uzelf te motiveren met de kleine successen. Dat klinkt op zich vrij goed. Alleen is het een ontharder. Het is de oplossing voor mensen die niet genoeg motivatie hebben om hun grote doel te bereiken, die niet de wil en discipline hebben om hun REAL-doelen te bereiken. Iedereen die u aanbeveelt om op weg naar financiële onafhankelijkheid kleine doelen te kiezen, vertelt u dat u het toch niet zult halen en betwijfelt of u noch de motivatie noch de discipline heeft. Waarom zou hij dat denken? Omdat hij het zelf niet had. En het is veel gemakkelijker om andere mensen klein te houden, zodat je beter staat dan zelf iets aan te pakken. Dit is geen beschuldiging of kwaadaardige beschuldiging. Het is vaak de realiteit. Alleen geesten die klein denken raden u aan om ook kleine doelen te kiezen. Maar wilt u een spookje zijn of blijven?

Ze vinden dat je psychologisch te zwak bent om echt op de bal te blijven zitten als je niet altijd een snoepje tussendoor krijgt. Tuurlijk, dat is niet de belangrijkste bedoeling waarom veel mensen je adviseren om kleine doelen te hebben, waarschijnlijk omdat ze er zelf niet eens aan denken. Uiteindelijk is het psychologische effect precies dit. Kleine doelen zijn misschien handiger, maar ze houden je klein, ze brengen je nergens.

En waarom zijn kleine doelen zo gevaarlijk? Ze brengen eenvoudigweg je grote doel in gevaar, omdat ze je beetje bij beetje tevredenstellen en tevredenstellen. Op een dag krijg je genoeg van het succes, hoe grappig het ook klinkt. Stelt u zich de renovatie van een gezinswoning met 10 kamers voor. Je begint met het herinrichten van elke kamer zoals jij dat wilt. Nieuw behang, een muur wordt alleen bepleisterd, nieuwe verf, nieuw meubilair. Beetje bij beetje maak je elke kamer af. Omdat dit natuurlijk met inspanning te maken heeft, beloont u zichzelf voor uw toewijding na de voltooiing van elke kamer. Hoe meer kamers je maakt, hoe meer beloning. De beloning blijft echter meestal hetzelfde, wat betekent dat uw after-work menu altijd ongeveer dezelfde tevredenheid voor u bereikt. Op een gegeven moment, als je in de achtste of negende kamer aankomt, denk je bij jezelf: "Poeh, elke dag dezelfde stress hier, en daarna beloon ik mezelf altijd met een heerlijke maaltijd. Ik heb het eten nu al een paar dagen, maar de inspanning voor deze kamer is veel groter. Het is vandaag de dag niet de moeite waard. Voor vandaag zal ik het werk afmaken en volgende week zal ik de resterende kamers renoveren".

Zack! En als dat gebeurt, weten we allebei dat deze kamers nooit meer gerenoveerd zullen worden. Niet als er geen sprake is van een ongelooflijk grote en onmiddellijke urgentie. Dan zou het op de een of andere manier nog steeds gedaan worden. Dan maken deze kamers ook deel uit van uw REAL Goal. Als er echter geen directe urgentie bestaat, zullen deze kamers waarschijnlijk altijd Rohbau blijven en worden omgebouwd tot een opslagruimte.

Toegegeven, er is veel gezeur over dit voorbeeld. Maar daar gaat het niet om. Ik wil u laten zien wat kleine doelen en constante beloningen met u doen. Ze drukken onbewust de honger naar het grotere doel uit, ze maskeren het verlangen naar het bereiken van je REAL-doel. Ze geven je een gevoel van vermoeidheid. U bent altijd in de verleiding om inspanning af te wegen tegen voordeel. En omdat dit altijd gerelativeerd is, omdat je altijd successen viert, totdat je op een gegeven moment vol bent en niet meer het gevoel hebt het hoofdgerecht te zijn. Maar dit is niet leuk, want het voldoet alleen aan je korte termijn behoeften, maar helpt je op de lange termijn niet een beetje en je bent nog steeds, diep van binnen, ontevreden en voelt het verlangen naar je REAL-doelen. Alsof je voor het avondeten aan het knabbelen was, wat je als kind evenzeer verboden was als ik.

Je realiseert je dat je zelfs met minimale inspanning een beloning krijgt, dus waarom zou je dat doen? En de beloning, je kunt het zonder. De inspanning is gewoonweg te hoog. Het is jammer als dit huis het erfstuk is van je grootouders, als ze het met hun eigen handen hebben gebouwd en als je doel in het leven was om een gerenoveerd huis voor het hele gezin te creëren. Dus nu worden er compromissen en uitwegen gezocht, omdat je te lui en te ongemotiveerd bent, en je doet jezelf voorwenden dat deze uitwegen ook in orde zijn en er dan zelfs "tevreden" mee zijn. Het effect van gewenning is zowel het beste als het slechtste effect dat je kunt vinden in menselijk gedrag. Aan de ene kant kan het je ongelooflijk helpen, maar het kan je ook een ongelooflijke mislukking maken.

Dus met een relatief hoge waarschijnlijkheid zullen deeldoelen u naar het falen van het bereiken van uw grote doel leiden. Niet altijd, maar het gevaar is ongelooflijk groot. Omdat je doel niet REAL was of omdat je niet gedisciplineerd of gemotiveerd genoeg bent. Of..... De kleine doelwitten hebben je verzadigd. En dat is fataal als je echt een wens in het leven hebt. En u zult tevreden zijn, want u vindt er excuses en compromissen.

Grote doelen zijn eigenlijk veel gemakkelijker psychologisch, maar natuurlijk zijn het geen zelfstarters. Met grote doelen, de honger en het verlangen naar dat doel is zo groot dat ze je elke dag zullen drijven om op te staan en gewoon de dag te regeren. Uw honger naar dit doel is zo groot omdat ze sterker zijn dan uw grootste excuses.

Natuurlijk kan het enige tijd duren voordat je dit doel hebt bereikt. En zo staat u ook voor grote uitdagingen. Maar als je doel groot genoeg is en REAL, zal niets je tegenhouden. De manier waarop dat kan behoorlijk vermoeiend zijn, soms heb je zeker het gevoel dat je nog steeds zo ver van je doel verwijderd bent dat je het waarschijnlijk nooit zult bereiken of het zo moeilijk zal zijn dat je het misschien wilt opgeven. Juist om deze reden van zwakte werden kleine doelen ontwikkeld. Ik denk echter dat het psychologisch gezien de zuiverste muizenval is. Dus wat kun je nu doen om grote doelen voor jezelf te stellen, maar niet te verdwalen, zelfs als het doel nog niet binnen handbereik is? Je gebruikt simpelweg het positieve aspect van subdoelen en combineert het met de honger naar het grote doel. Je stelt jezelf mijlpalen in!

Is een mijlpaal niet gewoon een ander woord voor een gedeeltelijk doel?

De onwetende zou het denken doen. Het is gewoon een ander woord. Als je er echter even over nadenkt, zul je al snel beseffen dat het een heel andere betekenis heeft.

Een mijlpaal houdt je niet voor de gek als je gelooft dat je iets al met succes hebt voltooid, en verzadigt je niet telkens weer met een gevoel van prestatie. Een mijlpaal geeft u slechts een idee of u nog steeds op de goede weg bent. Het is dus de emotieloze variant van een subdoel.

Mijlpalen zijn als grote, herkenbare kruispunten, speciale waypoints, of andere onderscheidende tekens die u nog steeds op de juiste weg bent. Ze bevestigen uw vooruitgang zonder u succes te geven. Dat zijn allemaal mijlpalen. Maar het is belangrijk dat ze dat doen. Omdat ze je niet verzadigen, zorgen ze ervoor dat je je nog meer focust op je doel, om nog meer honger te krijgen, en je loopt nu deze route in plaats van te lopen. Mijlpalen zijn een instrument van verificatie, niet van prestatie. En zo hoort het ook. En dat is de reden waarom deeldoelstellingen of, zoals u nu hebt ervaren, mijlpalen belangrijk voor u zijn, maar anders moeten worden aangepakt. Gewoon controleren.

Je hebt immers niet zonder reden een doelwit gekozen. Deze doelstelling is ECHT. U heeft zich met dit doel geïdentificeerd en bent om deze reden op reis gegaan. En niet omdat je alleen het gedeeltelijke doel wilde bereiken. En je bent begonnen. Waarom zou u uw reis eindigen bij een mijlpaal? Dat is net zoiets als naar Spanje gaan om op vakantie te gaan, maar dan denk je dat het benzinestation op de snelweg ook heel mooi is omdat ze tapas in de koelkast hebben. Dat is het, en daarom keer je je om en ga je naar huis. Klinkt als onzin, nietwaar? Waarom zou het dan anders zijn in je leven?

Gedeeltelijke doelen mogen je nooit tevredenstellen, tenzij je geen honger hebt of je doel niet echt was. Gedeeltelijke doelen zijn altijd slechts mijlpalen op weg om nog meer honger te krijgen en door te gaan. Zoals de naam al aangeeft, is het een steen na een mijl, een waypoint dat je herkenningspunten geeft, dat je weer op de rails kan krijgen als je verdwaalt, en dat zelfs belangrijke waypoints kan markeren voor andere mensen. Een mijlpaal is nooit een doel. Als dat zo is, heb je geen van je eigenlijke doelen bereikt. Je reed gewoon weg en verbruikte grondstoffen. De klassieker van het afval.

Dus hoe motiveer je jezelf om je doel te bereiken, ook al lijkt het zo ver weg? Kunnen mijlpalen u daarbij helpen? Uiteindelijk kun je het doen zoals het voor jou belangrijk is en hoe het je kan helpen. Maar je moet nooit een mijlpaal meer of minder belangrijk vinden dan het zou moeten zijn.

Ik ben ervan overtuigd dat als je een REAL-doel hebt, je tussendoor geen extra motivatie nodig hebt. Ik ben ervan overtuigd dat uw doel zo gekozen moet worden dat u dit doel inademt, denkt dat dit doel, dit doel leeft. Als dit het geval is, zal je motivatie altijd hoog genoeg zijn om meer te doen dan je verwacht wordt. En het zal altijd zo groot zijn dat het groter is dan het sterkste excuus. Zelfs als de motivatie niet 100% is, zal het altijd een paar procent boven het niveau van de uitdaging liggen. En dat is genoeg, dus geen enkele uitdaging is groot genoeg om je van je doel af te brengen.

Wat zijn nu eindelijk deze REAL-doelstellingen?

Echte doelen bestaan uit de volgende componenten:

Eerlijkheid

C - Kansen

H - Toewijding

T - Dromen

REAL-doelstellingen zijn doelstellingen waarbij je niet hoeft te doen alsof je tevreden bent met de gedeeltelijke verwezenlijking van de doelstellingen. Echte doelen kunnen, willen en moeten worden bereikt. Met REAL-doelen zijn er geen excuses waarom het niet bereiken ervan niet goed is. Bij REAL-doelen tellen alleen deze doelen voor u mee, niets anders.

REAL-doelen zijn de doelen die je 's morgens opstaan en 's avonds naar bed gaan met de wil om de volgende dag meer te geven. Met echte doelen is de honger naar deze doelen zo groot dat ze alleen maar bevredigd kunnen worden door ze te bereiken.

REAL-doelen ontstaan wanneer de pijn die je op dit moment voelt zo groot is dat je er niets aan kunt veranderen. Je moet pijn voelen, echte pijn met je situatie of met de situatie waar je ontevreden over bent om een REAL-doel te bereiken.

Zo'n REAL-doel stelt u in staat om dag na dag uw beste resultaat te geven, zelfs als u geen directe resultaten ziet. Ze geven u de impuls omdat u deze doelstaat zo graag wilt bereiken dat geen prijs te hoog lijkt, geen werk te zwaar en geen dag te lang.

Er zijn waarschijnlijk twee dingen die nu vastzitten:

Of je hebt (nog) geen REAL Goals of je bent je nog niet bewust van REAL Goals, of je weet niet hoe je je doelen in REAL Goals kunt herformuleren en daarmee de motivatie en drive krijgt om je doelen als REAL Goals na te streven.

Ik beloof je hier nu een belofte: Ik zal u uitleggen hoe u erin slaagt een REAL-doel te vinden of uw doelen om te zetten in REAL-doelen. Dit is echter een zeer drastische methode en zal veel initiatief van u en van mijzelf vergen. Verder moet ik u zeggen dat het proces van het vaststellen van ECHTE-doelen ook een ECHTES-doel is. Dit betekent dat het proces niet van de ene op de andere dag kan worden afgerond, maar vanaf vandaag tot twee weken. Daarom zie je hier geen resultaten, maar je zult merken dat er relatief snel resultaten kunnen worden bereikt als je er serieus en nadrukkelijk aan wilt werken.

Dit hoofdstuk zal niet gemakkelijk zijn, maar het zal de moeite waard zijn, beloof ik u!

Hoe REAL-doelen te vinden of te creëren

Zoals we al besproken hebben, zijn REAL-doelen (in de toekomst alleen nog maar in kleine letters geschreven, omdat je nu de betekenis leert kennen en niet meer bewust wordt gemaakt door de schriftelijke beschrijving) zulke doelen, waarvan het bereiken van die doelen je een directe noodzaak biedt om je kwaliteit van leven te verhogen. Ik wil hier niet ingaan op de definitie van levenskwaliteit, want het is een ongelooflijk divers woord, maar ik weet zeker dat je er een idee over hebt en wat levenskwaliteit voor jou betekent.

Omgekeerd moet dit betekenen dat als dit doel niet wordt bereikt, de kwaliteit van het leven duidelijk tekortschiet of verloren gaat. Dus je uiteindelijke doel moet zijn om je echte doelen te bereiken.
Waarom verbetert een echt doel uw levenskwaliteit? Omdat u zich associeert met deze dingen die voor u, uw leven en het leven van al uw stakeholders van buitengewoon belang zijn. Dit betekent dat ze gezondheids-, privé-, financiële, materiële of immateriële positieve effecten hebben op uw leven en het leven van uw vrienden en familie.

Een echt doel verschilt van een gewoon doel door de urgentie waarmee we het willen bereiken. Hoe urgenter de doelstelling, hoe reëler. Daarnaast heeft een echt doel geen deeldoelen nodig, alleen mijlpalen zijn zinvol. Met een echt doel is de motivatie om het doel te bereiken zo groot dat je je motivatie altijd intrinsiek vindt, altijd in jezelf, omdat je ervan overtuigd bent dat het goed voor je is en je het verdient.

Hoe creëer je deze intrinsieke motivatie? Je doel moet zo gewild zijn dat je geen andere manier ziet dan het te bereiken. En dat verlangen heb je als je zo ontevreden bent over je huidige situatie dat je eruit wilt komen, wat het ook kost. En het is precies deze toestand die ontstaat wanneer je pijn associeert met je huidige situatie, want pijn is een gevoel dat we allemaal niet lang kunnen of willen volhouden. Aanhoudende pijn maakt ons moe, vermoeid van het leven en leidt tot ziekten, zowel lichamelijk als geestelijk.

Dit is natuurlijk een zeer onaangename situatie, maar alleen dan zijn we echt in een positie om iets te willen veranderen. En we zullen iets veranderen omdat we de pijnstoestand willen en moeten verlaten. Er is voor ons in deze situatie geen andere oplossing als we iets dringend willen veranderen. Hoewel we pijnstillers kunnen nemen (in de figuurlijke zin zijn dit de gedachten die een uitweg zoeken of excuses vinden), veranderen we de oorzaak niet en bestrijden we alleen de symptomen totdat de pijnstillers ook hun functie verliezen en we moeten blijven leven met de pijn. Ik denk dat u heel goed weet dat pijnstillers in de geneeskunde alleen een kortetermijnoplossing moeten zijn als dat mogelijk is.

Je moet dus de pijn verbinden met je huidige situatie. En dit is een optimale basisvoorwaarde, zij het een zeer drastische, om echt iets te willen veranderen. Want als je pijn niet associeert met je situatie, dan ben je precies op dat punt in het leven waar je nu bent. Als de pijn niet groot genoeg is, zul je niets veranderen. Daarom heb je nog niets veranderd. Omdat uw pijnstillers (in de figuurlijke zin van het woord uw luiheid en uw excuses) de pijn altijd hebben bedekt. Maar je hebt deze pijn nog steeds diep in je, omdat je jezelf anders niet hebt laten verleiden om iets te willen veranderen. Nu je die beslissing hebt genomen, moet je ook rekening houden met de pijn die je echt voelt, en dat is de eerste stap naar het creëren van een echt doel.

Hoe programmeer je jezelf naar REAL-doelen

We willen wat ons gelukkig maakt. En dat is wat we voelen. Het is dit onderbewustzijn dat ons soms vertelt dat het goed is om dit of dat wel of niet te doen. Dit onderbewustzijn pretendeert de dingen goed of minder goed te maken. Soms noem je het intuïtie. Denk je dat je onderbewustzijn aangeboren is? Denk je dat ieder mens met zijn eigen onderbewustzijn geboren is en er nu het slachtoffer van is? Volledig gevangen, vrij van elke macht die je de kans geeft om onbewust iets beter of slechter te maken?

Ik betwijfel het net zozeer als u. Ik denk dat ons onderbewustzijn wordt gecreëerd door wat we doen, vooral door wat we routinematig doen. Ik denk ook dat ons onderbewustzijn zich moet ontwikkelen, zodat we ermee kunnen werken en er nog meer op kunnen vertrouwen. Zonder filosofisch te veel in te gaan op dit onderwerp, kun je je zeker ook voorstellen dat je onderbewustzijn zich op de een of andere manier heeft ontwikkeld van wat je tot nu toe in je leven hebt gedaan, wat je je goed hebt gevoeld, wat je routinematig hebt gedaan en waar je nu onbewust voor kiest. Tot op zekere hoogte spreken we hier ook over ervaring. Ons onderbewustzijn wordt dus ook gevormd door ervaring. Hoe beter de ervaring, hoe groter het gevoel van beloning en hoe sneller en sterker het wordt ingeprent op ons onderbewustzijn.

Ervaringen komen echter meestal niet voort uit niets wat je doet of niets gebeurt. Je doet ervaring op door stap voor stap dingen te doen waarvan de resultaten aan jou worden gepresenteerd en die voor jou gunstig of ongunstig zijn. Als ze inderdaad ongunstig zijn, zult u ze waarschijnlijk niet zo snel onbewust uitvoeren, omdat u er een negatief resultaat aan koppelt, maar ze onbewust wilt vermijden. Ons onderbewustzijn geeft ons dus aanbevelingen voor actie, maar waarschuwt ons ook voor dingen die ons negatieve resultaten hebben opgeleverd.

Ons onderbewustzijn is dus geenszins een door God gegeven instrument, een vroegtijdig waarschuwingssysteem dat ons vanaf de geboorte wordt opgelegd. Ons onderbewustzijn wordt juist gevormd door deze ervaringen, die we dag in dag uit ervaren. Dit betekent ook dat je onderbewustzijn op een bepaalde manier controleerbaar is. We kunnen het beheersen in de zin van welke ervaringen we hebben of veel meer hoe we die ervaringen ervaren. Zo kunnen we het zo programmeren dat we meer positieve in plaats van negatieve ervaringen ervaren. Belangrijk hierbij is de overweging. Positieve resultaten zijn de resultaten die ons vooruit helpen op onze weg. Negatieve ervaringen geven ons lessen en tips om het de volgende keer beter te doen. Ons onderbewustzijn leert op beide manieren: Eén keer direct en één keer indirect. En we kunnen het zo programmeren dat we onbewust de neiging hebben om te doen wat ons ten goede komt, niet wat ons schaadt.

Omdat we veel dingen onbewust doen, wordt al snel duidelijk wat een krachtig instrument dit onbewuste is. En dit toont ook aan hoe belangrijk het is voor ons dagelijks leven. Als we onbewust zo'n sterk verlangen naar iets hebben, dan zullen we ook onbewust proberen het op de een of andere manier en ten koste van alles te bereiken. We doen er onbewust de juiste dingen voor. Onze eerdere, onbewuste acties hebben ons gebracht tot waar we nu zijn. Uw huidige taak is dan ook om uw onderbewustzijn zodanig te veranderen dat u onbewust dingen doet die u verder brengen.

Als we spreken van onderbewustzijn, dan is het quasi een stroomdiagram dat ons CONSCIOUSNESS BELOW onze CONSCIOUSNESS is, die we als quasi onmerkbaar waarnemen en ons toch leiden en blijkbaar automatisch lopen. Zou het niet geweldig zijn als juist deze motor je naar dingen zou drijven die je dichter bij je doel en je geluk brengen, nietwaar? Dat zou niet alleen de oplossing zijn, het is ook de oplossing! Nu moeten we dus precies nagaan hoe we dat moeten doen.

Herprogrammering van uw onderbewustzijn

Ik denk dat je zou kunnen begrijpen wat ik hierboven beschreef, hoe ons onderbewustzijn wordt gevormd en hoe het ons ondersteunt in onze dagelijkse routine. Het onderbewustzijn ontstaat niet van de ene dag op de andere, maar door een proces, namelijk het proces van ervaringsverzameling en herhaling. Om deze reden zal het ook enige tijd duren voordat we merkbare veranderingen in ons onderbewustzijn of de daaruit voortvloeiende acties kunnen waarnemen. Daarom zullen we proberen het geheel logisch en consequent te benaderen om deze tijd tot een minimum te beperken en er het meeste uit te halen.

Je onderbewustzijn is zeker het meest afhankelijk van hoe vaak je iets doet en welke ervaring je ermee associeert. Het zeker onderbewustzijn dat ons handelen bepaalt, zijn reflexen. En reflexen worden op ons getraind. En daarmee bedoel ik niet de biologische reflexen, maar de reflexen die we dagelijks toepassen op terugkerende situaties. We reageren soeverein op zaken die we al kennen, met processen die we al kennen, om resultaten te behalen die we al kennen. Reflexen zijn daarom getrainde antwoorden op bepaalde feiten. En daarvoor moesten we ze vaak herhalen en steeds opnieuw kijken naar de resultaten van deze acties. Dus als we iets nieuws willen programmeren in ons onderbewustzijn of het gewoon willen opnemen, dan moeten we dingen steeds opnieuw doen, herhalen tot we het zo vaak hebben gedaan dat het ons onderbewustzijn heeft bereikt. Wat je tot nu toe in je onderbewustzijn hebt opgenomen, heeft zich ook niet anders ontwikkeld.

Je moet dus roepen wat je wilt bereiken, je doelen, keer op keer, je moet steeds weer terugspoelen om onbewust een programma te bouwen, dat je dan ook onbewust beweegt om dingen te doen die daar bevorderlijk voor zijn. Dus je moet je je voorstellen, visualiseren, lezen, lezen, luisteren, wat je ook maar wilt opnemen in je onderbewustzijn, keer op keer. Je moet er heel vaak actief mee omgaan, zodat het op een gegeven moment passief wordt gered. Zintuiglijk, nietwaar? En hoe heb je het op school geleerd, hoe hebben we dingen met succes geleerd? Lees ze steeds opnieuw, schrijf ze op, herhaal ze, lees ze door, schrijf ze op. Zo werkt het nu precies. Neem een nieuw vel papier, schrijf de dingen op die u in uw onderbewustzijn wilt opnemen en laat u nu disciplineren. Als je het echt wilt doen, moet je nu gedisciplineerd zijn.

Schrijf ze op en lees ze elke ochtend na het opstaan en elke avond voor het slapen gaan door. Ten minste 21 dagen. Dat is hoe lang het ons verstand nodig heeft om iets als een terugkerend patroon waar te nemen en het in ons onderbewustzijn op te nemen. Wees gedisciplineerd! Het kost je slechts 3-4 minuten per dag om het te doen. Het gaat je een leven lang niet kosten. Doe het, en je zult zien dat je onderbewustzijn van nu af aan zal veranderen.

Waarom is het zo belangrijk dat u uw onderbewustzijn programmeert naar uw doelen?

Want dan doe je onbewust alles wat je gaat doen op een manier die goed is voor jou en je doelen. U zult zeker merken hoeveel moeite het kost om bewust dingen te doen die niet overeenkomen met uw routine en die u in eerste instantie ongemakkelijk lijken. Als je te allen tijde tegen dit ongemak moet vechten, zul je altijd veel energie moeten besteden om vooruit te komen. Dat is natuurlijk mogelijk, maar het maakt het een miljoen keer moeilijker.

Als je onderbewustzijn zo geprogrammeerd is dat je automatisch de dingen doet die goed voor je zijn, die je automatisch helpen, dan kost het je aan de ene kant geen energie en aan de andere kant ga je automatisch verder. De perpetuum mobile machine van uw doelen. Zo kunt u een ongelooflijk krachtige motor bouwen met een korte tijd en beperkte inspanning, die u dichter bij uw doelen brengt. Je onderbewuste geest controleert alles en heeft directe effecten op wat je bewust waarneemt en hoe je bewust handelt.

Onbewust doe je dingen die je goed doen en je gelukkig maken. Voortbouwend op de ervaringen die je al hebt opgedaan. Als je nu je doelen verbindt met positieve associaties en deze je onderbewustzijn vormgeven, kun je niets anders doen dan vooruitgang boeken.

Daarom is het ongelooflijk belangrijk, oh wat zelfs nodig is om deze stap te zetten. Je moet dus opschrijven wat je doelen zijn, wat je ermee wilt bereiken en vooral WAAROM je het wilt bereiken. Het verlangen ernaar moet groot zijn. Het moet volledig worden opgeschreven.

Niet uitbundig uitgeschreven, maar zodat je de betekenis steeds weer duidelijk kunt begrijpen, als je het steeds opnieuw doorleest. Formuleer uw doelstellingen SMART. Je hebt al geleerd wat dat betekent. Hoe concreter, hoe beter. Zodat u ook duidelijke call-to-action heeft, zodat u weet waarom u deze doelen wilt nastreven en waarom ze u gelukkig maken.

Schrijf het op, lees het door, elke ochtend en elke avond. Dit motiveert je om morgen aan de dag te beginnen en je weet wat je beweegt om grote dingen te bereiken. Je hebt de nacht om je voor te stellen waar je snel zult zijn. Twee niet onbelangrijke periodes in je dagelijks leven.

Waarom helpt het onderbewustzijn je om de juiste dingen automatisch te doen? Omdat je ze niet alleen bewust maakt, maar via je onderbewuste motor zal je beslissen voor dingen die overeenkomen met je nieuwe doelstaat of je nieuwe ideeën. Deze "automatische" betekent niets anders dan dat u onbewust zult toegeven aan beslissingen die gunstiger zijn dan ongunstig voor uw ideeën. Je onderbewustzijn, je gevoel, je intuïtie, ze helpen je om de beslissingen te nemen die meer bevorderlijk zijn voor je doelen.

Eenvoudig voorbeeld: Als je het afval wilt scheiden en je hebt het nog niet gescheiden tot nu toe, zul je waarschijnlijk altijd uit de gewoonte en onbewust de vuilnisbak nemen die het beste bij de situatie past. Als u dan uw onderbewustzijn herprogrammeert, zult u in staat zijn om het huisvuil op een meer zinvolle manier onbewust te scheiden. Na verloop van tijd kiest u automatisch de prullenbak die u zelf hebt geprogrammeerd om te gebruiken.

Uw onderbewustzijn is zeer relevant voor uw handelen. Onder andere omdat het ook je bewuste handelen aanzienlijk zal beïnvloeden. U moet dus zeker uw onderbewustzijn herprogrammeren. Zelfs als het woord "programmeren" een negatieve connotatie heeft, is het in deze context zeer positief.

Welke stappen moeten we dus zetten? Deze worden hieronder kort beschreven:

1) Denk na en lees door wat uw REAL-doelen zijn

2) Visualiseer deze echte doelen voor het oog van je geest. Regelmatig! Hoe gedetailleerder, hoe beter.

3) Beschrijf deze foto's zo goed mogelijk en houd ze op een vel papier. Zelfs droomcollages zullen u helpen. Hoe gedetailleerd ook. Neem de tijd. Hoe concreter, hoe dromeriger voor u, hoe positiever, hoe beter. Geen twijfel mogelijk: Dromen is hier toegestaan. Je moet je een concrete toestand voorstellen en deze zo goed mogelijk beschrijven. Kleine tip: Als een fee je een gratis wens toekent, maar deze wens moet heel precies worden beschreven, dan moet je echt je best doen om je wens vast te leggen op de manier zoals je het je voorstelt. Op dezelfde manier moet je nu ook je doelstaten, je echte doelen opschrijven.

4) Verbind je echte doelen met positieve emoties. Het maakt niet uit in welke situatie u zich bevindt: Zodra u over de doelstaat nadenkt, moet u onmiddellijk gevoelens van geluk voelen. Dit kan zelfs biologisch worden gecontroleerd, zodat je gelukshormonen vrijgeeft zodra je over je doelen nadenkt. Dit komt overeen met een soort conditionering. Luister naar je favoriete muziek als je erover nadenkt, luister naar motiverende of opbeurende muziek, eet je favoriete eten, wees op je favoriete plek. Je moet je op je gemak voelen en op elk moment zolang je in de "leerfase" bent, d.w.z. in de fase waarin je je doelen koppelt aan positieve situaties, gelukkig bent en een ongelooflijk positief gevoel hebt. Dus in elke toekomstige situatie waarin je over deze doelen nadenkt, laat je je absoluut positief zijn op elke plek in de wereld, op elk moment en in elke situatie, zodra je erover nadenkt. En dit is precies hoe u uw batterijen in elke situatie kunt opladen, zodat u altijd uw best doet om dichter bij uw doelen te komen.

5) Lees ten minste twee keer per dag uw echte doelen en uw beschreven toestanden. Het beste na het opstaan en voor het slapen gaan. Dit zijn ongelooflijk krachtige periodes van tijd om pure energie in je verbeelding en verbeelding te laten stromen.

6) Herhaal dit proces gedurende minstens 21 dagen. Totdat je bijna kunt onthouden wat je hebt opgeschreven. Als je er klaar voor bent, hoef je niet meer elke dag je formuleringen door te lezen, maar begin je de hele zaak te reciteren en uit het geheugen te formuleren. Tijdens de eerste paar dagen kan het nuttig zijn om uw opnamen van tijd tot tijd te controleren, zodat u ook de belangrijkste details kunt opnemen. Geleidelijk aan kun je jezelf echter steeds meer losmaken. Dit is het moment waarop het echt je onderbewustzijn binnenkomt. Dan hebt u de opname ook opgeslagen in uw langetermijngeheugen en kunt u deze bijna foutloos weergeven. Dan zouden ook daarna nog ca. 28 dagen in totaal voorbij moeten zijn. Nu is zeker het moment waarop u uw onderbewustzijn hebt geïntroduceerd in het nieuwe programma, als u eerder gedisciplineerd was. Nu hoeft u niet de hele opname zonder fouten te reciteren, maar u kunt zich de dingen herinneren die voor u belangrijk zijn. Deze hoekstenen zijn voldoende om je steeds weer een krachtige visualisatie van je doelen te geven. Als het niet genoeg is, herhaal dan de vorige stappen nog eens 21 dagen.

Zoek naar manieren om je wil te versterken, je zingeving aan te scherpen en je leven vorm te geven volgens je ideeën.

conditionering

Dit instrument is zeer gewelddadig en ongelooflijk krachtig, maar het zal ook het meest schaamteloze wapen zijn dat je zal gebruiken om je succesvol en gelukkig te maken.

Conditionering is ook een zeer negatief woord. De associaties die we associëren met conditionering bestaan vaak uit zeer slechte en manipulatieve eigenschappen. Ook hersenspoeling wordt in dit verband vaak genoemd. Hiermee bedoelen we dat een bepaalde manier van denken ons subliminaal wordt opgedrongen of dat we een bepaald gedrag moeten aannemen dat ons onvrijwillig werd opgelegd.

In de eigenlijke zin betekent conditionering echter alleen maar dat we een bepaalde manier van denken, prikkels en handelingen met elkaar verbinden. Toon een bepaalde reactie op bepaalde acties. Het gebruik van signalen om een manier van denken of een gedragspatroon te verklaren. In dit opzicht is dit woord eigenlijk even neutraal als zijn oorsprong. Het is gewoon een kwestie van wat we ermee associëren. En in deze context willen we het geheel een positief interpretatiekader geven, niet omdat het ons in dit geval beter uitkomt en we de wereld maken zoals we dat willen, maar omdat dit proces neutraal is in de ware zin van het woord en we er iets heel positiefs uit kunnen afleiden voor ons. Het is vergelijkbaar met kritiek. Kritiek is negatief, maar in het beste geval geeft het ons constructieve hints en aanbevelingen voor actie, die ons nog beter kunnen maken.

Dus hoe kunnen we enerzijds conditionering positief vormgeven en anderzijds laten werken voor ons? Door onszelf te conditioneren zodat we proberen dingen te vermijden die ons goed doen en dingen die ons schaden. Ik weet zeker dat je denkt: "Ik probeer dat elke dag te doen! En ja, dat doe je waarschijnlijk elke dag min of meer, maar niet bewust of vakkundig genoeg om er echt van te kunnen profiteren. Want als je dingen doet die je leuk vindt, ben je blij omdat je ze doet en de mogelijkheid hebt om ze te doen. Als je dingen doet die je niet leuk vindt, ben je ongelukkig, ongelukkig, ongelukkig, of misschien vind je een emotionele omweg om ermee om te gaan. Als je dingen doet die je heel vaak doet, d.w.z. een soort routine wordt, ben je er waarschijnlijk relatief emotioneel los van. Misschien is het vervelend, misschien zie je er het voordeel in. Ergens is het echter zeker min of meer in het licht positieve of negatieve bereik, ergens rond het nulpunt. De bottom line is wat emoties en gedachten je associeert met je acties en processen. We hebben dus volledige vrijheid over alles wat er gebeurt, zoals we het willen zien. Je vriendin of vriendin ziet het als een probleem, je ziet het als een uitdaging. Hij/zij ziet het als een hindernis, jij ziet het als een kans. Zij/hij denkt aan falen, jij aan waxen. Dezelfde situatie, verschillende gedachten, verschillende benaderingen.

Wie denk je dat je eerder (of helemaal niet) de finish bereikt, en met welk resultaat: De persoon die een afstand van 5 km voor zich ziet lopen en denkt:" Ik zal het nooit halen! Dat is te veel! Ik was niet aan het trainen! "Of de persoon die niet getraind heeft, moet hetzelfde parcours afleggen, maar denkt: "Nu heb ik de mogelijkheid om eindelijk 5 km te lopen. Na de run ben ik zeker klaar, maar ik heb iets gedaan voor mijn conditie. En als de kans zich weer voordoet, ben ik nog sneller en nog beter dan voorheen! Wie denkt u dat de run überhaupt van start zal gaan, en als beide dat doen, wie zal het betere resultaat leveren als alle omstandigheden anders gelijk zijn? Het antwoord is duidelijk.....

Deze mindset die je helpt om de kansen te zien in plaats van de risico's, om de uitdagingen van de problemen te herkennen - deze mindset kan getraind worden, en je kunt jezelf daarvoor conditioneren! En hier is het woord waar we allemaal zo bang voor zijn als we het lezen of horen. Conditionering! Maar we kunnen wel degelijk baat hebben bij training om een positieve denker te zijn. En dat is uw blikopener. Zo zie je kansen in plaats van risico's, zo zie je kansen in plaats van gesloten deuren.

Je moet jezelf dus trainen in conditie, met andere woorden, om bepaalde dingen te koppelen aan bepaalde situaties, signalen of prikkels. En dit zowel in positieve als in negatieve zin. Dit helpt je om bepaalde dingen te doen en andere dingen achter te laten. De sleutel, om erop te anticiperen, is om positieve gedachten en daden te verbinden met gevoelens van geluk en euforische emoties en om pijn te verbinden met negatieve, onproductieve of slechte dingen. Dit instrument is zeer gewelddadig en ongelooflijk krachtig, maar het zal ook het meest schaamteloze wapen zijn dat je zal gebruiken om je succesvol en gelukkig te maken. Deal?

Het is gemakkelijk uit te leggen, maar de implementatie is niet zo eenvoudig, omdat ze veel tijd, geduld en zenuwen vergen. Maar als je er eenmaal bent, ben je in een staat waar elke succesvolle persoon het over heeft: Dan kan niemand je tegenhouden! De grootste sprekers ter wereld, de beste atleten ter wereld, hebben zich allemaal geconcentreerd op het bereiken van hun beste prestaties op de dag van de wedstrijd. En dat werkt heel vaak, omdat ze zich op dit succes en op deze situatie hebben geconditioneerd.

Hoe werkt dat? Je moet positieve, zelfs echt euforische toestanden verbinden met dingen die je naar voren brengen en dichter bij je doelen komen. Dit gebeurt door middel van een gedachte-geest-verbinding: Als je denkt aan de doelstaat, het bereiken van een echt doel, dan moet je indrukwekkende momenten van vreugde met deze gedachte verbinden. Er moet merkbaar meer endorfine door je lichaam stromen. Dit kan zelfs biologisch bewezen worden! Luister naar je muziek als je erover nadenkt, creëer een situatie waarin je je ongelooflijk goed, krachtig, evenwichtig, evenwichtig, gelukkig, vriendelijk en geliefd voelt, en denk dan na over je doelen. Eet je favoriete eten, bekijk je favoriete show. In al deze momenten moet u en MOET u nadenken over uw REAL-doelstellingen en de bijbehorende doelstaat. U kunt dit alles op elk moment en op elk moment doen wanneer u bent aangekomen waar u wilt zijn. Dus nu moet je dat gevoel zo goed mogelijk beleven. Associeer je doelen altijd met sterk positieve situaties en toestanden. En dat moet je regelmatig doen, elk uur, minstens elke dag, gedurende weken, misschien maanden, afhankelijk van hoe snel je jezelf ervan kunt overtuigen. Zodat je zo positief geconditioneerd bent dat je in elke situatie waarin je je bevindt, hoe uitdagend of vermoeiend het ook is, je bijna van vreugde zou kunnen barsten als je over je doelen nadenkt: Omdat je meteen het gevoel krijgt dat je dit alles om een reden doet. Je tankt meteen je kracht, je motivatie om door te gaan, want je weet dat het loont. Het kan weken of zelfs maanden duren voordat je dit proces onder de knie hebt en je jezelf in bijna elke situatie met endorfine kunt uitproberen. Maar als je er klaar voor bent, zul je nooit genoeg hebben van iets dat je verder brengt, hoe moeilijk het ook lijkt. Dan ben je INFRASTABLE!

En nu doe je hetzelfde andersom. Dat wil zeggen, in de negatieve richting. En het wordt nog ongemakkelijker. Voor nu moet je huidige situatie, alle dingen en omstandigheden waarmee je ontevreden of ongelukkig bent, verbonden zijn met negatieve emoties, zelfs met emotionele pijn. Het ongeveer equivalente niveau van uw pijn moet in het bereik liggen van als u nu, uit het niets, 10.000 euro wegneemt. Misschien een boete omdat u uw elektriciteitsmeter niet goed hebt gecontroleerd of gewoonweg verkeerd heeft gelopen. Om wat voor reden dan ook: U moet deze betaling nu betalen! Dat doet pijn, nietwaar? Dat zou echt, echt pijn doen. En dat is precies het soort pijn dat je nodig hebt om verbinding te maken met je huidige situatie. Met de situatie waarin u niet meer wilt verkeren, met omstandigheden die u niet meer wilt ervaren. Een simpel feit: "No more desire for it" is hier niet meer genoeg. Dat was eerder, en het hielp je eerder niet. Nu is het een ander niveau. Nu moet je er diepe pijn mee verbinden. Verbind dingen die je nergens met absolute psychische pijn brengen. Het moet pijn doen. Het moet pijn doen om elke maand het geld uit het raam te gooien om je even te verdoven, je af te leiden van je doelen, of dingen te doen die je niet kunt doen. Zelfs als je al wat geld hebt bespaard waar je nu een mooie auto van kunt kopen: Het moet nog steeds zo veel pijn doen dat je er geen seconde over nadenkt om het nu aan onzin uit te geven, maar het nu aangrijpt als een kans om het verstandig te investeren. En met deze investering voel je dan de positieve gedachten. Een samenspel van emoties, maar ongelooflijk krachtig.

Je hebt de pijn nodig, je hebt het ongemak nodig, je hebt de verandering nodig. En toch eerlijk zijn tegen jezelf: Als dat niet zo was, had je al eerder iets veranderd. We worden allemaal moe, onze kracht wordt beroofd, we worden zwakker als we permanent pijn voelen. We spraken over pijnstillers elders. Maar we zullen een manier vinden om er uit te komen. Hoe hoeven we geen pijn meer te voelen. Hoe pijnloos te worden. Daarom wenden we ons tot artsen. Omdat we niet willen en kunnen leven met deze pijn *(en hopelijk ook niet hoeven te leven). Ik weet dat dit een zeer gevoelig onderwerp is en psychologisch gezien ook niet eenvoudig. Daarom vraag ik u uitdrukkelijk om zich met deze denkpistes alleen te oriënteren op succesgericht denken en deze kennis alleen toe te passen als u succesvoller wilt worden. Ik wil het hier niet hebben over geestelijke ziekten of andere aandoeningen, maar ze zijn natuurlijk dramatisch en kunnen niet worden afgezwakt. Daarom zou ik u willen vragen om in deze opmerkingen alleen de context van succesgericht denken te zien).*

Verbind de pijn met uw huidige situatie. In het meest extreme geval kun je het echt associëren met momenten die voor jou erg onplezierig zijn. Maar je kunt en hoeft niet per se zo ver te gaan. Alleen als je niet op een andere manier voldoende urgentie kunt opbouwen. Associeer deze situaties met malaise, ontevredenheid, ontevredenheid, ongeluk. Doe het op jouw manier, zoals jij het goed vindt. Maar laat het echt werken. Als je dergelijke verbindingen hier niet meer uit gemakshalve kunt maken, dan zal het je geen goed doen. Het basisprincipe is echter: zo mild mogelijk, zo pijnlijk mogelijk. Er is hier geen vuistregel, want we gaan allemaal anders om met psychologische druk en sommigen van ons gaan er beter of harder mee om. Situaties die u niet bevallen en die u niet vooruithelpen, waar u geen baat bij heeft, moeten worden geassocieerd met slechte of negatieve emoties. De taak ligt nu bij u om het dienovereenkomstig toe te passen.

Vind een mentor

Uw handelingen van vandaag leggen 's morgens de basis voor uw leven. Dat betekent dat u zelf bepaalt wat er morgen met u gaat gebeuren. U bent de trekker. Niets kan veranderen als je iets niet verandert. Ik denk dat we al meer in detail over deze zaken hebben gesproken of geschreven. Er zijn echter dingen die je alleen kunt maken, die je alleen moet maken of die je alleen moet maken. Er zijn geen andere mogelijkheden. Hoewel er altijd kansen voor u zijn om ondersteund te worden, moet u uiteindelijk altijd bereid zijn om het in geval van twijfel op u te nemen en verantwoordelijk te zijn voor uw succes. Dat betekent echter niet dat je echt alleen bent. Er zijn altijd mensen die hun eerdere acties met succes hebben uitgevoerd, die de situatie waarin je verkeert al op een vergelijkbare manier hebben meegemaakt en die je met hun kennis en ervaring waardevolle aanwijzingen kunnen geven. Zij kunnen een belangrijke bijdrage leveren aan wat je doet en hoe je het doet, en nog belangrijker, dat je het doet!

Deze mensen die dat precies doen, zijn niet noodzakelijk uw beste vrienden, niet noodzakelijkerwijs uw zakenpartners. Het zijn coaches en mentoren die je precies ondersteunen bij het doen van je ding. Want laten we eerlijk zijn: Hoe tevreden was je tot nu toe met je resultaten, als je echt iets met passie, inzet en enthousiasme hebt gedaan? Het resultaat was zeker goed, nietwaar? Misschien is het nu een tikje beter om te weten wat je nu opzuigt, maar het resultaat was echt opmerkelijk. Maar kunt u deze mogelijkheid overdragen naar alle andere processen en situaties waar dingen moeten worden gedaan? Dat is waarschijnlijk moeilijk. En dan is het waarschijnlijk net zo moeilijk om in deze situaties zulke uitmuntende resultaten te leveren. Wat kan je daar echt bij helpen? Ofwel advies over hoe je een goed resultaat kunt leveren, ofwel een motivator om je te helpen je vlam te laten opvlammen op een zodanige manier dat je graag dit proces met succes afrondt. Want dat is waarschijnlijk zal je score goed maken, toch?

Een mentor doet precies dat! Een mentor is niet iemand die alles kan, alles weet en je een gestructureerde dagelijkse routine biedt die je gewoon koppig volgt en morgen hoopt te slagen. Een mentor zal u helpen om goed advies te geven in uw omgeving en u te motiveren om in elke situatie topprestaties te leveren. Een mentor kan dat doen! Het kan uw vuur ontsteken en uw vlammen zo sturen dat u een brandwondenspoor ontbrandt dat precies in de richting van uw doelwit loopt. Een mentor heeft altijd benzine in het begin om je vlam in leven te houden en het vuur groter en groter te maken. En op een gegeven moment zal je vlam waarschijnlijk ook anderen aansteken die ook zullen branden. En samen brandt het zichzelf het mooist! Zien hoe belangrijk het voor uw vlammen is om te blijven branden? Begrijpt u waarom het belangrijk is om een mentor te hebben, maar toch verantwoordelijk te zijn voor wat moet branden?

Er zijn veel mensen die willen branden, maar die zelf hun vlam in de kiem smoren. Er zijn veel mensen die de nodige tondels nodig hebben. Maar er zijn maar weinig mensen die dat beseffen.

Er zijn ook veel mentoren en coaches die je vlam zien, maar er zijn er maar een paar die het gas bij zich hebben. Vertrouw op je eigen ervaringen of eerlijke ervaringen van anderen. Het maakt niet uit hoe "goed" een coach of mentor is. Het is belangrijk dat u dezelfde taal spreekt, u moet hetzelfde begrip hebben. Je vlam zal je niet goed doen als je mentor alleen maar wedstrijden voor je heeft. Ervaring opdoen, slimmer worden, er met je mentor over praten. U zult zien of hij gas of lucifers voor u heeft.

Ik heb ook een mentor, ik heb ook iemand die mijn vlam voorziet van benzine.

Wat zijn nederlagen en hoe ga je ermee om?

Het woord nederlaag is emotioneel pijnlijker en negatiever dan bijna elk ander woord. Een nederlaag betekent dat je verloren hebt. En een verlies is meestal nooit gemakkelijk mee te nemen.

We associëren nederlagen meestal met een competitie, een concurrentiesituatie waarin we werden verslagen. Een nederlaag kan echter ook betekenen dat we een resultaat krijgen dat ver onder onze verwachtingen ligt. Meestal relateren we het resultaat aan onze inspanningen, de tijd die we erin hebben geïnvesteerd en de middelen die we hebben besteed om uiteindelijk te bepalen of we een winst of een verlies hebben geleden. Hoe meer we in het resultaat hebben geïnvesteerd, hoe groter de nederlaag vaak zal zijn.

Dit betekent enerzijds dat de output in relatie tot de input wordt beschouwd, en anderzijds wat we als resultaat verwachten.

U kunt en moet de input op elk moment zelf bepalen. Hier geldt de regel "doe dingen niet voor de helft" volledig. Het maken van dingen die halfslachtig zijn, zou voor jou niet aan de orde van de dag moeten zijn, omdat het slechts halfslachtige resultaten oplevert die je niet tevreden zullen stellen en je nergens naartoe zullen brengen. Dit betekent dus dat uw input idealiter altijd zeer groot moet zijn, u moet altijd uw best doen om er het beste uit te halen. Toch moet je natuurlijk niet verdwaald raken in de details. We hebben het al gehad over het Pareto-beginsel 80/20, dat altijd moet worden gebruikt om belangrijke processen te begeleiden en vooruitgang te boeken, zelfs in routineprocessen. De input is dan natuurlijk ook afhankelijk van hoe belangrijk een taak en een proces voor u en uw vooruitgang is.

Het tweede punt is wat we verwachten van een resultaat. En hier, je raadt het al, is de oplossing weer voor de hand liggend. Het resultaat is altijd in het oog van de toeschouwer. En de oplossing is hier niet dat u uw eisen zo veel lager moet stellen als eender welk resultaat voor u positiever zou zijn dan het überhaupt is. Defeats zijn er niet om u duidelijk te maken dat u de volgende keer dat u uw claims tot een minimum moet beperken om een bevredigend resultaat te krijgen. Defeats vertellen je precies twee dingen:

1. Controleer uw waarneming van uw input/output verhouding
2. De volgende keer zal het beter moeten worden.

Dit zijn twee vrij harde en ongemakkelijke uitspraken, maar ze kunnen je een enorm potentieel geven. Wat is er met u aan de hand?

Als u een nederlaag lijdt, is het resultaat niet aangepast aan uw inspanningen en investeringen. Dit komt door de kwaliteit en kwantiteit van uw investering of door de verwachting van uw resultaat. Het moet een van de twee factoren zijn. Of je hebt iets gemist in de voorbereiding of in de uitvoering. Misschien was de behoeftenanalyse van wat u moet investeren voor uw gewenste resultaat niet adequaat, onvoldoende of u was slordig met de uitvoering. Als je Real Madrid in de Champions League speelt, heb je een grondige analyse nodig voor de wedstrijd en moet je er alles aan doen om de winnaar te worden. Beide factoren, zowel de voorbereiding als de uitvoering, moeten op elkaar aansluiten.

Als beide passen en je nog steeds een nederlaag leed, dan waren er blijkbaar te hoge verwachtingen van je resultaat. Je ging er gewoon van uit dat je tegen Real Madrid zou winnen zonder te zien dat het heel moeilijk zou zijn om te winnen. Uw verwachtingen waren gewoonweg te hooggespannen. Dit betekent niet dat je geen hoge doelen voor jezelf moet stellen, maar dat je ze moet zien in samenhang met je huidige eisen. Uw doel van het verslaan van Real Madrid moet te allen tijde blijven. U kunt en moet ook denken aan een 5-0. Maar je moet ook realistisch zijn en herkennen in welke fase van voorbereiding je nog zit. Als je je rijbewijs wilt halen en het theorie-examen wilt afleggen, ook al heb je maar twee theorielessen gevolgd, dan zijn je ambitie en je doel zeker goed, maar je voorbereidingssituatie is nog niet klaar om je doel morgen te realiseren. Dit betekent dat grote doelen belangrijk zijn. Ze zijn nodig! Op elk moment, ongeacht de status van uw voorbereiding. U moet de tijd echter aanpassen aan het beslissende moment. Dat is alleen de doorslaggevende factor van niets anders. Wat je huidige niveau ook is, als je grote doelen hebt en deze zo snel mogelijk wilt bereiken, moet je bereid zijn om al het mogelijke in de voorbereiding te stoppen. Als dit voor u om een bepaalde reden niet direct mogelijk is en u moet uw voorbereidingsfase nog een beetje verlengen, dan hoeft u uw doelen niet te verlagen, maar moet u de tijd die u nodig heeft om het gas te bereiken of gewoon op het gas te stappen realistisch inschatten. Dit zijn de stelschroeven die u kunt draaien. En als je deze fase heel goed onder de knie hebt, dan zal een 5-0 overwinning tegen Real Madrid realistisch zijn.

Verantwoordelijkheid nemen

Dit is een zeer moeilijk, maar ook belangrijk punt als het gaat om succes. Het nemen van verantwoordelijkheid en het initiëren van consequenties. Dat klinkt niet alleen dramatisch, het is het zeker.

Neemt u de verantwoordelijkheid voor alles wat u doet? Instinctief, zou je waarschijnlijk ja antwoorden. In feite moeten we nog zien of dat echt het geval is. Want het gaat erom dat je verantwoordelijk bent voor alles wat je doet en voor het grootste deel van wat er met je gebeurt. Dit houdt in dat u van begin tot eind verantwoordelijk bent. Voor de voorbereiding, voor het proces zelf en voor de kwaliteit van het resultaat. Neemt u echt verantwoordelijkheid voor dit alles en bent u zich daarvan bewust?

Deze stelling kan toch heel triviaal worden beantword, maar het doel is om echt intensiever met dit onderwerp om te gaan en als gevolg daarvan te herkennen welke invloed je echt hebt op de dingen en welke kracht je hebt met de verantwoordelijkheid om ze vorm te geven op de manier die voor jou optimaal is.

Zijn er situaties geweest of zijn er actuele situaties waarin u zich bevindt, resultaten die u hebt ontvangen of problemen waarmee u wordt geconfronteerd, die u niet te wijten zijn en toch nog steeds ondervindt? Zijn er dingen die niet binnen uw verantwoordelijkheidsgebied vallen en toch uw leven beïnvloeden of tenminste beïnvloeden? En zijn er situaties waarin je denkt dat het niet jouw taak is om daar iets te veranderen, en je leeft met de gevolgen, ook al ben je er ontevreden over, dus je bent in een soort van "duurzame" staat? Wacht of verwacht je iets, een verandering, een verbetering, een resultaat, zonder er direct en actief iets voor te doen, omdat je denkt dat het niet jouw taak is?

Nou, moet ik je nu teleurstellen of nog even wachten? Kom op, je verwacht het. Dan kunnen we het direct doen. Natuurlijk ben je verantwoordelijk. Nu, nu. Daarvoor. Zowel voor de voorbereiding als voor het proces en nog meer voor het resultaat. Actief en passief. Je bent verantwoordelijk voor alles wat er in je leven gebeurt. Natuurlijk kun je de toekomst niet voorspellen en weet je niet welke persoon je ontmoet en welke situatie je ervaart, maar je hebt altijd, op elk moment en op elke plaats, de verantwoordelijkheid voor hoe je met de situatie omgaat en wat je ervan maakt. Dat gaat nooit veranderen. Het maakt niet uit in welke situatie u zich bevindt. Je hebt altijd de volledige verantwoordelijkheid voor deze twee dingen.

Als u bent gezakt voor een examen, wie heeft daar dan schuld aan? De leraar of de professor, het examen, het weer? Als je gaat winkelen en veel ongezond eten in je winkelwagentje hebt en uiteindelijk in je kasten thuis, ook al wilde je gewicht verliezen. Wie heeft daar schuld aan? De supermarkt, de marketing? Als je in een arbeidsrelatie zit en ontevreden bent over je loon, wie is dan de schuldige? Ik weet dat het een gevoelig onderwerp is, dus ik richt me er hier op.

Zal ik het u vertellen? Het is uw schuld! U bent verantwoordelijk voor alles wat u overkomt en zal overkomen. Wat is er met u aan de hand? Heel eenvoudig, omdat je zelf bepaalt hoe je met de situatie omgaat, hoe je je laat beïnvloeden door de omstandigheden en hoe je vanaf nu verdergaat. De manier waarop u verdergaat, bepaalt de kans dat u zich weer in vergelijkbare situaties bevindt. Ik ben er zeker van dat er zich onvoorziene omstandigheden zullen voordoen. Als je echter een bepaalde weg inslaat, kun je veel meer uitrekenen over welke situaties en wat er met je daar gebeurt dan wanneer je een andere weg inslaat.

Voorbeeld: U wilt zangeres worden. Dus nu ga je naar plaatsen waar zangers meestal naartoe gaan. Je vindt er zeker ook andere kunstenaars zoals schilders en schrijvers. De kans om andere zangers te ontmoeten is echter groter. Dat geldt ook voor de manier waarop je te werk gaat. Daarom bepaalt uw omgang met verschillende situaties ook hoe groot de kans is dat u doorgaat met acties die u meer kans maken om bepaalde situaties aan u af te leveren. Dat je in een tweekamerappartement woont en een slecht betaalde baan doet die je niet leuk vindt. Wiens fout is dat? Niet die van de staat, niet die van de politiek, niet die van de economie. U bepaalt zelf wat voor soort training u volgt. U bepaalt wanneer en waar u iets aanvraagt en u bepaalt met wie u werkt en wanneer. U kunt zelfs uw maandsalaris bepalen door te bepalen over welke kwalificaties u beschikt, welke kwalificaties u beschikt en welke toegevoegde waarde u levert. Dit zijn allemaal dingen waar jij, en alleen jij, direct invloed op hebt.

Ik wil het graag wat duidelijker maken: Je bent niet verantwoordelijk voor elke situatie. Een kleine aanrijding met een andere auto kan ook de schuld zijn van de andere partij bij het ongeval. Maar het is uw schuld als u deze situatie in uw leven laat doordringen en vanaf nu domineert het u, in welke vorm dan ook. Het is uw schuld als u geen klacht indient en het is uw schuld als u de auto niet in de garage brengt, zodat deze gerepareerd kan worden als de andere partij in het ongeval of zijn verzekering hem zelfs overneemt. Het hangt altijd en overal af van hoe je je op iets voorbereidt, maar veel meer van wat je met deze situatie doet en hoe je ermee omgaat, nog meer, welke conclusies je eruit trekt en hoe ze je verdere koers bepalen.

En al deze voorbeelden zijn voorbeelden die bijna ideaal op je eigen leven geprojecteerd kunnen worden. Het maakt niet per se uit wat er gebeurt. Maar wat er gebeurt als er iets gebeurt, heeft geen hoge prioriteit, zolang je maar verantwoordelijkheid neemt voor wat je ermee doet en hoe je ermee omgaat.

Daarom is de harde kernregel: neem verantwoordelijkheid voor elke beslissing die je neemt. Want hiermee neem je ook verantwoordelijkheid voor de dingen die je niet doet. Je bent dus verantwoordelijk voor alles wat je actief doet, maar ook voor alles wat je passief doet wat je niet direct doet of wat er het gevolg van is, dat je overkomt.

Natuurlijk is dit meestal gemakkelijker gezegd dan gedaan. Omdat misschien de eerste vraag al voor u rijst: Waarvoor moet ik de verantwoordelijkheid nemen? Het antwoord is: Voor alles! Want als je verantwoordelijkheid neemt, wat je doet, wat je niet doet, waar je mee omgaat en waar je niet mee omgaat, neem je beslissingen. En ik zeg u: Succesvolle mensen nemen tot 10.000 meer beslissingen per dag dan niet-succesvolle beslissingen, bewust en onbewust. En het grootste deel ervan gaat direct in haar kaarten. En dat moesten ze ook leren. Maar sinds ze het geleerd hebben, zijn ze in staat om succesvol te zijn en zo te handelen dat succes blijft bestaan.

Verantwoordelijkheid nemen is natuurlijk niet altijd prettig, en in de meeste gevallen is het tegenovergestelde waar: het is inspannend, het is moeilijk, het is onaangenaam en soms beangstigend. Want als je verantwoordelijkheid neemt, betekent dit dat je uiteindelijk te maken krijgt met het probleem en dat je verantwoordelijkheid moet nemen voor het proces en de uitkomst. Je kunt je niet zomaar uit de zaak trekken en dingen laten gebeuren. Want dan kunnen er processen en resultaten worden geleverd die u ontevreden maken of die het u nog moeilijker maken om de weg naar succes te bewandelen en die gevolgen hebben waar u zich voor moet verantwoorden. Maar dat geeft je kansen en kansen. Laat je niet bang maken. Het is goed om verantwoordelijkheid te hebben. Je hoeft jezelf dus niet afhankelijk te maken van wie dan ook en alleen te beslissen over succes of mislukking. Want als je de verantwoordelijkheid overdraagt, kun je meestal alleen maar teleurgesteld worden. Niet omdat anderen geen goede kwaliteit kunnen leveren, maar omdat je te afhankelijk bent van hen, en deze afhankelijkheid dwingt je altijd tot een afwachtende houding en verwachting waar je bijna nooit van kunt profiteren. Als je verantwoordelijkheid neemt, betekent dit ook dat je te maken krijgt met de dingen waar je je misschien ongemakkelijk bij voelt of die je wilde uitstellen. We spraken over hoe u het beste met deze dingen om kunt gaan. Je moet het rechtdoor doen. En nu moet je zelfs verantwoordelijkheid nemen. Het geeft u echter wel de mogelijkheid om controle te krijgen. En zoals je waarschijnlijk al meerdere malen in je leven hebt gemerkt, is controle een van de belangrijkste factoren voor vooruitgang.

Het antwoord op de vraag: "Waarom is het zo belangrijk om voor alles verantwoordelijkheid te nemen" is eenvoudigweg: "Omdat je controle hebt als je de verantwoordelijkheid hebt". De betekenis kan nog duidelijker worden als we deze uitspraak negatief formuleren: "Je geeft de controle op als je je verantwoordelijkheid opgeeft". En wat gebeurt er als je de controle opgeeft? Wat bedoel je met verlies van controle? Associeert u dat met positieve dingen? Is het niet zo? Waarom zou het dan anders zijn in je leven? Is het plotseling positief? Bullshit! Verlies van controle betekent dat je weinig of geen effect hebt op de kwantiteit en kwaliteit van de acties die jou en je leven aanzienlijk beïnvloeden. Je hebt geen controle meer over waar het pad, je pad, je pad, moet gaan. Weet u niet waarom het pad dat u bewandelt belangrijk is? Wilt u dat ik dat doe? Wilt u de risico's die u al heeft achtergelaten helemaal in de waagschaal stellen door vanaf nu controle te geven aan iemand anders? Misschien gaat dit of dat iemand een heel andere kant op, wat precies in de tegenovergestelde richting leidt, waar je al zo lang en zo moeizaam mee bezig bent. Misschien gaat hij een beetje in jouw richting, kan je meenemen, maar draait dan scherp naar links. Het gevaar dat je de weg kwijt raakt is ongelooflijk groot als je niet langer de touwtjes in handen hebt. Verantwoordelijkheid is controle! Verantwoordelijkheid opgeven is de controle verliezen over de vraag of de dingen je vooruit brengen of niet. Het zal bijna een product van toeval voor u zijn, omdat niemand anders zo goed weet wat u wilt en wat u verwacht en vooral waar u naartoe wilt. Als je een doel hebt en je bent op zoek naar de weg naar dat doel, is het ook belangrijk dat je zelf rijdt. Misschien niet alles, misschien kan iemand anders een tijdje rijden. U moet echter altijd controleren of hij/zij in de richting gaat die u wilt dat hij/zij gaat. Als u liftend bent, moet de bestuurder ook in uw richting rijden. Als hij/zij in een heel andere richting rijdt, bent u daarna nog verder van uw bestemming verwijderd. Zo kan iemand aan het stuur kruipen, die voor korte tijd voor u zal instappen, waarbij u weet dat hij of zij op uw weg verder zal gaan. Vroeg of laat zul je echter weer de volledige controle over het stuur moeten nemen, omdat je moet beslissen of er een snelkoppeling is, of het een optie voor je is, wanneer je moet tanken en hoe snel je wilt gaan.

Erken dat dit voorbeeld niet zo oppervlakkig en fictief is als het in eerste instantie leest. Erken dat dit voorbeeld nauwkeurig kan worden toegepast op je leven, de manier waarop je leeft en de keuzes die je maakt. Als je je dit realiseert en ziet hoe belangrijk het is om controle te hebben over jezelf, je beslissingen en je leven, zul je zien hoe belangrijk het is om verantwoordelijkheid te nemen. Altijd! Voor alles! Het zal je een voorsprong geven.

Dagboek bijhouden

Een dagboek is een krachtig instrument om processen en hun resultaten vast te leggen en te koppelen aan enkele zeer belangrijke feiten. Je kunt het gebruiken om de daadwerkelijke vooruitgang te controleren, maar ook welke vooruitgang je emotioneel hebt geboekt, hoe gemakkelijk dingen voor je zijn geworden, of welke processen overbodig zijn.

De schriftelijke vastlegging is een onmisbaar instrument op weg naar succes. Maar uw dagboek kan nog meer: het heeft ook een controlefunctie. Dat betekent dus: afhankelijk van hoe zorgvuldig u uw agenda bijhoudt, kunt u de huidige status van een project of proces zien. Als u op dit moment meerdere schroeven tegelijk draait, helpt dit u om het spoor bij te houden en toch volgens de structuur te werk te gaan.

Het dagboek hoeft niet in strikte vorm te worden bijgehouden. Het heeft ook geen speciaal formaat nodig. Het is belangrijk dat u belangrijke feiten noteert die voor u en uw taken en doelstellingen van betekenis zijn en informatie doorgeeft die later ook interessant zal zijn. De volgende informatie kan u helpen:

Wat wordt er gedaan?

Waarom wordt het gedaan?

Wanneer ben ik begonnen?

Wanneer wil ik het afmaken?

Wat heb ik daarvoor nodig?

Van welke factoren hangt het succes van het proces af?

Welke invloed heb ik?

Wat zijn mijn noodzakelijke middelen?

Welke middelen moeten nog worden ingezet?

Hoe ga ik om met de taak?

Welk belang heeft dit proces voor mijn doelen?

Wat is de huidige status?

Voor welke processen is dit proces een voorwaarde?

Zoals u kunt zien zijn dit slechts een paar vragen waarvan er nog veel meer zijn. Het is belangrijk dat u een aantal vragen selecteert die voor u betekenisvol zijn en dat u de processen voldoende gedetailleerd vastlegt, zodat u ook op een later tijdstip een goed overzicht krijgt. Houd uw agenda gestructureerd en georganiseerd, maar niet volgens strikte richtlijnen. Ik weet zeker dat je een patroon voor jezelf kunt maken. Dit moet echter op een zinvolle manier voor u gestructureerd zijn.

De gewoonten van de succesvolle

We hebben al veel gesproken over wat u succesvol kan maken of zelfs nog succesvoller. Dit vereist enige herprogrammering in je denkpatronen. Dat is logisch, want als je iets wilt veranderen, moet je eerst je manier van denken veranderen. Want tot nu toe heeft ze je gewoon meegenomen waar je nu bent. Als je door wilt gaan, heb je nu andere tools nodig.

Het is als een navigatiesysteem. Als u een navigatiesysteem hebt dat alleen Duitsland als kaart heeft, kunt u het alleen in Duitsland gebruiken. Maar als u naar het buitenland wilt gaan en uw navigatiesysteem wilt gebruiken, hebt u een update of een ander navigatiesysteem nodig. Een die ook kaarten van de omringende landen heeft. In de eerste plaats is het niet zo belangrijk of het navigatiesysteem eenvoudiger, sneller of met andere voordelen te gebruiken is. Allereerst heb je het nodig om buitenlandse kaarten te kunnen zien.

U kunt er ook voor kiezen om het navigatiesysteem te lenen van vrienden om deze kaarten te krijgen. Met andere woorden, als je vooruit wilt komen, kun je eerst de dingen overnemen die andere succesvolle mensen hebben gedaan om vooruit te komen. Beetje bij beetje word je zelfstandiger. Je leert de plaatsen in het buitenland steeds beter kennen en je hebt het GPSsysteem van je vriend(in) niet meer nodig. U vindt uw weg alleen. En er is nu ook de tijd, waar je verder komt en vooruitgang boekt op je eigen ontdekkingstocht.

Middelen in gewone taal: Als je iets wilt veranderen en je manier van denken wilt herprogrammeren, kun je natuurlijk eerst dingen overnemen van anderen die succesvol zijn, omdat ze blijkbaar al hebben gesproken over denkprocessen waarmee ze verdere vooruitgang hebben geboekt. Geleidelijk aan wordt het echter steeds belangrijker om eigen ervaringen op te doen en op basis van deze ervaringen, de navigatiesystemen van anderen, een eigen oriëntatie te ontwikkelen.

Neem voorlopig de navigatiesystemen van anderen over. Verwerf dus kwaliteiten en denkwijzen die andere mensen succesvol hebben gemaakt. Dit zal het voor u veel gemakkelijker maken om aan de slag te gaan! Je hoeft het wiel niet steeds opnieuw uit te vinden. Het is voldoende om bestaande processen aan te passen of te optimaliseren. Hiermee kunt u voortbouwen op een reeds bestaand, succesvol concept.

De ochtendroutine

Een van deze processen is de ochtendroutine. Wat is een ochtendroutine? Het is een proces dat je elke ochtend herhaalt, bij voorkeur zeven dagen per week, steeds opnieuw. Zo is de naam ontstaan.

Waarom zou u een ochtendroutine introduceren? Om de eenvoudige reden dat de ochtend het eerste contact tussen u en de nieuwe dag is. De manier waarop u de dag begint, kan uw motivatie, uw aandrijfmotor voor de dag, uw impuls drastisch verhogen. Stel je voor dat je elke ochtend wakker wordt en gewoon niet uit bed komt. U kunt uw alarm vroeg instellen, maar u hebt al vijf extra timers direct ingesteld, omdat u toch niet verwacht dat u direct bij het eerste alarm wakker wordt en direct opstaat. Het is echt moeilijk voor je, want je bent nog steeds ongelofelijk moe, depressief, het is buiten koud, het is warm in bed en nog steeds zo gezellig, en: "O, ik kan vandaag ook zonder ontbijt of onderweg iets eten. Belangrijk zijn de 9 minuten meer slaap die ik krijg". Weet u het?

Hoe productief denkt u dat dit proces is om een dag succesvol te beginnen en honger te lijden? Beantwoord de vraag a.u.b. zelf. Denk je dat je met die houding een ongelooflijke dag zult maken? Of kunt u uw batterijen opladen met deze 9 minuten meer dankzij uw timer om echt aan de slag te gaan? Weet u hoe het is om naar school te gaan, naar de universiteit of naar een opleiding, om te werken of waar u ook bent? Dat moedigt u waarschijnlijk niet aan om op uw best te presteren.

Je denkt dat je iets anders moet doen om de dag anders te beginnen? Het is bewezen dat uw ochtendmotivatie, dat wil zeggen uw mentaliteit, uw energie, uw honger, de hele dag doorwerkt. Het is bewezen dat de manier waarop je de dag begint directe gevolgen heeft voor de rest van de dag.

Weet je ook niet dat als je 's morgens erg moe bent en niet uit bed komt, als je de hele dag zo lusteloos, neerslachtig en op de een of andere manier echt "klappend" bent? Ooit afgevraagd waarom dat zo was? Vaak zeggen we dat we te weinig of zelfs te veel hebben geslapen en dat we daarom superlustig zijn. Rechts ongeveer 10% van de tijd, denk ik. Heb je ooit gehoord van bioritme? Dat onze hormonale balans afhankelijk is van invloeden van buitenaf, zoals zonlicht, duisternis en dergelijke? Dit is een van de redenen waarom je in de meeste gevallen erg moe bent als je om 4 uur 's ochtends gaat slapen en om 1 uur 's middags wakker wordt, ook al heb je negen uur geslapen. Zelfs als je deze slaap krijgt, ben je nog steeds klaar. Ooit afgevraagd waarom dat zo was?

Bioritme is een algemene term voor een veelheid van fysiologische processen die verband houden met endogene en exogene factoren. Het legt niet de complexiteit vast van de dingen die het geacht wordt te beschrijven, maar het zegt in principe dat er zoiets bestaat als een ritme. Je wordt 's nachts moe, je wordt 's morgens wakker. Je slaapt anders in een volledig verduisterde kamer dan in een heldere kamer, zonlicht maakt je actiever dan duisternis. Dit zijn allemaal processen die ontstaan door fysiologische verbanden en min of meer bepalend zijn voor uw dagelijkse routine. Meestal meer dan minder. En dat is precies de reden waarom je niet, of niet zo vaak, tegen dit ritme moet ingaan. Hij straft je met vermoeidheid, vermoeidheid, luiheid. Biologie wint altijd, vroeg of laat.

En het verbazingwekkende is: herken je overeenkomsten tussen een ritme en een routine? Behalve dat ze allebei beginnen met "R" en zeven letters hebben. Ze beschrijven een gelijkaardig fenomeen: repetitieve patronen, identieke processen, reproduceerbare resultaten. Zou je het gevoel begrijpen als ik het ochtendritme noemde? Of bioroutine? Waarschijnlijk al! Denkt u dat dit verband arbitrair is? Ik denk van niet.

Een ochtendroutine helpt je om de dag op een gestructureerde en gerichte manier te beginnen. Dit geeft u een focus waarmee u uw dagelijkse dingen productiever kunt maken. Dit resulteert op zijn beurt in een innerlijke drang, de zogenaamde drive, om de volgende zaken even productief te maken. Je ochtendroutine helpt je dus om niet alleen een spirituele maar ook een praktische positieve invloed op de dingen te hebben. Uw ochtendroutine helpt u om uw doelen elke ochtend te visualiseren en te motiveren en om u een reden te geven om elke dag op te staan en te slagen. Maak jezelf klaar voor deze ochtendroutine en je krijgt een vlijmscherpe focus. Dag na dag na dag na dag na dag na dag.....

Hoe moet uw ochtendroutine eruitzien?

De ochtendroutine kan net zo individueel worden vormgegeven als een wit vel papier. Het enige wat belangrijk is, is dat het goed is voor jou en je doelen en dat je door deze kracht tanken en je focus op elkaar afstemt. Middelen: Doe wat je gelukkig maakt en motiveert je.

Er is ongelooflijk veel ruimte tussen deze rammen, maar er zijn een paar dingen uitgekristalliseerd die je veel energie geven en je focus meer uitgesproken maken. Deze worden ook uitgevoerd door de grote successen, althans als men op de traditie vertrouwt.

Je moet je dag beginnen met een grote slok water. Je hebt 's nachts veel energie en water verbruikt. Om uw organisme goed te laten functioneren, moet u een grote slok water nemen. Het helpt om uw cellen aan te vullen en hun volledige functie te benutten. Vervolgens moet je beginnen met enkele rekoefeningen. Niet veel. Gewoon zodat u uw spiervezels activeert, zoals ze zeggen. Door urenlang te liggen en voortdurend te ontspannen, heeft uw lichaam enige stimulatie nodig om weer op krachten te komen. Ooit geprobeerd om direct na het opstaan een gesloten waterfles te openen? Zo ja, dan weet je wat ik bedoel. Met uw strekoefeningen moet u uw hele lichaam één keer behandelen.

Vervolgens kan een koude douche u goed doen. Koud omdat het uw bloedsomloop stimuleert, de bloedcirculatie bevordert en u zo sneller terug op het spoor brengt. Je realiseert je al snel dat je merkbaar meer wakker wordt.

inspiratiefase

Na het douchen kunt en moet u de doelen waarover we al gesproken hebben, doorlezen, visualiseren en consolideren. Dat kan op verschillende manieren. Het is alleen belangrijk dat je je doelen in je onderbewustzijn onthoudt en ze oproept voor je mentale oog. Dit geeft je de motivatie om vandaag een uiterst positieve en productieve dag te hebben, omdat je weet waar je dingen voor doet. De fase waarin je je doelen oproept, doorleest, consolideert of op een of andere manier terughaalt, is een van de belangrijkste fasen in je ochtendroutine. Het is niet alleen een onderdeel van je meditatiefase, het is een onderdeel van je dagelijkse planning.

In de meditatiefase moet je er alles aan doen om je focus op te bouwen en je motivatie voor de dag te voeden. Hier kan het helpen om een paar pagina's in een succesvol coaching boek te lezen NADAT u uw eigen doelen en hun visualisaties heeft gesteld. Deze moeten altijd de hoekstenen zijn van je ochtendritueel. Er is geen krachtiger motor, geen grotere drijfveren dan je eigen doelen!

Voor uw meditatie kunt u nog steeds naar muziek luisteren. Instrumentale muziek, klassieke muziek, epische muziek, motiverende toespraken, lezingen, biografieën, audioboeken, foto's, video's helpen hier vaak bij. Alles is toegestaan. Het is belangrijk dat het je motivatie geeft, die je vervolgens kunt inzetten op de dingen die goed zijn voor jou en je eigen doelen.

Ik raad je echter aan om meer muziek te gebruiken in plaats van naar een scherm te staren. De straling en resolutie van de monitor maakt uw ogen moe en kan uw zintuigen 's morgens overprikkelen, zodat u er nauwelijks baat bij heeft. Het ziet er echter anders uit als je later motivatievideo's of iets dergelijks installeert en deze als extra ondersteuning kiest.

De meditatiefase moet duren tot je jezelf geconditioneerd hebt om je doel duidelijk te visualiseren en je bewustzijn en je onderbewustzijn wordt volledig gevormd door deze visioenen. In het begin kan dit een tijdje duren, maar met oefenen heb je maar 2-3 minuten nodig.

meditatiefase

In de volgende twee minuten moet u nu alle media uitschakelen en zich een minuut lang rustig gedragen, uw ogen sluiten en u richten op de essentie: Uw doelstellingen. Denk na over je doelen, probeer te voelen hoe het voelt als je ze bereikt hebt, ervaar het emotionele moment van euforie en denk na over wat je vandaag moet doen om een beetje dichterbij te komen. In de tweede minuut opent u uw ogen en spreekt u met uzelf, met uzelf. Dit lijkt misschien een beetje vreemd in de eerste plaats. Op het tweede gezicht zie je echter dat het je ongelooflijke kracht geeft. Je weet waarschijnlijk wel wat oefeningen waarbij je voor een spiegel moet staan en met jezelf moet praten. Dit wordt vaak gebruikt voor retorische training of presentaties om soevereiniteit te verwerven. Het is echter wetenschappelijk bewezen dat wanneer je tot jezelf spreekt, je beduidend meer invloed uitoefent op je gedachten en bewustzijn dan wanneer je alleen maar aan dingen denkt. Nou, ook al lijkt het je raar, probeer het een paar dagen. Je zult zien hoe een mindset verandert.

Bovendien hangt het af van de manier waarop u spreekt. Er zijn een paar zeer interessante voorbeelden. Ga voor een spiegel staan, laat uw schouders hangen, sta in een strakke positie en laat uw hoofd iets zakken. Zeg nu een paar woorden van macht, bijvoorbeeld: "Ik ben goed. Ik ben succesvol. Ik ben sterk. Ik heb de macht om over mezelf en mijn leven te beslissen. Ik ben gezond en ik ben gelukkig. Ik zal vandaag de beste dag van mijn leven maken". Het maakt niet uit hoeveel moeite je er ook in stopt, het zal je of iemand anders in de wereld niet overtuigen. Wat is er met u aan de hand? Omdat je houding signalen uitzendt die in tegenspraak zijn met wat je hebt gezegd. En we weten nu dat 90% van wat er gezegd wordt niet bepaalt wat er gezegd wordt, maar hoe het gezegd wordt, Emotionaliteit wint altijd en te allen tijde van rationaliteit. Daarom kun je zo overtuigend zijn in wat je zegt. De manier waarop je zegt dat het je altijd zal vernietigen.

Probeer opnieuw dezelfde woorden te zeggen. Maar nu trek je je schouders naar achteren, borst, schouders breed, hoofd omhoog, en nu zeg je weer precies hetzelfde: "Ik ben goed. Ik ben succesvol. Ik ben sterk. Ik heb de macht om over mezelf en mijn leven te beslissen. Ik ben gezond en ik ben gelukkig. Ik zal vandaag de beste dag van mijn leven maken". Het maakt niet uit hoe raar dat voor u klinkt. Probeer het alstublieft uit. Het is uiterst belangrijk!

Kun je het voelen? Heb je het gevoeld? Je bent veel veiliger, veel overtuigender. Nu koop je het zelf. Dat zou je nog nooit eerder hebben gedaan. En hoe moet je vandaag de dag andere mensen overtuigen van je capaciteiten als je jezelf niet kunt overtuigen.

De manier waarop je over dingen denkt, de manier waarop je praat, heeft directe gevolgen voor jezelf, je eigen geloofwaardigheid bij jezelf, en de invloed die het op jou en je mentaliteit heeft.

Om precies deze reden zijn er zogenaamde Power-Moves! Zulke krachtbewegingen zijn krachtige bewegingen die pure energie door je lichaam laten stromen. Toegegeven, dat klinkt erg abstract en spiritueel, maar heeft echt een directe impact op je psychische toestand, in positieve zin! Kijk naar de voorbereiding van de grootste en de beste. Kijk wat zeer goede sprekers voor hun lezing doen. Bekijk wat een Tony Robbins doet voor zijn ongelooflijk krachtige en opwindende optredens. Hij heeft machtsbewegingen die hem in een soort trance toestand brengen waar hij energiek en vol actie is. Deze energie, die hij nu emotioneel voelt, kan hij direct op zichzelf, zijn houding en zijn manier van spreken richten. Daarom weet hij ook mensen te inspireren en te bewegen.

U kent de tip van rechtop en krachtig staan in een presentatie en uw spieren aanspannen, rechtop zitten tijdens intensief werk en uw voeten stevig op de grond drukken. Ik weet zeker dat je bekend bent met al deze kleine tips. Heb je er ooit over nagedacht waarom je dit zou moeten doen? En heb je het al gedaan voordat je het beoordeeld hebt? Dat is precies de reden waarom ik wil dat je deze dingen doet. Omdat ze je kracht en zelfvertrouwen geven, omdat je tot een heel andere grondwet komt dan je zonder die grondwet ooit zou bereiken. Ze geven je kracht omdat je kracht gebruikt. De wet van de transformatie in samenhang met de wet van het behoud van de massa. Er kan geen energie worden gecreëerd of verloren gaan. Het wordt slechts omgezet in andere vormen. In de natuurkunde vaak in vervorming, energie en warmte, in de theorie van de mensheid van gedachten in daden en vice versa.

actiefase

Na de meditatiefase ben je spiritueel op een nieuw niveau. Daar heb je jezelf gekatapulteerd en kun je dit momentum, deze focus en de passie die je in de meditatiefase hebt opgebouwd, meenemen in je actiefase. De actiefase gaat over het fysiek actief worden. Dit omvat alle dingen die je lichaam fysiek energie geven. Dus nu kun je beginnen met wat ochtendgymnastiek, een paar oefeningen doen, 5-10 minuten joggen of gewoon ontbijten en je batterijen opladen. Er zijn verschillende meningen over dit onderwerp, wat voor u het meest zinvol is. Sommigen zweren bij een evenwichtig, vitaminerijk ontbijt met koffie, anderen zijn overtuigd van het intermitterend vasten en eten, als dat al het geval is, een boterkoffie (je hebt het goed gelezen). Uiteindelijk zijn er duidelijke feiten die voor de een, maar ook voor de ander spreken. Mijn mening: Probeer beide en zie wat je beter aankan. Als je het echter probeert, moet je minstens twee weken lang een van de twee ontbijtrituelen proberen, zodat je lichaam eraan kan wennen en je niet verblind wordt door de flagrante verandering en zo je conclusie beïnvloedt.

Dan nu de vraag van alle vragen: Moet u uw ochtendroutine ook op "vrije" dagen doen? Mijn mening: Ja, natuurlijk! Ze helpt je om elke dag een succesvolle start te maken en richt zich op de dingen die je helpen om vooruit te komen en je elke dag gelukkig te maken. Op uw vrije dagen kunt u het geheel echter een beetje uitbreiden. Krijg wat slaap, neem het rustig aan. Maar je moet het toch doen. Omdat de ochtendroutine alleen in de eerste dagen en weken moeilijk of oncomfortabel voor u zal zijn. Op een gegeven moment is het zo sterk geïntegreerd in je dagelijkse leven dat je er niet meer zonder wilt en kan. Daarom is het zelfs op vrije dagen geen last, maar een aanvulling.

avondroutine

Als het u enorm kan helpen om de dag productief en gestructureerd te beginnen, is het zinvol om de dag gestructureerd af te sluiten. Nou, hoe ziet zo'n avondroutine eruit?

Het is een feit, de nacht is voor recreatie. Of je nu 's morgens moppert, een nachtuil of een dagdromer bent. Uw lichaam is biologisch ontworpen om te slapen als er geen daglicht beschikbaar is. De nacht kan en moet daarom worden gebruikt voor rust en ontspanning. Dit is echter vaak makkelijker gezegd dan gedaan, omdat we vaak nog dingen te doen hebben die we 's avonds gewoon willen aansluiten, andere dingen die we overdag achterlaten of we gebruiken de tijd die we 's avonds hebben om na te denken. Dit is niet erg productief, want hoewel je natuurlijk dingen kunt doen in deze tijd, is het veel productiever voor je om een regelmatige rustperiode te hebben. Heb je ooit gehoord dat regelmatige pauzes belangrijk zijn? In de krachttraining spreken we van supercompensatie, d.w.z. het fenomeen van een kleine prestatie laag na een inspanning en pas na een bepaalde tijd naar het startniveau regenereren of dan een nog hoger niveau bereiken.

En dit is ook zeer relevant voor u, ook al hoeft u niet te herstellen van sportactiviteiten, maar van mentale activiteiten. Het principe is hetzelfde en moet ook op u van toepassing zijn. Daarom is het belangrijk om een herstelfase te doorlopen om uw batterijen op te laden, te verwerken wat er gebeurd is en na deze fase nog sterker terug te komen.

De beste tijd om deze pauze te nemen is wanneer de biologie het toelaat. s Nachts. Hier heb je tijd om te regenereren en te herstellen. Daarom is de slaap zo belangrijk. Te weinig slaap kan leiden tot ernstige psychische problemen, die zich natuurlijk ook fysiek laten voelen. Niet voor niets is slaaptekort een methode van foltering.

Voor u betekent dit: pauzes zijn goed, pauzes zijn belangrijk, slaap is goed, slaap is belangrijk. En daarom moet je deze fasen ook heilig behandelen en niet laten ruilen of beperken. Dit betekent ook dat je in deze fasen ook mentaal voorbereid moet zijn op rust en je tijd moet nemen.

Een typisch fenomeen is niet het vinden van een dagelijks einde, het werk mee naar bed nemen en dan een catastrofale rustfase hebben die ertoe leidt dat je niet in staat bent om te regenereren. Dit werkt een tijdje goed, maar je weet zeker dat de problemen ermee toenemen. Je wordt minder gefocust, meer onproductief en dit heeft een direct effect op de resultaten van je werk. En slechte resultaten of het ontbreken van deze resultaten kunnen uw project of het bereiken van uw doelstellingen in gevaar brengen.

Vind dus een geschikte avondroutine voor jezelf. In het beste geval laat u pas kort voor het slapen gaan schermen of heldere displays oplichten, omdat ze uw hersenen belasten en u aanmoedigen om te werken, waardoor het voor u veel moeilijker wordt om te rusten. TVkijken leidt tot een soortgelijk fenomeen. Het is beter om een boek te nemen, iets te schrijven, iets te schilderen, iets te schilderen, iets creatiefs te doen maar niet veeleisend, de gemoedsrust en emoties te belijden en je voor te bereiden op de slaap. Thee, warmte, gezelligheid..... Slechts een paar dingen die u kunnen ondersteunen in uw ontspanning. Vind uw weg naar rust 's nachts. Mijn tip: Schrijf een paar dingen op die je vandaag goed hebt gedaan, die je in het verleden goed hebt gedaan en die je morgen wilt doen. Zo creëert u vandaag al een structuur voor morgen en kunt u vandaag in alle rust uw dag afsluiten. De perfecte emotionele toestand om uitgerust in slaap te vallen. Muziek kan je ook ontspannen, idealiter moet het verbonden zijn met het schrijfproces.

Wat is uw grootste probleem?

Je kent de uitspraak: "Het enige wat je tegenhoudt is jij! Dit is een heel oppervlakkig gezegde, maar het vat het heel goed samen. En ik weet zeker dat je dat ook weet. Maar ik wil een beetje dieper kijken. Je grootste vijand die je ervan weerhoudt om succesvol en echt gelukkig te zijn, is je ego! Ik ben ervan overtuigd, bijna zeker, dat je ego je vaak verhindert om echte vooruitgang te boeken. Je ego voorkomt dat je groeit. Wat is er met u aan de hand? Omdat je zeker geen dingen doet, omdat je ego te groot is. Je bent te goed in het doen van bepaalde dingen. Ik geef hier bewust geen voorbeelden, want je moet er zelf over nadenken, of het echt zo is. Je bent te trots om een tweede keer iets aan te pakken. Je bent te trots om jezelf een nederlaag toe te geven. Je bent te trots om een uitdaging aan te gaan en je bent te trots om hulp te vragen.

Kent u de beste vriend van uw ego? Luiheid! Als de twee samenkomen, is er een verschuiving in de schacht. De twee van 'em'll wrak alles. Als een van de twee verschijnt, kunt u nog steeds vechten indien nodig. Als ze allebei op de dansvloer komen, is het heel snel leeg. De combinatie van deze twee verlamt je bijna. Een van de twee collega's maakt je onzeker, de ander geeft je de rest.

Duidelijker: Je ego weerhoudt je er zeker van om bepaalde dingen een tijdje te doen. Zo is luiheid. Luiheid is bijna erger. Als je te lui bent om iets te doen, rechtvaardig je het meestal tegenover jezelf en laat je je ego dan spreken. Het resultaat is dat als je naar één of beide factoren luistert, of zelfs naar beide, je niets doet. En stagnatie is zeker het ergste wat je kunt ervaren als het gaat om vooruitgang te boeken. Stilstand is de tegenstander van alle processen, alle vooruitgang, alle resultaten.

Als ik je vraag wat je van luiheid vindt, ben je er zeker van overtuigd dat het contraproductief is, ongeacht de situatie of context. Ik heb het hier niet over welverdiende rusttijden. Ik heb het over echte luiheid. Ik weet zeker dat u dezelfde mening bent toegedaan. Maar leeft u ook uw mening?

Zorg ervoor dat je ego je niet van de mogelijkheden weerhoudt en dat je luiheid elke uitdaging verbrijzelt. Kansen en uitdagingen brengen een zelfwerkende dynamiek die essentieel is voor uw vooruitgang.

Dus wat kun je aan deze luiheid doen? Heel eenvoudig: Doe iets! Doen is het kwaad van alle luiheid. Je hoeft alleen maar iets te doen. Alles, maar begin met iets. Begin met onderzoek op het internet, lees boeken of maak contact met mensen. Je moet iets doen. Het zal u zeker veel moeite kosten om eerst uit uw luiheid te komen. Het zal moeilijk zijn en veel energie kosten, maar de dynamiek die het met zich meebrengt zal je veel meer energie geven dan je ooit eerder hebt gehad. Ga je gang. Stop met het zoeken naar excuses, laat luiheid winnen en begin iets te doen. Er is geen belangrijkere tip dan deze. Een betere krijg je nergens. Je hoeft alleen maar te beseffen dat je het moet doen. Het is het enige dat luiheid verslaat. En door dit te doen doe je ervaring op, leer je discipline, en ervaar je routine die je zelf positief kunt interpreteren. Dit is een creatief proces van superlatieven. Aan het begin van elk proces is er slechts één stap. Maar zonder die stap kom je nergens. Het is het hek dat je moet oversteken om naar deze prachtige bloemenweide te komen. Het is de glasplaat waarachter de goudstaaf ligt. Laat een hek je niet tegenhouden om er overheen te kijken en laat geen materiaal je tegenhouden om er doorheen te kijken. Je bent groot en sterk genoeg om deze obstakels te overwinnen. Doe het ook!

Plannen is alles

Niets raakt je harder dan het toeval. Dit is waarschijnlijk waar als men in toeval gelooft en ze als een natuurlijke noodlotsslag beschouwt. Toevalligheden zijn echter vrij ongeplande gebeurtenissen waarvan het optreden voor ons niet te voorzien is. Je denkt waarschijnlijk dat het absoluut hetzelfde is, gewoon anders gezegd. Daar heb je geen ongelijk in. Toch is er hier een klein maar subtiel verschil. Want als je denkt dat er iets ongepland met je kan gebeuren, of het nu goed of slecht is, dan moet je zo ver gaan dat je al het andere plant om deze factor zo klein mogelijk te houden. Want alles wat ongepland is, kan in geval van twijfel slecht voor u zijn. Betekent meer planning, meer controle. En controle is in principe iets heel goeds. U kunt dus proberen om de grote en belangrijke dingen in uw leven goed te plannen, omdat u hier volledige controle heeft, maar ook de kleinere dingen omdat u hier ook profiteert van extra controle. Ongeplande dingen gebeuren sowieso. En ze raken je hard als je geen of een zeer rigide plan hebt. Als je sowieso geen plan hebt, zal het ongeplande je misschien niet van de baan gooien, maar alleen omdat je toch geen weg hebt gevonden. Als je een plan hebt dat te rigide is, zal elke kleine trilling je doen wiebelen en moet je je plan voortdurend herzien en bijstellen. Wat is de oplossing? Een plan maken met buffers. Dit betekent dat je altijd een buffer moet opnemen voor alle belangrijke parameters: geld, tijd, ruimte, etc.

Een plan is niet zo geweldig als het streng is, het is goed als het je op weg houdt en het kan ook kleine schokken opvangen. Kies daarom ook voor een trekkingfiets voor een lange fietstocht, want het kan zijn dat je over grind moet rijden. Het kan iets langer duren dan bij een racefiets, maar als je over een stuk grind moet oversteken, barst je geen band.

Hoe maak je zo'n plan?

1. Stel slimme doelen. We hebben hierboven besproken wat slimme doelstellingen zijn. Zorg er echter voor dat u uw data realistisch kiest en de buffertijd inplannen. De buffertijd mag u niet de mogelijkheid geven om onnodig te slingeren. Maar ze moet je genoeg flexibiliteit geven als er iets vertraagd is.
2. Koppelingen van opeenvolgende processen in een logische causale keten. Als je een auto wilt besturen, moet je eerst leren rijden voor een rijbewijs, dan moet je een rijbewijs halen, dan een auto kopen, verzekeren en dan kan je rijden. Klinkt logisch. Maar is alles in deze keten in aanmerking genomen? Het eerste ding is dat je het geld hebt om deze stappen te zetten. Dat betekent dus: u moet op tijd voor alle middelen zorgen, zodat u de voortgang van uw doelstellingen kunt garanderen.
3. Bekijk welke processen moeten worden afgerond voordat het volgende proces kan beginnen, of welke processen parallel kunnen en moeten lopen.
4. Focus op het belangrijkste proces op dit moment. Als je een tweede proces aan de zijkant initieert, is het alleen om bepaalde dingen te initiëren. Dit betekent natuurlijk dat u zich kunt inschrijven voor uw rijexamen voordat u het einde van uw theorie- of praktijkeenheid bereikt. Sommige dingen vereisen enige doorlooptijd en vergen weinig inspanning. Daarom kun je het op gang brengen. Maar alleen als ze niet te veel capaciteit nodig hebben, anders verlies je je focus. Welke taken aan de zijkant kunnen en moeten worden uitgevoerd, bepaalt u vooraf, wanneer u een plan maakt.
5. Stel mijlpalen in. U kunt deze gebruiken om de status te controleren en te controleren of alles soepel verloopt.
6. Beëindig processen met een duidelijk resultaat voordat u een ander proces start (behalve parallelle processen die weinig aandacht vragen)
7. Schrijf alles op wat later belangrijk voor u kan zijn.
8. Begin niet aan een taak zonder de voortgang van je doel bij te houden. Je raakt te snel verdwaald.

Een voorbeeld van een planning wordt in het volgende weergegeven. Vanwege de eenvoud zullen we het bovenstaande voorbeeld van autorijden gebruiken. Voor u is het belangrijk dat u uw processen en doelstellingen altijd zo kunt inrichten dat ze soepel verlopen. Middelen: Er is geen gegeven vorm, die absoluut moet worden bewaard. Er zijn echter essentiële aspecten waaraan moet worden voldaan. De hoekstenen van de planning, die met bovenstaande vragen beantwoord moeten worden. Anders moet u een plan uitwerken dat bij u past en geen rigide sjabloon gebruiken dat u beperkt.

Ik raad je altijd aan om zowel een visuele representatie als een schriftelijke representatie van je plan te maken. Het visuele plan is voor u gemakkelijker te onthouden en helpt u om uw processen logischerwijze in het geheugen te volgen, terwijl het geschreven plan alle details moet bevatten.

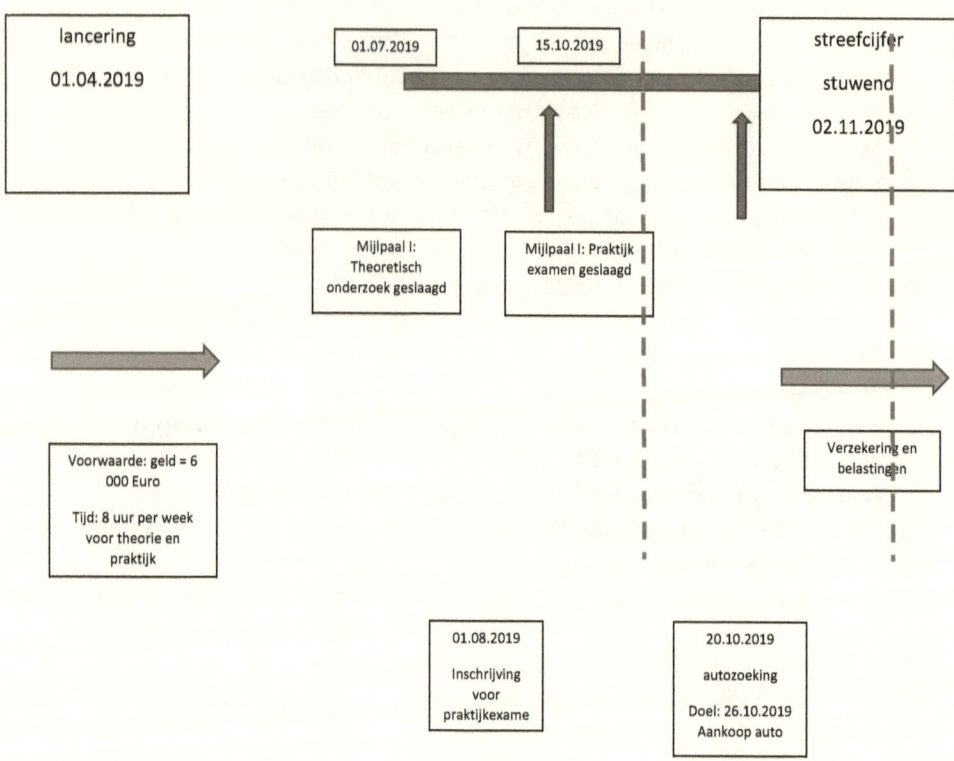

Bestemming: Rijden

Uitgangspunt van de projectplanning: 01.02.2019

Tijdsbestek: 01.04.2019 - 02.11.2019

Voorwaarden:

Kapitaal = 6 000 euro (2 000 euro rijbewijs, 3 000 euro auto, 1 000 euro belastingen en verzekeringen)

8 uur per week voor 4 uur theorie en 4 uur praktijkervaring

Mijlpalen:

01.07.2019   Theoretisch examen geslaagd

15.10.2019   Praktijk examen geslaagd

Parallelle processen:

Inschrijving voor praktijkexamen

Doel: 15.10.2019

Voorwaarde: Theoretisch examen geslaagd

Auto zoeken en auto kopen

Doel: 26.10.2019

Projectafronding; 02.11.2019

Dit overzicht is zeer eenvoudig gehouden, maar biedt een ruw kader en voldoende ruimte om meer toevoegingen toe te voegen, buffertijden toe te staan, criteria toe te voegen, enz. Het is niet belangrijk dat elk detail in het plan is opgenomen. Alle belangrijke pijlers moeten echter aanwezig zijn, zodat er uiteindelijk kleine details kunnen worden toegevoegd.

Het is heel belangrijk dat je alle processen die nodig zijn voor de voortgang van het project in kaart brengt. Zo diepgaand moet uw planning zijn. Kleine dingen hoeven niet strikt gepland te worden. Ze worden vaak het hardst getroffen door ongeplande gebeurtenissen, dus een zekere flexibiliteit is hier zinvol. Een te rigide plan wordt snel afgebroken. Een hoogbouw in Dubai, die 97 verdiepingen hoog is, moet altijd een beetje kunnen "zwaaien" zodat het niet breekt met kleinere bewegingen en deze bewegingen kan compenseren. Dat moet uw plan zijn. Gestructureerd en verfijnd, maar niet te rigide.

Toch is er geen project zonder planning. Een ruw plan moet altijd worden opgesteld en moet ook dringend schriftelijk en visueel worden vastgelegd.

partnertaken

Sommige dingen kun je niet alleen doen en sommige dingen moet je niet alleen doen. Zelfs als je altijd verantwoordelijkheid neemt en gestructureerd te werk gaat, zodat je in het ergste geval alleen verder kunt gaan, is er vaak de mogelijkheid om in een kortere tijd met een partner aanzienlijk meer vooruitgang te boeken, of aanzienlijk sneller. Als deze mogelijkheid zich voordoet, moet u er zeker gebruik van maken als het een partnerschap tot wederzijds voordeel is. Dan is het zeker dat beide partijen geïnteresseerd zijn in een succesvolle afronding van het project en dat beide partijen zich volledig inzetten.

Om met iemand op zakelijk niveau te kunnen werken, moet je jezelf echter altijd de volgende basisvragen stellen:

Wat wil ik bereiken door samenwerking?
Wat wil mijn partner bereiken met de samenwerking?
Welke consistentie is er met mijn doelen en zijn/haar doelen?

Wat gebeurt er als het project mislukt?

Welke taken neem ik op me, welke mijn partner?

Hoeveel ben ik afhankelijk van hun resultaten?

Welke voorwaarden moeten en moeten worden gesteld?

Welke doelen worden gezamenlijk afgesproken, welke participaties worden uitgedrukt?

Op al deze vragen moet je de juiste antwoorden kunnen geven en mogelijk nog meer. En het allerbelangrijkste is dat je alles schriftelijk vastlegt en door je partner laat ondertekenen. Het maakt niet uit hoe goed, het maakt niet uit hoe lang je elkaar al kent, het maakt niet uit of je een vriend of vriendin, familielid of vreemdeling bent: Ga over alles schriftelijk akkoord. Aandringen. Als u een eerlijke deal maakt, zijn beide partijen geïnteresseerd. Laat het niet alleen aan het lot over. Je weet niet hoeveel vriendschappen zijn verbroken door je niet aan afspraken te houden. In de regel blijven vriendschappen voortbestaan wanneer de ene partner de verplichtingen van de andere partner nakomt. Maar het is bijna de regel dat dergelijke samenwerkingsverbanden mislukken en niet alleen het bedrijf, maar ook de vriendschappen vernietigen. Je denkt toch zeker: "Dat hebben we niet nodig. Bij ons is het anders". Doe het toch, tegen elke prijs. Je zult me bedanken. Als alles goed gaat: Des te beter. Als het niet goed gaat, ben je ontzettend dankbaar dat je een contract hebt getekend. U zult uw blauwe wonder zien als u dat niet doet. Vertrouw mij. Het is niet alleen ervaring, het is een feit. Als je elkaar vertrouwt, ben je er zeker van dat beide partijen hun afspraken nakomen. Daarom zullen jullie beiden bereidwillig tekenen, ook al bent u degene die dit voorstel doet. Hoe was dat? Verantwoordelijkheid nemen?

De perfecte tijd

De perfectionist is bereid om iets "perfect" te creëren volgens zijn ideeën, wat betekent om alle facetten in zijn visie als "optimaal" te creëren onder de gegeven omstandigheden. Het betekent ook dat de tijd van zijn schepping perfect moet zijn.

"Perfect" zijn is altijd anders omdat het bijna volledig subjectief is. Wat voor jou een perfecte nacht is, kan afschuwelijk zijn voor iemand anders. Te spannend, te saai, te saai, wat dan ook. De perfecte vriend kan de reden zijn voor iemand anders om weg te rennen, zelfs schreeuwend! Vraag twee mensen om een perfecte conditie en zij zullen u waarschijnlijk twee totaal verschillende antwoorden geven. En dat is ook een goede zaak! Ieder mens heeft zijn eigen idee van een input- en outputrelatie. Dit betekent dat het resultaat in de context van de investering wordt beschouwd. Omdat ieder mens zijn eigen mening heeft over welke investeringen en welke uitgaven te weinig, passend of bovengemiddeld zijn, komen we over het algemeen tot verschillende resultaten.

Je kent het waarschijnlijk van school: in je essays werd je relatief slecht beoordeeld door de ene leraar, maar toen werd je goed beoordeeld door een andere leraar, ook al gebruikte je dezelfde schrijfstijl. Voor sommigen was het beter, voor anderen slechter.

Perfect zijn, zoals zo veel in het leven, is dus een kwestie van interpretatie. Daarom is perfectionisme een gedragspatroon om tegemoet te komen aan de eigen eisen en om speciale zorg te creëren voor de perfectie van het voldoen aan de eigen behoeften. Vraag uw buurman op school, hogeschool of universiteit wanneer het perfecte moment is om te beginnen met leren voor het examen. Vraag uw vrienden wanneer het de perfecte tijd is om te trouwen of kinderen te krijgen. U krijgt verschillende antwoorden. Dus wat is het perfecte moment?

Het perfecte moment is, zo objectief mogelijk, het moment waarop je de beste omstandigheden hebt om met iets te beginnen, waarbij alle voorzorgsmaatregelen zijn genomen om een soepel proces te garanderen. Dus nu wil je de weg naar succes inslaan: Wat is de perfecte tijd hiervoor? Aan welke eisen moet worden voldaan om van start te kunnen gaan?

Schrijf hier de ideale omstandigheden voor de perfecte tijd voor u:

Als u dit hebt gedaan, moet u nu zien dat u deze voorbereidingen treft. Als je eenmaal deze voorbereidingen hebt getroffen, is het perfecte moment om te beginnen......

....wacht een minuut! Als u voorzorgsmaatregelen neemt om op het perfecte moment te beginnen, en u wordt actief voor uw voorbereidingen, dan bent u bijna al begonnen. En als je daarvoor begon, was het dan het perfecte moment om met deze voorbereidingen te beginnen? Heb je nagedacht over wanneer je met de voorbereidingen moet beginnen? En misschien had je al voorbereidingen getroffen voor de voorbereidingen die je al had getroffen. Was het de perfecte tijd om te beginnen?

Zien wat ik bedoel? Je begint met iets, of het nu de perfecte tijd is of niet. Doen weegt altijd zwaarder dan het perfecte moment. En je wilt dat ik je iets vertel? Dit perfecte moment waar je van droomt bestaat niet. Hij bestaat helemaal niet. En als dat zo was, was het gisteren! Perfect is altijd subjectief, dus er is een andere, perfecte tijd voor elke persoon. Maar het is een feit: hoe eerder je begint, hoe eerder je traint voor de marathon, hoe eerder je begint te leren voor het examen, hoe beter en effectiever je voorbereiding zal zijn. Verspil dus geen tijd met wachten op een perfecte tijd. Het is een uitvinding van de luie mensen. Er is geen perfecte tijd en dat zal er ook nooit zijn. Begin vandaag nog, begin nu! De bevoegdheden van het doen zijn overweldigend groter dan die van een "tijd" wanneer je begint.

"Ik begin volgende week met mijn dieet", zei ze en begint nooit. Als u in de toekomst een afspraak maakt, omdat het lastig is om het nu aan te pakken, zult u dit ongemak in de toekomst voelen en wilt u het weer uitstellen. Je stelt het uit tot je net begint. En dan tank je ook nog eens kracht en motivatie bij. Het is nooit gemotiveerd wanneer je iets moet uitstellen. "Ik verhuis mijn sportafdeling naar de woensdag van volgende week. Ik ben zo enthousiast om aanstaande woensdag te gaan trainen in plaats van vandaag....". Laat jezelf niet in de maling nemen! Het is pure zelf-sabotage. Begin dingen in eigen hand te nemen, begin ze te doen! Succesvolle mensen zijn doeners, geen obers. Ze beginnen wanneer ruwe aannames juist zijn, wanneer het plan klaar is, en de rest zullen ze bouwen en aanpassen. Ze wachten niet op volgende week omdat ze weten dat het te laat is en ze zullen over een week veel verder gevorderd zijn. De perfecte tijd is niets anders dan een illusie om je tijd te kopen.

Je hebt je hele leven gewacht om iets te creëren. Hoeveel perfecte momenten heb je tot nu toe meegemaakt, als je nog niet echt begonnen bent? Waarschijnlijk niet zoveel..... Wat is de kans dat de perfecte tijd nu volgende week is?

Precies! Dus ga je gang, maak een plan en ga aan de slag! Hoe kan iets perfect zijn als iedereen een ander idee heeft van "perfect"? Het is uw leven. Het is uw tijd. Je hebt 24 uur de tijd om geweldig te zijn, net als iedereen in de wereld. Aan de slag. Want nu is de perfecte tijd om perfect te zijn. Niet voor mij, niet voor jou!

Een hete tip voor uw succes

Leer hoe te verkopen! Om de zeer eenvoudige reden dat je altijd iets moet verkopen, ongeacht de situatie waarin je je in het leven bevindt. U verkoopt de hele tijd, bewust en onbewust. We associëren verkopen meestal met een negatieve gedachte. De slechte verkopers die ons willen praten over iets wat we niet eens nodig hebben en moeten betalen met geld dat we eigenlijk niet hebben. Verkopers hebben een zeer slecht beeld.

Maar het maakt niet uit wat voor soort persoon je associeert met het imago van een verkoper: het is een feit, je verkoopt jezelf! Misschien geen producten of diensten, maar u bent wel elke dag zelf. Elk contact met een andere persoon is een verkoop. Je verkoopt jezelf en je houding tegenover iemand anders. Je probeert jezelf aan hem of haar te verkopen. Hierdoor heb je geen monetaire transactie, maar het resultaat, of je je nu sympathiek, aantrekkelijk, aantrekkelijk, zorgzaam, vervelend etc. voelt of niet. Je verkoopt jezelf aan jezelf door middel van je acties en gedachten.

Eerste datum? Puurste verkoop! U verkoopt uw partner in spe waarom u geweldig bent en waarom het tot een tweede date zou moeten komen. Uw eigen business idee? Puurste verkoop! U bent op zoek naar mensen die u stimuleren en uw idee verder promoten of zelfs direct ondersteunen. Wat moet je doen om haar te overtuigen? Maak uw idee smakelijk voor hen, verkoop ze uw idee. Nog meer vragen over waarom u zou moeten kunnen verkopen? Er zijn veel verkooptrainers in de wereld. Misschien komt u er een bezoeken.

Over uw financiën

Waarom geld meer waard is dan uw tijd

Want tijd is geld! Het is eenvoudig. Ik weet zeker dat u het gezegde kent: tijd is geld. Wat betekent dat eigenlijk? Het betekent dat uw tijd net zo waardevol is als geld. Dat je tijd moet ruilen om het geld in ruil te krijgen. Je verspilt tijd, je hebt tijd verspild waar je geld had kunnen verdienen. Als u geld verspilde, was de tijd die u besteedde aan het maken van geld nutteloos. Het lijkt een hamsterwiel te zijn. En het is precies dit soort hamsterwiel dat mensen in constante beweging houdt, maar hen helaas toch ter plaatse laat lopen. Het is de wortel op de lijn. Voor u. Op de loopband. Je loopt achter dingen aan die je graag zou willen hebben. Doe er iets voor dat je niet echt wilt doen. Waarschijnlijk een strenge 9-to-5 baan die je al jaren stinkt. Je doet het omdat je het moet, of je kunt je rekeningen niet betalen. Is het waar? Of kunt u, door het geven van een opzegtermijn, er onmiddellijk op uit gaan en van andere bronnen van inkomsten leven, of heeft u genoeg gespaard om een paar maanden te overleven? Is het niet zo? Klassiek hamsterwiel!

Deze term "hamsterwiel" is zo duivels dat je het niet eens meer wilt lezen, laat staan horen. Er is echter geen foto die zo goed bij uw situatie past als deze. Je rennen en rennen en rennen en rennen en rennen, maar je kunt niet plotseling stoppen omdat je gaat omrollen. Dus je blijft lopen. Je loopt zo veel en zo snel, en toch kun je geen centimeter bewegen. Het is een hamsterwiel.

De vraag zou nu moeten zijn: Hoe kom je nu uit dit hamsterwiel? Hoe slaagt u erin om er schadevrij uit te komen en met uw eigen middelen vooruit te komen?

Figuurlijk gezien, komt u uit het hamsterwiel door uw focus te verleggen. Uw aandacht moet niet langer gericht zijn op lopen en snelheid, maar op controle. Wat is er met u aan de hand? Allereerst moet je ervoor zorgen dat het hamsterwiel niet meer zo snel beweegt. Betekent dat je nu wat snelheid moet halen. Je moet de fiets zo ver brengen dat je zonder blessures kunt uitstappen en vervolgens je weg kunt lopen. U heeft dus vooral één ding nodig: controle over uw hamsterwiel. Controle over snelheid, positie, grootte. U moet uw situatie onder controle krijgen. Wat een geweldig plaatje om het nu over te brengen naar je huidige levenssituatie.

Hoe krijg je nu controle over je hamsterwiel? We hebben het hier over de factor tijd en geld. U kunt dus vooruitkomen door geld los te koppelen van de tijd. Niet langer tijd inruilen voor geld, maar geld nemen onafhankelijk van je tijd of manieren vinden om meer geld te verdienen met geld, d.w.z. om zelf geld als instrument te kiezen. En er zijn een paar eenvoudige wetten en regels waar we het zo meteen over zullen hebben. U zult zich ook realiseren dat zinnen als "u hebt veel geld nodig om geld te verdienen" complete onzin zijn.

Ik heb er mijn missie van gemaakt om twee mythen te bestrijden. Aan de ene kant maakt geld je niet gelukkig en helpt je om geluk te hebben, en aan de andere kant heb je al veel geld nodig om nog meer geld te verdienen. We zullen het over beide hebben. Wat is het beste wat je nu kunt doen?

Hoe krijg je geld?

Je moet dus iets vinden waar je geen tijd inruilt voor geld, maar geld komt bijna vanzelf. U kunt dit doen door passieve inkomstenbronnen op te bouwen, meer verantwoordelijkheid te nemen in uw werk en meer geld te krijgen voor hetzelfde werk of uw kapitaal voor u te laten werken.

Ik weet dat elke financiële expert je dat vertelt. Vraag jezelf dus eerst af waarom dat zo is. Ik wil echter niet telkens weer op dezelfde argumenten kauwen, maar samen met u een paar belangrijke zaken doornemen en vervolgens concrete aanbevelingen voor actie doen, die u vertellen wat u nu moet doen om dit te bereiken.

Hoe zal ik deze aanbevelingen vormgeven? Wij benaderen uw huidige situatie door een analyse te maken van waar u zich bevindt, welke opties u heeft en welke optie voor u het beste is om echt geld te verdienen. Er zijn hier geen sponsachtige en oppervlakkige aanbevelingen waar je niet weet waar te beginnen of hoe het überhaupt kan werken. We identificeren stap voor stap de opties die u ter beschikking staan, voeren een haalbaarheidscontrole uit en beslissen wanneer u het beste kunt beginnen. Klinkt dat als een verstandig plan voor u?

Natuurlijk hebben we het ook over de onaangename dingen van uw huidige situatie. We moeten ze aanpakken omdat ze ons een indicatie geven van wat u dringend moet veranderen om veranderingen in uw leven aan te brengen. Dit feit dat we veel zullen praten over uw zwakheden en problemen maakt dit boek waarschijnlijk het meest onaangename boek ter wereld. Ik ga er hier niet over praten, ik ga heel direct met je meepraten. Ik zal ook niet altijd beleefd zijn, maar ik zal eerder proberen om tot de kern van de zaak te komen, zelfs als hij abrupt overkomt, maar is eerlijk en neuken helpt je om erachter te komen hoe je eindelijk op weg gaat.

Voordat u dit boek in detail leest, maak dan eerst een belofte: Neem deze informatie ter harte, maar voel je niet persoonlijk aangevallen. Zelfs als het soms aanvoelt alsof ik je heel sterk wil bekritiseren, geeft niets in deze wereld mij het recht om dit te doen of je situatie te evalueren. Ik wil u helpen om uw doelen en wensen te bereiken en samen met u naar het volgende niveau te gaan. Daarom zal ik de dingen ook vanuit mijn perspectief presenteren en classificeren volgens dit perspectief. Je bent een perfect persoon, en ongeacht waar je vandaan komt, hoe je eruit ziet en wat je hebt, je bent een beminnelijk en succesvol persoon. Ik wil u alleen maar aanmoedigen om beter te worden. En dat ga ik op een duidelijke manier doen.

Waarom je denkt dat geld je niet gelukkig maakt

Bullshit! Om meteen af te maken! Desalniettemin zal ik deze verklaring nader toelichten. Na zo'n toespraak ben ik u dat zeker verschuldigd! Laten we er dan verder mee aan de slag gaan.

Je denkt waarschijnlijk dat geld je niet gelukkig maakt omdat het menselijk is om dingen te verwerpen of te verwijderen uit je eigen universum als ze niet haalbaar lijken. Vooral in verschillende sociale vormen en culturen is het een soort hobbysport geworden om dingen te veroordelen die niet overeenkomen met de eigen verbeelding of bijna onbereikbaar lijken. Als iemand een atletisch lichaam heeft, moet hij zeker steroïden nemen, als iemand veel geld heeft, moet hij zeker kromme dingen doen. Als iemand rijk is, zal hij niets weggeven en wil hij gewoon meer geld. Veel conclusies die we trekken zonder dat we echt meer met de zaak hebben gedaan. bevooroordeeld

Ik ga alleen maar zeggen dat dit vooroordelen zijn. Wat is er met u aan de hand? Eenvoudige vraag: Hoeveel mensen weet u wie dit cliché gebruikt? Hoeveel ken je echt persoonlijk en zo goed dat je precies weet wat hun motivatie is en wat hun overtuigingen zijn? Ik denk eerder dat deze vooroordelen voortkomen uit een gedachteconstructie. Een die men zelf heeft opgericht of door toevallige meningen van derden werd gevormd. Maar hoeveel waarheid staat er in deze beweringen?

Helemaal niet veel. Want met dezelfde kans dat geld je ongelukkig maakt, kan het je ook gelukkig maken. Je denkt gewoon dat het je ongelukkig maakt, zodat je je meer op je gemak voelt in je situatie. Het is makkelijker om een andere aandoening te bekritiseren dan om over de eigen situatie na te denken. Beter om anderen succes te ontzeggen dan zelfkritisch in de spiegel te kijken. Dat is geen verwijt, dat is vaak de onaangename waarheid. Lange tijd heb ik het niet anders gedaan, omdat het me hielp om me kortstondig beter te voelen en te rusten zonder een slecht geweten te hebben. Ik was in staat om er op een onderhoudende manier over na te denken en zo mijn eigen situatie voor mij te rechtvaardigen. En dit is precies waar het probleem ligt: het was slechts een tijdelijke oplossing! Dit is zeker niet de oplossing voor de lange termijn, want deze "pseudo-overtuiging" heeft mij niet echt gelukkig gemaakt. En een andere oplossing was te vermoeiend, dus ik wilde het snel veroordelen.

En hier doet zich een fenomeen voor dat je heel vaak in het dagelijks leven kunt waarnemen: We veroordelen mensen en hun opvattingen en houdingen veel te snel, zonder de werkelijke achtergrond te kennen. Bovendien bevinden we ons vaak in de situatie dat we een staat bekritiseren die misschien gedeeltelijk wenselijk is voor ons, maar te veel inspanning zou vergen, waarbij we ons voor onszelf rechtvaardigen door te veroordelen. Of we veroordelen gewoonweg dingen omdat ze niet overeenkomen met onze verbeelding. Het ergste punt dat ik echter naar voren wil brengen, is het tweede. Dat is veruit het ergste. Het is niet altijd de belangrijkste reden waarom we iets veroordelen, maar vaak genoeg bevinden we ons in dergelijke situaties. U beoordeelt anderen omdat ze zich in een situatie bevinden waarin u dat graag zou willen zijn. U wilt ook graag meer geld. Het lijkt gewoon erg lastig om daar te komen. Bovendien hebben meer mensen geen geld dan mensen geld hebben. Daarom lijkt het principe van de meerderheid van toepassing te zijn: De grotere hoeveelheid zal waarschijnlijk juister zijn dan de kleinere hoeveelheid. Wat deze houding ons kan brengen is meer dan indrukwekkend bewezen door de Duitse geschiedenis. Een van de vele redenen om na te denken over de vraag of deze benadering van het geloof zinvol is.

Het is erg ongemakkelijk om dingen te bereiken die niet goed naar je toe vliegen. Het is veel gemakkelijker om in de "comfortzone" te blijven, zich te keren tegen elke "anti-comfortzone" verklaring en deze te verdedigen met een huff en een huff. Anders zou het erg oncomfortabel kunnen worden.

Begrijp me alstublieft niet verkeerd: ik denk dat het in principe een zeer goede houding is om tevreden te zijn met de dingen die je hebt. Ik denk echter ook dat je niet tevreden moet zijn als je jezelf hogere doelen hebt gesteld. Ik ben ervan overtuigd dat een verblijf in deze situatie met eigenlijk hogere gewenste doelen alleen maar te veel comfort is, niet meer. Want waarom zou u uw doelen niet willen bereiken als u dat zou kunnen? Als u naar een autodealer kunt gaan en een auto van uw keuze kiest, neemt u dan niet de goedkoopste en bent u er tevreden mee? U neemt zeker de auto mee waarmee u de meeste emoties associeert en hecht de grootste waarde, de mooiste, de veiligste en ga zo maar door..... of heb ik ongelijk? Maar als de dealer nog steeds op slot is en je moet 20 km naar een andere plaats lopen om de sleutel voor de toegangsdeuren op te halen, is het ongemakkelijker. En als je niet alleen 20 km moest lopen, maar ook nog eens 40 km moest zwemmen en 100 km op de fiets moest rijden, een trap moest maken en 10 kniebuigingen moest maken, zou je je je afvragen of het de moeite waard is! En nu zijn er mensen die deze kans toch al willen grijpen, die er alles aan gedaan hebben om de sleutel voor de autodealer te krijgen en die nu een auto mogen kiezen. Waarom veroordeelt u deze mensen dan alleen maar omdat het hun de moeite waard was?

Misschien niet het beste voorbeeld, maar dan wel een voorbeeld dat de feiten van het probleem in kwestie goed weergeeft; Sommige mensen hebben hogere doelen, willen meer bereiken voor zichzelf, maar ook voor anderen. Sommige mensen streven naar geld, want met geld kunnen ze dingen mogelijk maken, die hen zonder geld ontzegd zouden blijven. Waarom beoordeel je deze mensen? Waarom denk je dat het geld je ongelukkig zou moeten maken als je nog nooit eerder in deze situatie bent geweest? Waarom probeer je het niet uit, zelfs als het onplezierig wordt om er te komen, en dan je mening te vormen? U kunt nog steeds al uw geld doneren als u niet tevreden bent met dat geld. Dan heb je er iets goeds mee gedaan. Je hebt andere mensen gesteund met geld, dus je hebt echt iets goeds gedaan: en daarvoor heb je geld nodig om kinderen in armoede te helpen of om voedsel te doneren aan daklozen. Ben je blij als je dat doet? Dan heb je geld nodig om het te doen.

Dus geld maakt je niet ongelukkig, geld doet wat je ermee doet. En met geld kun je veel dingen doen, wat er ook gebeurt. Je hebt geld nodig om andere mensen en jezelf gelukkig te maken: Omdat de wereld geld gebruikt als ruilmiddel voor goederen en diensten. Ziet u er zoiets uit? Ik wil nergens iemand tegenaan praten. Als je een zeer minimalistische of volledig financieel onaangetaste persoon bent, en je geeft er echt helemaal niet om, dan is dat echt perfect in orde, perfect legitieme houding. Dan bent u naar mijn mening echter eerder een uitzondering. Het is op geen enkele manier een aanval, het is gewoon mijn ervaring en mijn visie, die mij er uiteindelijk toe hebben gebracht om zelf iets te veranderen. En daarom wil ik het met je delen.

Het is een feit, geld kan u helpen om vooruit te komen op bijna elk gebied van uw leven. Deze "financiële vrijheid", waarover altijd wordt gesproken, betekent niets anders dan onafhankelijkheid van een bron van inkomsten. Betekent dat u ofwel over evenveel kapitaal beschikt als u hebt, ofwel dat u regelmatig via passieve inkomstenbronnen een bedrag ontvangt dat al uw lopende kosten kan dekken en dat het u bovendien mogelijk maakt om uzelf belangrijk te vinden. Het bevrijdt u letterlijk van elke vorm van financiële afhankelijkheid. Deze financiële vrijheid is daarom altijd wenselijk. Het stelt geen vast maandelijks bedrag in dat u moet innen, het geeft u gewoon het kapitaal dat u nodig heeft om te leven met wat u wilt. U hoeft geen 20.000 euro per maand te verdienen. Het kan zijn dat de financiële vrijheid voor u al begint met 1.000 euro. Maar alleen als u deze 1.000 euro ontvangt, los van de verplichtingen die u niet binden. Dat betekent financiële vrijheid. En daarom is het een geweldig doel voor bijna iedereen. Het is niet de hoogte van de som die beslist, maar het effect ervan op uw afhankelijkheid.

Wat kan geld voor u doen?

Allereerst de tegenvraag: Wat kan geld niet voor u doen? Probeer eerst antwoorden te vinden op deze vraag en na te gaan of er een factor is in deze creatieketen die alleen met geld kan worden gerealiseerd of verbeterd.

Tweede stap: Denk na over wat voor u belangrijk is in het leven. Dan is wat je denkt nog steeds belangrijk, ook al heb je het op dit moment niet. En dan wat u wenst voor uzelf, uw familie, familie of vrienden. Denk er nu over na of geld je kan helpen. Neem hiervoor twee minuten de tijd........

....ziet u? Onderwerp gecontroleerd!

Waarom geld slecht besteed wordt.....

...omdat geld zoiets als macht betekent. Mensen met veel geld hebben meestal meer macht dan mensen met minder geld. Waarom is dat? Simpelweg omdat we afhankelijk zijn van geld. Niet vanwege het geld zelf: de biljetten zelf zijn in principe waardeloos, behalve het papier en de bedrukking. Omdat wereldwijd wordt erkend dat geld de tegenwaarde is voor producten en diensten. In sommige regio's van de wereld wordt meer geld aangeboden, in andere minder geld in ruil daarvoor. Dat dit een groot probleem is, is zeker duidelijk, maar het moet op een ander moment worden besproken vanwege het onderwerp. Het maakt gewoon niet uit. Zou nu niet het onderwerp van discussie moeten zijn.

En omdat wij mensen gewoon afhankelijk zijn van geld, zijn we, als we zelf geen geld hebben, afhankelijk van degenen die geld hebben, omdat ze ons geld geven in ruil voor onze diensten en producten, dus ons "werk". We wisselen tijd en werk in voor geld, zodat we het geld weer kunnen inwisselen voor producten en diensten. Zo eenvoudig als het is, zo moeilijk als het is om deze cyclus perfect te beheren. En je veroordeelt iemand die geld heeft omdat het hem macht geeft, maar je geeft hem alleen macht door jezelf aan hem ondergeschikt te maken of zijn geld te willen hebben: Je smeekt om een baan om je dagelijkse brood te verdienen en biedt je werk aan je baas aan in ruil voor geld.

Er zijn dus maar twee logische manieren om hier uit te komen:

1) Wees onafhankelijk van geld!
2) Verdien genoeg geld en wees onafhankelijk!

Ad 1): We hebben hier al over gesproken. Als je dat bent, wilt zijn of kan zijn, dan ben je zeker een zeer gelukkig en evenwichtig persoon. Dat is geweldig! En ik wil hier geen geloofsoorlog met je beginnen, want je hebt er zeker een heel eigen en logische houding tegenover. Maar ik denk dat jij de uitzondering bent.

Naar 2) Hier begint uw reis. Lees verder, zodat we samen zo ver kunnen komen dat je genoeg geld verdient, meer "macht" krijgt en onafhankelijk bent van andere machtige mensen.

Zie je het wel! Dit machtsgedrag is opnieuw een denkkader, een illusie die we onszelf hebben opgeroepen om onszelf in deze situatie te plaatsen door onszelf extreem te beperken en te onderschatten, het een troostzone te noemen en anderen liever te veroordelen. Verdien gewoon genoeg geld zodat u niet afhankelijk bent van een werkgever of uw tijd hoeft in te ruilen voor geld. En ja, het is eenvoudig, gewoon onbekend. Omdat het onbekend is, kan het ook ongemakkelijk zijn. In principe is het precies wat je nu doet. Je werkt alleen voor jezelf en je doelen dan voor iemand anders en wordt dan weer afhankelijk.

We duwen onszelf in deze positie van afhankelijkheid. We nemen het zelf op en klagen erover. Waarom krijg je jezelf niet helemaal vrij van geld? Als u zich realiseert dat dit niet mogelijk is, en ik ben het met u eens, maak uzelf dan financieel vrij. Je hebt die twee opties. Beide zijn haalbaar. Ik denk dat het tweede punt logischer is.

Waarom u uw geld verkeerd verdient

Het is gemakkelijk om tot de kern van de zaak te komen: Omdat je ofwel tijd inruilt voor geld, je niet genoeg geld krijgt voor je tijd, of je zet het geld dat je voor je tijd krijgt niet om in meer geld.

De gemiddelde burger leeft in een staat van afhankelijkheid en in een staat van permanente afhankelijkheid. Het begint met zijn werk. Hij/zij is werknemer in een bedrijf, heeft een arbeidsovereenkomst getekend en verbindt zich ertoe een aantal uren of een specifiek project te werken en geld te ontvangen in ruil voor zijn/haar diensten. Dat klinkt tot nu toe als een eerlijke deal. Is het ook als u voldoende wordt beloond voor uw activiteit. Maar wat betekent voldoende? Voldoende betekent dat u voldoende wordt beloond voor uw werk, d.w.z. dat de toegevoegde waarde die u creëert op passende wijze wordt beloond door uw activiteit. We hebben hier dus al twee factoren: de toegevoegde waarde die u levert en de beloning die moet worden aangepast aan deze toegevoegde waarde. Volgens eenvoudige onderliggende causaliteit:

Als je beter werk doet, krijg je een betere beloning, of als je meer werk doet, krijg je meer loon. De vergelijking klinkt logisch en redelijk. Als we het geheel nader bekijken, kunnen we echter zien dat de toegevoegde waarde deels subjectief en deels objectief gemeten kan worden. De subjectieve perceptie wordt bepaald door wat het individu als waarde in je werk herkent. Dit kan van persoon tot persoon verschillen, omdat aan de waarde verschillende parameters worden toegekend. Voor een of meer van hen zijn uw communicatieve vaardigheden en het contact met uw medewerkers belangrijk, anderen beperken zich uitsluitend tot het werkelijke verloop dat u genereert. Dit brengt ons ook direct op het objectieve punt: uw werkprestaties en uw toegevoegde waarde kunnen ook direct door u worden omgezet in verkoop, afhankelijk van het werkterrein. Dus: Als u actief bent in de verkoop, kan de toegevoegde waarde die wordt herkend alleen afhangen van de verkoop die u genereert. Of dit zinvol en eerlijk is, is een andere vraag. Het is echter een manier om uw toegevoegde waarde te verifiëren aan de hand van praktische cijfers.

Echter, betaald worden op basis van de waarde die u brengt aan het bedrijf is niet altijd de regel. Bij arbeidscontracten is het vaak het geval dat u een vast salaris ontvangt voor een vast aantal uren. Dit betekent dat je niet meer verdient als je meer werkt (overwerk kan worden betaald, maar wordt vaak gedaan zonder extra loon om de baas tevreden te stellen en zogenaamd zijn of haar baan nog meer veilig te stellen), of niet beter betaald wordt als je beter werkt. Voor het laatste speelt promotie nog steeds een rol: hoe langer je beter werkt, hoe groter je kansen op promotie zijn. Je ziet dat het niet zo triviaal is om meer te kunnen verdienen in een arbeidsverhouding. En dat komt waarschijnlijk ook overeen met uw ervaring. Daarom moeten we bekijken hoe we dat kunnen veranderen.

U weet zeker uit eigen ervaring hoe goed dit bouwwerk u in staat stelt om meer geld te verdienen. Of, als u nog niet gevangen zit in dit hamsterwiel, kunt u zich dat zeker goed voorstellen. De mogelijkheden zijn erg klein, omdat ze gewoon niet alleen van jou afhankelijk zijn. Natuurlijk kun je echt proberen om het meeste uit jezelf te halen. Deze waarde moet echter erkend worden door je meerderen, dan moet het budget beschikbaar zijn, de functie moet vrij zijn voor jou en ga zo maar door.....

Uiteindelijk heb je pas echt een groter voordeel als je in een beter betaalde positie zit. Als dit het geval kan zijn en deze mogelijkheid wordt u hypothetisch aangeboden, dan is het zeker de moeite waard om veel tijd en moeite te investeren in uw werk. Zelfs als werknemer kun je heel goed geld verdienen. Afhankelijk van de sector kan dit vroeg of laat gebeuren. Toch is het soms erg moeilijk om meer geld te verdienen in een arbeidsrelatie zonder naar een hogere positie in de hiërarchie te klimmen.

Begrijp me niet verkeerd: het kan zeker zinvol zijn om betrokken te raken bij de waardeketen van bedrijven, groot of klein, om zo toegevoegde waarde te creëren voor potentiële stakeholders of aandeelhouders. Uw verdere ontwikkeling, uw persoonlijke ontwikkeling of een financieel positief effect op uw leven zal dit echter niet noodzakelijkerwijs hebben. Het kan toch leuk zijn om autodeuren aan de carrosserie vast te schroeven, zodat eindgebruikers een complete auto kunnen kopen. De enige vraag is of u en uw behoeften niet aan de kant vallen......

Een dergelijke arbeidsverhouding, zoals aangegaan door de gemiddelde burger, is dan ook de reden waarom het maandsalaris is geplafonneerd. Als u zich in een van deze situaties bevindt, is het moeilijk voor u om "zomaar" meer geld te verdienen door meer werk. Het is alleen mogelijk als het extra werk ook een betere beloning betekent, bijvoorbeeld door een betere baan of een hogere salarisschaal. Maar juist omdat het onder arbeids- en collectieve arbeidsovereenkomsten valt, kun je niet zomaar meer geld verdienen. En dat is de reden waarom financiële experts van over de hele wereld u aanraden om uw eigen zaken te doen, omdat u hier geen geplafonneerd inkomen heeft, u werkt voor uzelf en met een beetje meer kunt u ook meer geld ontwikkelen. Daar kom ik later op terug.

Dit feit leidt dan ook tot een ander feit, namelijk dat je je tijd moet inruilen voor meer geld om echt financieel vooruit te komen. Maar dit is alleen mogelijk als je financier, meestal je baas, het ook zo ziet. In tariefklassen is dat een ander verhaal. Dat betekent dus: Als u meer geld wilt krijgen voor uw tijd, moet u zien onder welke omstandigheden u precies dat kunt bereiken. Er kunnen factoren zijn die daarbij een rol kunnen spelen: Werkgever, plaats van het werk, verantwoordelijkheidsgebied, werkprestaties, enz. Je weet waarschijnlijk het beste wat je nodig hebt of moet doen om een van deze factoren op het gewenste niveau te brengen. Om meer geld te verdienen voor dezelfde tijd in een baan, moet je overwegen om deze factoren te veranderen. Daarom wil ik u vragen om een nauwkeurig overzicht te krijgen van uw huidige werknemerssituatie en te zien hoe u meer geld kunt verdienen.

Onder bepaalde omstandigheden kan het ook zinvol zijn om de functieomschrijving te wijzigen. Gemakkelijker gezegd dan gedaan, maar vaak zijn zijdelingse toetreders een interessante component in verschillende beroepssectoren. Je kunt ook werken als natuurwetenschapper in een adviesbureau, omdat het heel belangrijk kan zijn om een chemisch bedrijf deskundig te adviseren en enkele wetenschappelijke processen te begrijpen om processen, bestellingen van klanten, enz. beter te begrijpen. Specialisten zijn betrokken bij belangrijke sleutelprocessen in alle sectoren. Het is geen kwaad om gewoon rond te kijken op het internet om uit te vinden welke functies worden geadverteerd en welke functieprofielen uiteindelijk denkbaar zijn. Hoewel het tijd en moeite kost om de sollicitatie uiteindelijk op te sturen, krijg je in het ergste geval misschien wel een beter betaalde baan. Probeer het gewoon eens!

Als u in deze afhankelijkheid blijft, zal uw hamsterwiel nog steeds blijven draaien terwijl u uw geld maandelijks volgt om uw rekeningen te betalen en ga zo maar door. Deze vereisen op hun beurt dat u geld verdient om ze te dekken. Omdat ze ook een bepaalde duur hebben, vereisen ze van u dat u deze verplichtingen over een langere periode nakomt. Na verloop van tijd zullen sommige van deze verplichtingen worden vervangen door nieuwe. Het wiel draait en draait en draait en draait en draait en draait.....

Als dat niet werkt of u geen groot voordeel oplevert, moet u gewoon nemen wat u kunt krijgen. Neem het beste wat je kunt als je je best doet. Natuurlijk kun je ook een bepaald welvaartsniveau opbouwen in een vrij eenvoudige en bescheiden werkrelatie. Dit duurt langer en vereist een beetje meer bescheidenheid, maar het werkt ook. Je leert hoe je dat nu moet doen.....

Rijkdom opbouwen met een schamel maandloon

Toegegeven, deze kop is nogal provocerend, maar is bedoeld om het beeld te beschrijven dat de meeste mensen daar hebben als een indruk van hun maandsalaris: Aan het einde van de maand is er geen geld meer over of nauwelijks nog salaris over. Zoals een mooi gezegde luidt:

Aan het einde van het geld is er nog zoveel maand over.

Daar zijn twee belangrijke redenen voor:

1) Je verdient niet genoeg geld. En we hebben hier al eerder over gesproken. Er zijn manieren om meer geld te verdienen met je huidige baan, maar sommige daarvan liggen niet in je handen en kunnen daarom alleen worden bepaald door andere factoren waarop je slechts beperkte invloed hebt.

2) Je geeft te veel geld uit. Betekent dat u te veel verspilt van wat u maandelijks via uw looncheques krijgt. En ik kies bewust voor het woord "afval". Omdat je zeker te veel geld uitgeeft aan dingen die je niet echt nodig hebt. In ieder geval niet dringend. Zeker, u moet in staat zijn om een huur te betalen en ook het eten en drinken. Maar wat zijn de extra kosten? Mobiele telefoonkosten, autokosten, eventueel financieringskosten van andere zaken zoals meubilair of elektronica. Natuurlijk zijn dit dingen waar je niet graag zonder doet. Maar dit zijn ook dingen die elke maand een groot deel van je salaris opeten. Dit zijn de zogenaamde oninbare schulden van de consument. Ik ga daar in het volgende hoofdstuk op in en vertel je waarom je geen welvaart kunt opbouwen als je je manier van denken er niet verandert.

Beide leiden er uiteindelijk toe dat u aan het einde van de maand geen geld meer over hebt om te sparen, te investeren of te investeren. Als er uiteindelijk geen geld is om iets zinvols te beginnen, begint u uw nieuwe maand net zoals u de oude maand heeft afgesloten. Namelijk zonder financiële middelen. Je begint het nieuwe jaar op de manier waarop je het oude jaar hebt afgesloten. Je zult verder leven zoals je eerder geleefd hebt. Is dat wenselijk? Wilt u dat ik dat doe? En wilt u dat ook echt? Als, toch? Heeft u geen andere doelen of wensen? Zo niet, dan moet je je tijd niet verspillen met dit boek en teruggaan naar je dagelijkse leven omdat je gewoon blij en tevreden bent met de manier waarop je leeft. En, ik herhaal, dat is prima als dat zo is. Maar als je nog steeds onvervulde doelen en verlangens hebt, ergens in je hart, diep van binnen, lees dan alstublieft een beetje verder, want dan zal ik je laten zien hoe je precies dat gaat bereiken! Het zal niet alleen gebeuren. U moet zich daarvan vanaf het begin bewust zijn. Maar het gaat gebeuren als je het goed neemt. We moeten eerst duidelijk maken waarom u aan het einde van de maand geen geld meer over hebt om te sparen.

Consumentenschulden zijn geen ereschulden!

Consumentenschulden zijn de terugkerende uitgaven die onderhevig zijn aan consumptie, d.w.z. de uitgaven die u moet betalen voor uw mobiele telefooncontract, krediet voor uw mobiele telefoon, een televisietoestel of iets dergelijks. Geloof me, ik weet waar ik het over heb. Nu denk je toch zeker: Maar ik heb een mobiele telefoon nodig! Ik denk niet dat we daarover kunnen discussiëren, zeker niet in de huidige maatschappij. Daar ben ik het grotendeels mee eens. Toch moet je je mobiele telefoon in je hand nemen en kijken of het precies deze mobiele telefoon moet zijn! Zou het niet goedkoper zijn geweest? Natuurlijk is je huidige camera koeler, heeft meer functies, een betere camera en is sneller, maar het kost je ook meer. Indien niet maandelijks, dan door de waardevermindering door elk gebruik. Hebt u de kosten van het repareren van uw mobiele telefoon overwogen? Heeft u het geld aan de zijkant?

Begrijp me alstublieft niet verkeerd: ik wil je niet vertellen dat je geen mobiele telefoon moet bezitten of beter niet meteen je huidige telefoon moet verkopen. Dat is helemaal niet mijn punt. Ik wil je gewoon een paar dingen aanvoelen en je een ander perspectief bieden. Ik hou zelf van technologie en ben de eerste die direct een nieuwe innovatie wil, maar ik weet ook dat het onredelijk is en daarom verlaat ik het. Ik zal het niet voor altijd laten liggen, maar mijn prioriteiten zijn anders. U bent niet op zoek naar een duur mobiele-telefooncontract om een mobiele telefoon in uw zak te hebben voor de prijs van een gebruikte kleine auto. De prioriteit is om te besparen in het nu en verstandig te budgetteren met uw geld, zodat u later, zonder erover na te hoeven denken, direct een dergelijke mobiele telefoon kunt kopen. De getuigenis die ik probeer te maken is dit: U besluit om een mobiele telefoon of andere zaken te financieren die u veel geld kosten en bovenal moet u maandelijks werken om de maandelijkse termijn te kunnen betalen. Daar stelt u uw prioriteiten. Maar dan klaagt u dat u aan het einde van de maand geen geld meer over heeft. Begrijp je in welke vicieuze cirkel je hiermee zit? Het werkt gewoon niet. Je moet waarschijnlijk bereid zijn om een paar jaar door te brengen met een goedkopere mobiele telefoon en niet kiezen voor het nieuwste en duurste model. Zo heb je aan het einde van de maand een beetje geld over om jezelf wat geld te besparen. Dit zal uw welvaart financieren, geloof me. Zelfs kleine maandelijkse bedragen zijn voldoende om in de loop der jaren een aanzienlijk kapitaal op te bouwen, helemaal alleen. En deze kunt u de rest van uw leven verzorgen. Je moet het de moeite waard zijn om iets van verzaking te beoefenen om niet je hele leven van hand tot mond te leven. Begrijp je wat ik je probeer te vertellen? Je koopt zeer dure dingen, nog erger, je financiert ze maandenlang en dan moet je een maandelijks bedrag betalen dat je moet bedienen. Dus je gaat gewoon aan de slag om je terugkerende kosten te dekken. En je bent bang en je weet niet hoe je de kosten moet dekken als je helaas je baan verliest. Met elke financiering in uw huidige situatie verhoogt u uw druk en uw maandelijkse belasting. Het dwingt je in het hamsterwiel en het draait steeds sneller en sneller. U verhoogt uw verslaving aan verslaving.

Het is altijd onaangenaam om achteruit te gaan, dat is duidelijk, maar is het je niet de moeite waard? Is het u niet de moeite waard om elke maand een paar euro's te sparen die u verstandig kunt investeren (en daarmee bedoel ik echt verstandig - daar zal ik het later nog over hebben - om uw rijkdom op te bouwen en uw doelen en dromen te realiseren? Zijn uw doelen niet de moeite waard? Waarom heeft u het dan? Wil je je hele leven dromen en op een dag uit dezelfde rotzooi komen en dan van jaar tot jaar ongelukkig worden en niets in je leven veranderen? Het is echt een puinhoop. Of je bent niet belangrijk genoeg of je ligt voor jezelf. Een IPhone 8 is net wat u meer wilt dan later uw gezin een zelfstandig en vrij leven geven, en niet alleen een week vakantie aan de Moezel, maar ook om andere plaatsen en culturen te ontdekken die voor u opwindend zijn? Je denkt dat ik overdrijf? Heb je dat gedaan? Kijk dan wat het samengestelde interest effect is en wat het doet met 1.000 euro in 10 jaar bij een jaarlijks rendement van acht procent. Hij verdubbelt uw kapitaal, nog meer. Na 10 jaar ontvangt u ongeveer 2.160 euro van 1.000 euro met een jaarlijks rendement van acht procent. Dat is niet om je een zorgeloos leven te geven, dat klopt. Maar stel je voor dat je nog meer kunt besparen. Stel je voor dat je 10.000 euro per jaar zou kunnen besparen. Elk jaar. Zien waar dit alles voor u kan leiden? Onderschat niet welke kleine bedragen elke maand worden gebruikt om na enkele jaren een aanzienlijk kapitaal op te bouwen. Het kost je niet veel om elke maand een paar dingen op te geven. Maar het kost je veel geld om je wensen en doelen je hele leven lang op te geven.....

Maak alstublieft onmiddellijk een lijstje, en dat bedoel ik helemaal serieus! Vraag nu een pen en papier om de belangrijkste punten op te schrijven. Ik ga nu niet beginnen met het opsommen van de psychologische aspecten, waarom het belangrijk is om je gedachten en punten echt op te schrijven.....

Schrijf dus alstublieft op wat u in de afgelopen 12 maanden heeft gekocht, gefinancierd etc. en wat niet bijzonder relevant is voor uw dagelijks leven. Natuurlijk moet je streng en eerlijk zijn tegenover jezelf, anders kan je alles aannemelijk maken. Enkele typische voorbeelden: Mobiele telefoons, televisies, kleding, keukenapparatuur, camera's....

...oké, ik hoop dat je vijf dingen hebt opgeschreven. Als je vijf dingen niet hebt opgeschreven, dan moet je je echt serieus afvragen of je eerlijk tegen jezelf bent geweest en de dingen niet over jezelf hebt verdoezeld of aan jezelf hebt gerechtvaardigd. Ik heb het over dingen waar het een goedkopere versie zou hebben gedaan of waar je het helemaal zonder had kunnen doen.

Als je geen vijf dingen hebt gevonden en eerlijk en kritisch bent geweest, spreekt dit zeker positief voor je spaargedrag.

Schrijf nu vijf redenen op waarom u dat geld had moeten besparen. Wat zijn uw doelstellingen? Wat wil je echt doen of bereiken? Waar wil je echt naartoe? Waar wilt u wonen? Wat wilt u absoluut mogelijk maken voor uw kinderen (later)?

Schrijf het hier op:

Waarom is het belangrijk dat je dingen opschrijft? Omdat het aan de ene kant belangrijk is om er goed over na te denken en omdat u moet zien hoe uw uitgaven zich verhouden tot uw doelstellingen en uw besparingspotentieel. U zult zeker niet in staat zijn om uw kinderen een financieel vrij leven te geven als u vandaag uw e-sigaret opgeeft. Maar wees u ervan bewust dat elke miljoen euro begint met één euro. Wees u ervan bewust dat elke euro met een schuldenlast van de consument u verder wegleidt van uw doelen en dromen. Houd er rekening mee dat je geen 100.000 euro kunt besparen als je niet bereid bent om 10 euro per maand te besparen. Besparing is als iets anders in de wereld: het is moeilijk om te beginnen, maar de eerste stap moet worden gezet om vooruit te komen.

Wees het u waard en verminder uw claims voor sommige dingen tenminste voor een tijdje. Of het nu gaat om auto, mobiele telefoon, TV, bank of vakantie: het hoeft niet altijd de duurste te zijn in uw situatie. Hoe meer je vandaag bespaart, hoe meer je later hebt. Het zijn elke dag kleine dingen die in een paar maanden en jaren grote dingen veroorzaken.

Je geeft te veel geld uit aan dingen die je voor een korte tijd in verrukking zullen brengen, maar die je nergens in je leven zullen brengen. Probeer uw dagelijkse, wekelijkse, maandelijkse en dus jaarlijkse consumptieve bestedingen een beetje te verminderen. Niet nul. Dat is niet nodig. Een bepaald comfort of veiligheid mag nooit ten koste gaan van besparingen, maar geef niet meer uit dan nodig is, want dat zijn de kosten die u uw hele leven lang moet werken. U kiest: Of je werkt je hele leven voor geld, of het geld werkt je hele leven voor je. Het is geen gemakkelijke beslissing, want het idee dat we geld voor ons laten werken lijkt zo ver van ons af te staan dat we er helemaal niet in geloven. Dit komt echter omdat we de omgang met geld volledig verkeerd hebben leren kennen, omdat we zijn opgegroeid in omstandigheden die ons in het hamsterwiel dwingen. Het is nooit prettig om gewoonten te veranderen. Maar je ziet waar je gewoonten je hebben gebracht en houdt je nu gevangen. Daarom is het zinvol om in deze gewoontes in te stappen om nieuwe perspectieven te ontdekken.

Elke beslissing die u neemt, moet bewust worden genomen. In een later stadium zullen we het nog een keer hebben over hoe u er onbewust in slaagt om de juiste beslissingen te nemen. Er is een aantal hulpmiddelen waar we op terugkomen. Maar er is geen manier om een bewustzijn van je keuzes op te bouwen. En dit bewustzijn krijg je door beslissingen te heroverwegen en vervolgens een logische en betekenisvolle beslissing voor jezelf te nemen over je waarden, ideeën en doelen. Ook hier is enige training nodig om dit proces te herhalen. Dan kun je op een gegeven moment een soort automatisme ontwikkelen, maar daar komen we pas laat toe.

Waarom is het zo belangrijk om vandaag af te zien van deze besparingen om morgen van deze besparingen te kunnen profiteren? De clou is: Als u investeert en het geld dat u op dit moment maandelijks uitgeeft via uw consumentenbestedingen op een verstandige manier uitspaart, kunt u zich over een paar jaar iets groters en beters veroorloven en nog steeds meer geld hebben dan u vandaag de dag zou hebben uitgegeven. Het is geen oppervlakkig gepraat, het is pure wiskunde. Natuurlijk moeten we ook praten over hoe je je geld verstandig kunt investeren, hoe je het rendement kunt krijgen en welke mogelijkheden er zijn om de juiste blockbusters te vinden.

Welke bronnen van inkomsten zijn er en welke zijn voor u zinvol?

Geld kan uit vele bronnen in uw zak vloeien. Sommige zijn toegankelijker, daarom bieden ze meestal ook niet zo veel geld in ruil, en sommige vereisen meer tijd, energie of zelfs een voorafgaande investering. Dit klinkt erg oncomfortabel als je alleen leest. In de regel is dit vaak het geval, maar dit soort bronnen van inkomsten bieden de grootste opbrengst.

In principe wordt een onderscheid gemaakt tussen actief en passief inkomen. Actieve mensen zijn degenen voor wie je actief iets in ruil aanbiedt: Dus ofwel uw tijd, uw werk of andere dingen. Een voorbeeld hiervan is de bekende werknemersactiviteit. Hier ruil je je werktijd en je prestaties om voor een maandloon.

Passieve bronnen van inkomsten zijn bronnen van inkomsten die u regelmatig een bepaalde hoeveelheid geld geven zonder dat u er actief iets aan hoeft te doen. Dit kunnen bijvoorbeeld huuropbrengsten van een woning zijn. Het onroerend goed werpt u regelmatig een bedrag af waarvoor u niet (of zeer weinig) actief hoeft te investeren in tijd en moeite.

Als u de twee vergelijkt, zult u zeker zeggen dat het passieve inkomen comfortabeler en aangenamer is.

Ik wil ook een onderscheid maken tussen schaalbare en niet-schaalbare inkomsten. Ze maken een ander belangrijk verschil voor de hoogte van uw reguliere inkomen.

Schaalbaar zijn de inkomsten die in theorie oneindig groot kunnen worden omdat ze geen verband houden met beperkte middelen of capaciteiten. Dat betekent dus: Als u een training online verkoopt via uw internetaanwezigheid, kan deze bijna oneindig veelvoudig elektronisch worden vermenigvuldigd. Het kan over de hele wereld worden verkocht, op voorwaarde natuurlijk dat de taalbarrière geen obstakel vormt. Zo kunt u bijna oneindig hoge inkomsten genereren met slechts één product (theoretisch). Natuurlijk zullen de meeste mensen uw training maar één keer kopen. Maar als iedereen in de wereld jouw opleiding heeft, dan had er genoeg inkomen moeten zijn.

Niet-schaalbare inkomsten zijn dan de inkomsten die met beperkte capaciteit of middelen worden geconfronteerd. Dus uw werknemer activiteit of zelfs zelfstandige activiteit is niet schaalbaar, want om meer geld te verdienen zou u meer moeten werken. Helaas heeft de dag nog steeds niet meer dan 24 uur. Meer dan 24 uur per dag werken werkt gewoon niet.

Tot slot maken we een onderscheid tussen niet-recurrente inkomsten en recurrente inkomsten. Ze zijn uniek als je op de bruiloft van je beste vriend(in) wacht en er dan voor beloond wordt. Terugkerende inkomsten ontstaan wanneer u regelmatig wordt betaald voor uw diensten, zoals uw werk, waarbij u regelmatig werk inruilt voor geld.

Het resultaat voor u zou nu het antwoord moeten zijn op de volgende vraag: Welke bronnen van inkomsten kunt u momenteel aanboren en welke wilt u idealiter bezitten? Heeft u een terugkerende maar actieve en niet-schaalbare bron van inkomsten? Dan is de terugkerende factor minstens goed. Heeft u een eenmalige, niet-schaalbare en actieve bron van inkomsten? Dan moet je iets veranderen. Wat lijkt nu de beste oplossing voor u? Ik gebruik mijn psychische vaardigheden en vermoed dat je de voorkeur geeft aan een schaalbare, terugkerende en passieve bron van inkomsten. Of meerdere van hen. Stimmten

Je hebt net iets geleerd wat niet onbelangrijk is: naast de factor hoeveel geld er per maand binnenkomt, is het net zo belangrijk waar en hoe je geld binnenkomt. Dit lijkt vaak pas in een tweede opzicht relevant, want je klaagt immers niet als er regelmatig grote hoeveelheden binnenkomen, althans voor enige tijd. Dat is waar, maar deze factoren beperken je als ze afwijken van het hierboven genoemde ideale idee.

Wat is er met u aan de hand? Het is eenvoudig: ze verspillen te veel van uw kostbare tijd. Want het kan zeker zinnig zijn om met een schaalbare, passieve en terugkerende business een kleiner bedrag aan inkomsten te verdienen dan met actieve inkomsten. Want als je passief inkomen genereert, heb je de tijd die je bespaart in tegenstelling tot actief werk weer tot je beschikking om een tweede passieve bron van inkomsten op te bouwen. Dit laat je toe om de tweede passieve bron te genereren, dan de derde weer op te bouwen en ga zo maar door.....

Natuurlijk, het klinkt een stuk makkelijker dan hier. Je ziet echter dat de output daar vele malen groter is dan bij andere bronnen van inkomsten, omdat je altijd de beslissende "tijd"-factor voor jezelf krijgt, waardoor je weer productiever kunt zijn. Het geheel hoeft niet te culmineren in het werken en het genereren van de ene passieve bron van inkomsten na de andere. Alleen zo veel of zo groot dat ze weggooien wat je voor het leven wilt hebben. Niet nodig hebben, willen!

Mensen hebben de meest uiteenlopende voorwaarden voor alles in het leven. Veel dingen onderscheiden ons en maken het voor ons gemakkelijker of moeilijker om te laten vallen, beïnvloed door ons of de buitenwereld. Maar we hebben allemaal één ding tot onze beschikking: tijd! Iedereen, of het nu Steve Jobs, Jeff Bezos of Bill Gates is, heeft dezelfde 24 uur per dag als jij. Geen mens heeft meer uren per dag tot zijn beschikking dan jij. Het enige dat telt is dus hoe je die tijd gebruikt. En dat is de bottom line!

Uw situatie en waarom u momenteel te weinig geld heeft

Dit kan eigenlijk maar om twee redenen: ofwel verdient u te weinig, ofwel geeft u te veel uit. Als beide het geval is, moet u serieus nadenken over uw levensstijl. Dat is waarschijnlijk het geval, want anders zou je er niet aan gedacht hebben om dit boek te lezen. Twee dingen kunnen dan heel eenvoudig gezegd worden: Ten eerste verdien je te weinig, en als je de keuze had, dan zou je meer willen verdienen. Maar zo eenvoudig is het niet. En punt 2: U bent er meestal van overtuigd dat wat u elke maand uitgeeft, u zeker moet leven. Ook dat is niet zo eenvoudig te zeggen.

We hebben het al gehad over punt 1. In een later stadium zullen we hier nader op ingaan. We moeten nu punt 2 op dit punt nader bekijken.

Je geeft te veel geld uit! En zelfs als u er nu niet van overtuigd bent, zullen we aan het einde van dit hoofdstuk zien dat ik toch gelijk heb. Het geheel is en blijft een kwestie van interpretatie. Daarom interpreteert u het alsof u slechts het minste geld uitgeeft, en ik zal het interpreteren als het onnodig uitgeven van geld. Laten we eens kijken wie er aan het einde van de rit gelijk heeft. Ik zal waarschijnlijk gelijk hebben, want ik wil dat u ziet dat uw mening echt ongepast is als u echt gelooft dat u niet te veel geld uit het raam gooit. Niet verkeerd, gewoon ongeschikt. We hebben het al gehad over de doelstellingen en de bereidheid om compromissen te sluiten om deze te bereiken. Nu voor uw maandelijkse uitgaven.

Deze sectie zal wat interactiever zijn omdat ik verwacht dat je nu met mij samenwerkt. En zelfs als u denkt dat het niet nodig is om een actieve rol te spelen in dit hoofdstuk, wil ik u toch aansporen om er echt aan deel te nemen. Het gaat immers om uw welvaart en uw geld. Het is dus zeker zinvol om je hier en nu bij te betrekken. Je hebt immers al geïnvesteerd in dit boek. En dat is het doodslagargument bij uitstek. Nou, dan moet het echt de moeite waard zijn.....

Stap voor stap naar financieel bewustzijn

Hoeveel geld geeft u per maand uit? Bij wijze van ruwe schatting kunt u uw maandelijkse netto-inkomen eenmaal op een wit vel papier schrijven. Schrijf daarna op welke bedragen u de afgelopen drie maanden als overschot of zelfs regelmatig hebt kunnen sparen. Het verschil tussen deze twee is uw maandelijkse uitgaven.

Uw doel moet zijn om uw maandelijkse kosten te minimaliseren en uw overschot te maximaliseren. Wat zijn uw maandelijkse uitgaven? Maak een lijst van wat u elke maand uitgeeft. Op dit moment zal ik uw uitgaven helemaal niet evalueren. Het is echter belangrijk dat u uw uitgaven volledig en zo gedetailleerd mogelijk opschrijft. Huur, eten en drinken, bioscoop, auto, benzine, verzekering.....

Voeg nu twee extra kolommen toe waarin u het belang of de urgentie van uw uitgaven kunt beoordelen. Een schaal van 1 - 10. 1 staat voor "niet zo belangrijk" of "niet zo dringend" en 10 staat voor "zeer belangrijk" of "zeer dringend".

De evaluatie van uw uitgaven is zeer belangrijk. Het toont u het belang dat u hecht aan uw uitgaven en geeft tegelijkertijd aan of en welke mening u heeft om uw uitgaven te rechtvaardigen indien nodig. Het is belangrijk dat u eerlijk bent over deze evaluatie. Het hangt sterk af van de noodzaak die u ziet in uw uitgaven. Hoe gedetailleerder de uitgavenlijst en hoe eerlijker uw beoordeling, hoe gemakkelijker het is om vooruitgang te boeken.

Vul nu alstublieft uw lijst in detail in voordat we verdergaan. Probeer het belang en de urgentie van elke kwestie aan te geven, ook al is het moeilijk of niet echt mogelijk. Er staat hier veel meer op het spel dan alleen een getal, maar je moet zeker proberen er een te vinden.

Belang betekent immers hoe belangrijk iets voor u is. Een hoog belang laat zien dat je bereid bent om wat geld uit te geven en er zeker een groot voordeel in ziet.

De urgentie vertelt u hoe dringend u deze kwestie moet aanpakken, want het is ofwel veel te laat, ofwel zeer relevant voor uw onmiddellijke vooruitgang.

Wat zegt deze lijst u?

U heeft nu zoveel mogelijk een overzicht gemaakt van alle uitgaven die voor u een maandelijkse belasting vormen. Bovendien heeft u belang en urgentie gehecht aan alle kosten, zonder uitzondering.

We moeten beginnen met hoe gemakkelijk het voor u was om uw uitgaven te evalueren. Als het voor u heel gemakkelijk was, betekent dit dat het in uw ogen een verstandige kwestie is, die belangrijk en/of urgent is of was. Dit kan alleen worden uitgedaagd of het werkelijk (zo objectief mogelijk) een belangrijke en/of urgente kwestie was of dat er een onbewust rechtvaardigingsproces heeft plaatsgevonden. We zullen hier later op terugkomen.

Laten we beginnen met te kijken naar de soorten problemen die je moeilijk vond om te beoordelen. Waarom vond u de evaluatie moeilijk? Misschien omdat u geen direct voordeel ziet of omdat het belang of de urgentie niet is gegeven. Of de evaluatie leek te abstract, zodat een evaluatie eenvoudigweg niet mogelijk is.

Kijk nog eens goed naar deze punten. Over wat voor soort uitgaven hebben we het? Zijn het uitgaven die ongelooflijk belangrijk voor u zijn? Dat je moet doen om je levensstandaard op peil te houden? Of zijn het uitgaven die je misschien niet meer nodig hebt, of in ieder geval niet regelmatig hoeft te doen?

Vaak zijn dit soort uitgaven van dien aard dat we er geen baat bij hebben. Daarom is de evaluatie ook voor ons erg moeilijk. Meestal kruipen de uitgaven in de lucht dat we niet actief nadenken en ons aan het eind van de maand afvragen waarom we ze hebben gedaan. Dit zijn de kosten die ons elke maand verbaasd uit onze wasserij doen kijken waarom we er niet in geslaagd zijn om weer een klein overschot te genereren. Hiermee hebben we geen echte feitelijke of emotionele tegenwaarde. Ze gebeuren gewoon en ontsnappen aan onze aandacht. En toch verminderen ze ons kapitaal, maand na maand, maand na maand.

Het zijn vaak de kleine dingen die we zonder die kleine dingen kunnen doen, die bij elkaar optellen tot iets groots. Daarom moet je zeker zien of je de problemen die je moeilijk vond om te beoordelen, niet volledig kunt elimineren. Als je dat niet kunt, kun je zien of je deze kosten niet kunt minimaliseren. Heeft u dit contract echt nodig? Is er geen goedkoper tarief?

Heeft u een manier om dit contract te beëindigen? Leest u zelfs het tijdschrift waarop u zich abonneert? Besteedt u dit geld steeds opnieuw actief uit? Wat betekent verzaking voor u?

Het zijn vaak gewoon de gewoonten die ons telkens weer tot zulke absurde uitgaven aanzetten. En als je de voordelen die je uit deze uitgaven haalt opschrijft en tegelijkertijd noteert wat er gebeurt als je zonder deze uitgaven doet, zul je zien dat er plotseling een AHA-effect kan optreden: Het AHA-effect, dat u nu de zekerheid geeft dat deze output overbodig is en dat u geen beperkingen zult ondervinden door het niet te doen. Het besparingspotentieel is vaak wat verborgen in uitgaven die we niet zo duidelijk zien, maar die toch in grote getale ontstaan.

Het tweede punt beschrijft de kwesties waar je opeens een belang en een urgentie zou kunnen inzien. Als uitgaven belangrijk zijn, moet u dat doen. Als de uitgaven dringend zijn, zul je ze waarschijnlijk moeten maken. Dit betekent echter niet dat ze tegelijkertijd belangrijk zijn. Controleer dus of uw dringende uitgaven ook voor u belangrijk zijn. Het is niet de vraag of het belangrijk is om deze nu te regelen. Het gaat erom of de uitgaven echte, echte voordelen voor u bieden, zowel fysiek als emotioneel. Een hoge urgentie en een laag belang of andersom moet zeker worden gecontroleerd. Waarom is het dringend, zo niet belangrijk? Hier hebben we het grootste potentieel voor conflicten in uw uitgaven. Als de twee getallen, belang en urgentie, te veel van elkaar verschillen, moet je zeker nagaan wat het probleem is, waarom je het doet, en of en hoe je het kunt verminderen of aanpassen.

Als het belang en de urgentie minder dan of gelijk zijn aan 6, moet je het zonder problemen kunnen doen. Er is geen andere reden waarom je zo'n laag getal hebt ingesteld. In de evaluatie 7/8 kan men er ruzie over maken. Hier wordt een categorie gevormd, waarmee u niet noodzakelijkerwijs de uitgaven wilt of kunt missen. Het kan dus zinvol zijn om de uitgaven voor deze projecten eenvoudig en eenvoudigweg te verminderen. Zijn er goedkopere alternatieven? Zijn deze kosten echt 100% gerechtvaardigd? Deze vragen kunt en moet u zich hier stellen.

Uitgaven met een beoordeling van 9/10 in een van de twee kolommen moeten eerst worden vergeleken met de beoordeling in de tweede kolom. Een te grote afwijking moet zeker beter worden gecontroleerd, waarom dit gebeurt en of hier besparingspotentieel aanwezig is. Als beide categorieën hoog gewaardeerd worden, dan is dit het laagste besparingspotentieel, tenzij u er onrealistisch over bent. De maandelijkse huurkosten kunnen snel als belangrijk worden beschouwd, maar gaan verder dan uw bereik. Overweeg hier dus ook of en welke besparingsmogelijkheden er zijn.

Kwesties die voor ons belangrijk zijn, zijn kwesties waaraan we emotioneel of rationeel veel voordeel toekennen. We willen alleen maar aarzelende compromissen sluiten of ervan afzien. Dit is ook prima, zolang er nog lagere edities zijn waar je mee kunt beginnen. Als de lucht eronder dunner wordt en er geen kosten meer zijn waar er meer besparingsmogelijkheden zijn, dan moet er ook rekening worden gehouden met de belangrijkste kosten voor ons. Last but not least, maar in geval van twijfel ook deze. Want: besparen moet zijn! In elke positie, in elke situatie, moet je sparen. Zonder te sparen, bouw je geen welvaart op. Als u niet spaart, hoe hoog uw maandinkomen ook is, houdt u uw uitgaven altijd zo hoog dat u uw welvaart niet effectief kunt verhogen, want met een stijgend inkomen verhoogt u ook uw uitgaven. Hoewel dit u een zogenaamd hogere levensstandaard kan brengen, maakt het u net zo afhankelijk van uw maandelijkse inkomen als voorheen om de kosten te dekken. U vergroot gewoon uw hamsterwiel. Meer inkomsten betekent dan meer uitgaven voor u, wat u dwingt om uw inkomsten te verhogen. Deze verslaving laat u waarschijnlijk niet tevreden en gelukkig zijn. Want hoe goed je het ook doet, als je gedwongen wordt iets te doen wat je eigenlijk niet wilt doen, of als je afhankelijk bent van iets waar je maar weinig invloed op hebt, zul je altijd met onzekerheid gepaard gaan. Zelfs als u in uw bedrijf een zeer goed maandinkomen behaalt, bent u nog steeds zeer afhankelijk van de economische situatie van het bedrijf, uw leidinggevende en andere factoren. En als je denkt dat een arbeidsrelatie veilig is, dan moet je omgaan met de golf van ontslagen van grotere bedrijven als ze hun voorspelde streefcijfers niet halen.

Wat zeggen uw uitgaven over u en uw consumentengedrag?

Je moet ergens een dak boven je hoofd hebben. Maar betaalt u te veel huur? Zou u ook niet, al was het maar voor een bepaalde tijd, kunnen opschieten met een kleiner appartement? Voor uw dromen? Is het niet de moeite waard? Controleer nu hoe duur uw huurprijs per vierkante meter is en vergelijk deze met de gemiddelde huurprijs per vierkante meter in uw regio. Zijn er appartementen die groot genoeg voor u zijn en misschien zelfs goedkoper? Wat is daar mis mee? Natuurlijk kost een verhuizing altijd geld. Maar als u 70 euro huur per maand kunt besparen door te verhuizen naar een nieuw appartement, en de verhuizing kost 400 euro, dan heeft u de verhuizing na 6 maanden weer terug. Daarna bespaart u geld!

Hoeveel bedragen uw uitgaven? Het is vaak zinvol om regelmatig van elektriciteitsleverancier of telefoonaanbieder te veranderen, omdat sommige aanbieders zeer aantrekkelijke nieuwe klantenkortingen bieden. Het kan geen kwaad om elke twee jaar uiterlijk om de twee jaar te veranderen. Welke verwarming gebruikt u? Heeft u een nachtverwarming of een ander zeer duur verwarmingssysteem in huis? Welke energie-efficiëntie is er beschikbaar? Natuurlijk zijn dit allemaal zaken waar mensen niet noodzakelijkwijs graag mee te maken hebben. Maar zijn uw dromen niet de moeite waard om de 10 minuten te investeren in een korte zoektocht op internet? Het is voor ons mensen nog nooit zo gemakkelijk geweest om informatie te krijgen. Ga dus alstublieft op uw PC zitten en zorg nu alstublieft voor een vergelijking. Als je het nu niet doet, doe je het morgen niet meer. En zeker niet volgende week. Je hebt dat boek gekocht om je leven te veranderen. Nou, het zal niet vanzelf gebeuren. Dus, neem alstublieft 10 minuten de tijd om het boek minder te lezen en doe een overeenkomstige zoekopdracht op het internet. Er zijn enorme vergelijkingsportalen die het je echt ongelooflijk gemakkelijk maken.

Een ander belangrijk punt is waar is uw appartement? Is ze dicht bij de plaats waar je werkt? Zo nee: Heeft het zin om op zoek te gaan naar een appartement in de buurt, zodat u reiskosten kunt besparen, enz. Zeker, het is super ongemakkelijk. Maar als je niet van plan bent om je baan op korte termijn op te geven, kun je echt veel geld besparen. Benzine, tickets etc. Ze zullen u zeker ook een goede maand kosten. Denk er minstens één keer over na.

Eten en drinken: Je hoeft hier niet zo veel te besparen. Eten en drinken zijn belangrijk. U hoeft ook geen eieren te kopen van gemartelde kippen of waterbesproeid vlees voor 4 euro per kilo. Maar het hoeft niet noodzakelijkerwijs cokes van het benzinestation te zijn of regelmatig de meest exotische vruchten. In Duitsland leeft u de luxe van het kunnen kopen van hoge kwaliteit en vers voedsel tegen zeer redelijke prijzen. Seizoensgebonden producten, producten uit het assortiment, no-name producten van discounters, die toch zeer goed en onverslaanbaar zijn in de prijs-prestatieverhouding, kunnen u elke maand veel besparen. Kijk maar even waar het besparingspotentieel ligt. Ga naar uw koelkast en kijk waar u iets had kunnen besparen. Nu heeft u een idee waar en hoe u regelmatig kunt besparen door het ene of het andere product te vervangen door een goedkoper alternatief. Niet altijd, maar wel eens in de zoveel tijd.

Wat betekent rijk zijn eigenlijk?

Rijk zijn is altijd relatief, dus het wordt in ieder geval vaak gesuggereerd. Sommigen zijn rijk aan ervaring, sommigen zijn rijk aan kennis, anderen zijn financieel rijk. Je ziet, er is niet één universele definitie van imperiumwezen. In Duitsland is dit echter al financieel gestructureerd: Alleenstaanden die minstens 3.418 euro per maand verdienen, worden in de statistieken als rijk beschouwd. In het geval van partnerschappen is de inkomensgrens 5.127 euro per maand. Deze waarden komen overeen met het nettoresultaat. De cijfers zijn verkregen omdat ze twee keer zo hoog zijn als het gemiddelde maandinkomen. Echter, alleen de "vermogensbelasting" is van toepassing op inkomsten van meer dan 250.000 euro.

In de perceptie van veel mensen is rijkdom echter niet zo duidelijk gedefinieerd. Degene die in een dure auto rijdt (gekocht, gefinancierd of geleased), dure sieraden draagt, in designerkleding gekleed is of regelmatig naar buiten kan gaan voor een decadente maaltijd, wordt hier als rijk beschouwd. Rijkdom is dus aan de ene kant duidelijk gedefinieerd, maar aan de andere kant is het ook een kwestie van interpretatie.

Natuurlijk moet men ook toegeven dat er verschillende soorten rijkdom zijn, zoals hierboven beschreven. Als we ons nu echter willen beperken tot financiële rijkdom, loopt het beeld enigszins uiteen tussen wettelijk geregeld vermogen en subjectief vermogen.

Het ligt mij na aan het hart dat u nu nadenkt over wat het voor u betekent om rijk te zijn. Dit boek gaat echter over rijkdom in financiële termen. Daarom moet u zich afvragen wat uw financiële doelstellingen zijn. Ik weet dat geld niet alles is, maar het is noodzakelijk om bijna alles mogelijk te maken. Laten we dus alstublieft niet nu alstublieft een fundamenteel debat op gang brengen, maar alleen dit punt aan de orde stellen.

Dus waar begint de financiële welvaart voor u te beginnen? Waar rijkdom? Wat heb je nodig om je goed te voelen? Wat heb je nodig om je rijk te maken? Wat heb je nodig om financieel vrij te zijn?

Schrijf ten minste vijf dingen op die je wilt bezitten. Materiële zaken die voor u belangrijk zijn. Ook al is het een rondreis door Australië. Dus alles wat je wilt doen, je wilt hebben, je wilt kunnen doen, maar dat kost je meestal een investering. Schrijf ze hier op en onderzoek het internet om uit te vinden wat elke uitgave u zou kosten (als u niet precies weet, probeer dan zo realistisch mogelijk in te schatten). Als de kosten binnen een productgroep sterk uiteenlopen, neem dan een gemiddelde of gemiddelde waarde) en bereken deze investeringskosten samen:

1

2

3

4

5

Een voorbeeld kan er zo uitzien:

1. reis rond de wereld   14.000 euro
2. Huis groter dan 100 m² in Düsseldorf, Duitsland   700.000 euro
3. Een school bouwen in Afrika   17000000 Euro
4. sportwagen   130 000 euro
5. Granieten keuken   28.000 euro

Totaal: 1 042 000 euro

Dit is nu een eenvoudig voorbeeld. De voorbeelden zijn dom? Maakt niet uit! Ze moeten u alleen laten zien hoe u uw lijst kunt ontwerpen. U ziet nu een bedrag dat u in kapitaal zou moeten hebben om uw vijf grootste wensen financieel mogelijk te maken. Niet financieren, kopen. Niet lenen, bezitten. Niet beginnen, eindigen. Sommige van deze zaken vereisen naast de aankoop nog andere, terugkerende kosten (belastingen, verzekeringen, enz.). Het betekent dat je veel meer nodig hebt dan dat geld. Als u een kapitaal van 1.000.000.000 euro heeft, bent u in een goede positie om uw financiële doelstellingen in grote stappen te bereiken. Als u kiest voor lagere bedragen voor uw wensen of gewoon lagere kosten, kunt u al een deel van uw terugkerende kosten dekken uit deze 1 miljoen euro. Des te beter.

Je hebt nu verschillende keuzes: Je legt dit boek onmiddellijk uit je handen en besluit om je leven te leiden zoals het is, en je er niet langer mee bezig te houden, want het lijkt je toch al onbereikbaar. Dan kunt u dit boek direct opbergen en verkopen via advertenties, zodat u er minstens één euro voor terugkrijgt. Dan is dit project mislukt. Voordat u dit doet, moet u zich echter eerst de volgende vragen stellen:

1) Waarom heb ik dit boek zelfs gekocht?
2) Waarom wilde ik meer weten over hoe ik financieel vrij en onafhankelijk kan worden?
3) Wat zijn mijn doelen in het leven?
4) Hoe kan ik ze bereiken en hoe kan geld mij helpen?
5) Wat zijn mijn doelen voor mij de moeite waard?
6) Is het de moeite waard om alles te geven wat ik heb voor mijn doelen en dit ene leven?

Als je op elk van deze vragen een duidelijk antwoord hebt, moet je nadenken over de vraag of het zinvol is om het geheel een kans te geven. Als je je doelen duidelijk kunt structureren en benoemen, en niet lang hoeft te aarzelen om antwoorden te vinden, waarom ben je dan bereid om los te laten? Waarom probeert u uw doelen niet te bereiken? Als je echt niet in staat bent om het geheel een kans te geven en iets van je leven te maken, voor jezelf, voor niemand anders, dan moet je nu stoppen met lezen. Dat is het voor jou. Dan waren zelfs de weinige euro's voor dit boek verkeerd en te veel voor u. Dan wens ik u het allerbeste en veel succes op uw weg.

Maar als je nu verder gaat lezen, dan heb je ofwel een beetje hoop in je om je doelen te bereiken, je hebt zeker zin om eraan te werken en een zeker zelfvertrouwen op te bouwen, of, je bent er zeker van dat je het met deze steun kunt doen. Hoe sterker dit wordt uitgesproken, hoe gemakkelijker het voor u zal zijn. En als je ja zegt, ik heb honger naar succes, ik verdien dit leven. Ik wil mijn doelen bereiken! Dan vindt en gaat u met behulp van dit boek ook precies zo.

Oké, laten we het doen.....

Als bovenstaande lijst te oppervlakkig voor u was, dan is dat prima. Ik probeer je niet te laten zien hoe je een sportwagen kunt kopen. Mijn punt is om u manieren te laten zien om het te kopen! Zelfs als u dat niet wilt, krijgt u via deze mechanismen de resultaten die uiteindelijk leiden tot het verkrijgen van uw financiële vrijheid. En, zoals we al eerder hebben besproken, zijn deze doelen individueel, maar altijd de moeite waard om naar te streven.

Hoe kunt u geld verdienen?

Krijg een baan. Doe elke klus die u helpt om geld te verdienen. Als u al in een arbeidsrelatie zit, moet u overwegen of u iets kunt sparen met uw maandelijkse inkomen. Sommige grote financiële experts adviseren u tot 10 of 20 procent van uw netto-inkomen, ik raad u aan om meer te doen. Niet omdat ik slimmer ben, maar gewoon omdat ik wil dat je je doelen sneller bereikt. En dat is wat je doet als je een grote pauze maakt. En die incisie doet pijn. En in het begin moet het pijn doen. Omdat deze pijn je helpt om je nog meer op je doelen te richten en de honger naar succes wordt sterker dan de grootste pijn.

Dus, korte rekening, zoals in het begin:

Hoeveel maak je netto per maand? Hoeveel komt er maand na maand effectief op uw bankrekening?

Maandelijks inkomen: euro

Hoeveel vaste kosten (alleen huur, eventueel auto, eten) worden maandelijks afgetrokken?

Maandelijks, vaste kosten: euro

Welke andere maandelijkse kosten heeft u nog meer?

Andere maandelijkse uitgaven: euro

Welke van deze is onzin of kunt u sparen?

Onzin: Euro

Dus wat moet u nog doen in een maand?

Maandelijks inkomen

   -Fixe hebben Aushaben

   -Overige maandelijkse kosten

= Euro om op te slaan.

Ik doe hier bewust geen onzin in. Daarover hebben we in het begin al gesproken. U kunt het zonder! Je moet het opgeven! We spraken over de vraag of uw doelen niet de moeite waard zijn voor u.....

Dus: Het geld dat je maandelijks hebt, moet worden bespaard. Neem maximaal 30% van dit geld voor activiteiten, om het te investeren in andere goede doelen, of voor wat dan ook. Dit moet uw kapitaal zijn om ondeugend mee te doen.

Stel dit bedrag nu aan het begin van elke maand apart in. Hoe precies, daar praten we over een minuut over. Wat belangrijk is, is dat u bespaart voordat u het uitgeeft.

Waarom is dat belangrijk? Het is eenvoudig. Er wonen veel mensen, en aan het eind zien ze wat er nog over is. En dat redden ze. Aangezien het moment is de verlegenheid, zult u voelen de hele maand verlegenheden die u geld kosten over en weer en volledig zinken uw maandelijkse besparingspotentieel. Echter, als u uw maandelijkse bedragen vanaf het begin wegzet, bent u genoodzaakt om met uw geld te berekenen en heeft u uw bedrag al een keer veilig bespaard. Je kunt jezelf trakteren op de rest.

Het geheel is niet alleen financieel belangrijk, maar ook psychologisch. Het zal een ongelooflijk groot verschil maken voor u hoe u omgaat met geld en later hoe u uw kapitaal gebruikt om investeringen te doen. Om deze reden is dit onroerend goed of deze procedure van buitengewone waarde. Zelfs als je het nog niet gelooft. Het zal de belangrijkste factor van uw welvaart zijn. Als je dat niet doet, dan is het niet onmogelijk voor je om rijk te worden, maar je zal onnodige obstakels in de weg leggen. En je ziet wat ik vind van onnodige dingen: weglaten.

 De beslissing om uit uw comfortzone te stappen kan al moeilijk genoeg zijn, dus waarom maakt u het nog moeilijker dan het moet zijn? Pas dit principe dus alstublieft toe en gebruik deze techniek uiterlijk de volgende maand, want u kunt nu al precies berekenen hoeveel u elke maand bespaart op basis van de afgelopen maanden.

Hetzelfde geldt zowel wanneer je een arbeidsverhouding hebt als wanneer je als zelfstandige werkt. Gewoon doen.

 Als uw baan niet genoeg inkomsten genereert om u minstens 50 - 100 euro per maand te sparen, dan zijn er alleen de volgende mogelijkheden: Zoek een beter betaalde baan (ja, zelfs met precies uw kwalificatie zijn er beter betaalde opties) of zoek een tweede bijbaan. Natuurlijk moet je weer veel tijd besteden aan dit alternatief en waardevolle vrije tijd investeren, maar hoe was dat weer met de persoonlijke waarde van je doelen? Nou..... Vanuit fiscaal oogpunt is dit natuurlijk niet het geel van het ei, zeker niet in Duitsland. Maar als je niet van plan bent te emigreren, heb je geen keuze. Zelfs een aanvullend inkomen, dat voor 40 procent wordt belast, geeft je zelfs meer euro's dan wanneer je het niet zou doen. Juist? Dat klopt.

Er zijn veel activiteiten die je 's avonds of in het weekend kunt doen. Het enige wat u hoeft te doen, is zorgen en informeren. Dat is een interessante manier om elke maand een kleine bonus te krijgen. Dit zal je zeker niet uitgeven, want je merkt hier duidelijk wat je er voor uitgeeft of opoffert indien nodig.

Neem een klein bedrijfje aan.

Als u uw geld verdient op een onafhankelijke basis, moet u natuurlijk het geheel op een verstandige manier registreren. Een klein ondernemersbedrijfje kost niet veel. Het stelt u echter in staat om op onafhankelijke wijze activiteiten uit te voeren aan de zijkant. Nu denk je: "Oké, wat moet ik doen? Je kunt veel dingen doen. Neem gewoon routinematige taken over van mensen in uw omgeving en rekent daarvoor een vergoeding aan. Als u toch gaat winkelen, waarom biedt u dan niet aan om kleinere aankopen te doen voor de mensen om u heen? Voor u bijna dezelfde inspanning, voor uw medemensen een grote toegevoegde waarde, voor u een kleine financiële bonus. Veel mensen zijn bereid te betalen om kleinere diensten over te nemen. Of bied aan om het trappenhuis schoon te maken zodat u geen extern bedrijf hoeft in te huren. Dit is misschien niet uw ideaal, maar het zal u helpen om een beetje geld te verdienen, vooruit te komen en meer geld opzij te zetten. Natuurlijk zijn dit soms onaangename klussen die je niet per se wilde, maar het effect is hetzelfde: ze wassen geld in je schatkist.

Bouw je eigen, misschien zelfs een klein bedrijfje voor het moment

Deze uitspraak is nu bijna in diskrediet gebracht. Omdat het wordt gebruikt als inflatoir als nauwelijks iets anders in deze wereld. Iedereen moet altijd zijn eigen bedrijf opbouwen en gewoon hier en daar beginnen om echt geld te verdienen. Waarom wordt u hier zo vaak mee geconfronteerd? Heel eenvoudig: omdat het zo effectief is. En dat wilde ik ook niet geloven. Ja, dat is het. Omdat:

Het was nog steeds zo gemakkelijk voor haar in deze wereld om geld te verdienen.

Ook al lijkt het op dit moment niet mogelijk voor u, beschouw de wereld zoals hij is. Je bent toch zeker boos over de een of andere persoon die geld krijgt voor het doen van niets gesponsord op Instagram, omdat ze 3.000 volgelingen hebben of wat entertainment youtube video's maken die nauwelijks waarde toevoegen. Maar de wereld van vandaag is een andere plaats dan een paar jaar geleden. We leven in het informatietijdperk, waar het internet steeds belangrijker wordt. En zo is het nu mogelijk voor ons om geld te verdienen door eenvoudig online entertainment.

Daar zie je, wat er op dit moment eenvoudigweg mogelijk is. Je verdient geld door een camera bovenop me te houden, iets in je microfoon te praten en te delen met andere mensen. En grote bedrijven betalen geld om hun producten aan de zijkant te promoten. Zo werkt moderne marketing. En het is ongelooflijk effectief, omdat ze beseffen dat dit de beste reclame voor hen die kan worden gemaakt. En ze besparen zichzelf hoge kosten voor aankondigingen en advertenties, ze betalen slechts een kleine commissie aan hun "verkopers" op het internet. Je ziet, het is tegenwoordig gemakkelijk om geld te verdienen. Je hoeft alleen maar deze mogelijkheden te zien en te gebruiken.

Vooral in de digitale wereld is het zo gemakkelijk geworden om producten of diensten aan te bieden en op de markt te brengen. U kunt nu iedereen bereiken die op de een of andere manier toegang heeft tot het internet via een van de sociale media.

Nu gaat het er niet om hoe gemakkelijk andere mensen geld kunnen verdienen, maar hoe je nu geld kunt verdienen. Heel eenvoudig: Kies één ding waar je heel goed in bent (in vergelijking met andere monsters) of dat je graag doet. Met deze vindt u het het gemakkelijkst om echt iets op uw voeten te krijgen en er aan vast te houden. En achter alles waar je goed in bent of waar je plezier in hebt is er een manier om geld te verdienen. Soms moet je gewoon een beetje creatiever zijn of een nieuwe gedachte-impuls krijgen. Soms een gekker idee, soms een logischer, soms een meer winstgevend, soms een grappiger idee. Allerlei ideeën kunnen je geld opleveren. Het beste is dat je er bijna alles mee kunt proberen, want tegenwoordig kost het je gewoon niet veel. Omdat u vaak geen tien medewerkers, geen productiehal of kantoorruimte nodig heeft, hoeft u voor uw idee maar een paar euro's te betalen. Misschien een webpagina, een advertentie op Facebook of Instagram. Dat is het, dat is het. Meer is altijd mogelijk, maar in het begin is het voldoende om te testen hoe mensen op je ideeën reageren en hoe je idee wordt ontvangen.

Daarna hoef je alleen nog maar wat tijd te investeren om een paar basisdingen voor het bouwen van een website onder de knie te krijgen en deze vervolgens op een zinvolle manier te implementeren. Maar hier zijn een paar video's van het internet of een paar korte artikelen genoeg om de bal aan het rollen te krijgen. Dan kun je het geheel verfijnen, dat is zeker. Maar een paar kleine dingen zijn genoeg om je op weg te helpen. Het internet zit vol mogelijkheden. Het is gemakkelijk om informatie te krijgen. Soms kan informatie van hoge kwaliteit u ook iets kosten. Dit zijn echter meestal die welke je alleen nodig hebt als je naar het volgende niveau gaat. Voor uw eerste effectieve stappen zijn gratis aanbiedingen meestal voldoende, of slechts een paar euro aan investeringen nodig.

Dus, wat betekent het dat je geld kunt verdienen met alles waar je van geniet?

Enkele eenvoudige voorbeelden. Ik zal nu een aantal dingen opsommen die u misschien graag zou willen doen en u vervolgens een aantal dingen vertellen waarmee u geld kunt verdienen en die verband houden met deze activiteiten. Deze zijn deels abstract, maar ze laten je zien dat creativiteit geheel nieuwe perspectieven kan openen.

Lezen

-Samenvattingen van het boek schrijven

-Het schrijven van blogs

-Tarief boeken

- Aan- en verkoop van boeken

brief

-Een boek schrijven

-gedichten schrijven

-spookschrijver

- Sms'en van materiaal
- draaiboek
- Scripts schrijven
- korte verhalen

Verf

Schildercursussen aanbieden

Organiseren van schilderbijeenkomsten

kunst verkopen

Het toepassen en verkopen van kunst op media (kopjes, borden, etc.)

Ontwikkel uw eigen merk

Schilderen voor gebouwen

Kantoor Kunst

videospelletjes spelen

Twitch kanaal met reclameschakelaar

Organiseer een gokkersvergadering

Ruimte huren voor ESports

hold toernooien

Verdien prestaties voor anderen tegen betaling

Presenteer tips en trucs online

sporten

Organiseer sportgroepen

begeleiding

persoonlijke training

Het produceren van trainingsapparatuur

trainingsschema's

U ziet het..... Sommige van deze voorbeelden zijn niet helemaal triviaal en min of meer gemakkelijk uit te voeren. Sommigen hebben een investering nodig, anderen niet. Sommige ideeën zijn niet bedrijfsrijp, maar ze bieden wel aanwijzingen om op voort te bouwen. Maar u ziet dat u zich met bijna elk idee vertrouwd kunt maken en er op de een of andere manier winst uit kunt maken. Het is echter belangrijk voor u om winstgevend te zijn en er duurzame inkomsten uit te genereren. Eén ding mag je echter nooit vergeten:

Uw winst moet altijd op de tweede plaats komen.

Om de eenvoudige reden dat uw ideeën u geen geld opleveren als niemand een toegevoegde waarde ziet in de producten of diensten die u aanbiedt. Mensen moeten er eerst van overtuigd zijn dat ze uw product nodig hebben of willen hebben, dat ze uw dienst nodig hebben of willen hebben zodat u iets kunt "verkopen". Dit betekent eenvoudigweg dat uw bedrijfsideeën en plannen altijd gericht moeten zijn op klantwaarde. Zonder dat voordeel kun je niets verkopen. Is dat in tegenspraak met datgene waar we het eerder over hadden? Helemaal niet! U hoeft alleen maar een tweede perspectief toe te voegen aan de oriëntatie van uw activiteiten. Dus het is een aanvulling op je eigenlijke perspectief.

Betekent: Als je een passie voor iets hebt en met die passie iets kunt produceren of creëren, dan zul je zeker mensen vinden die waarderen wat je produceert. Toch hebben andere mensen andere behoeften. Dit betekent dus dat als je wilt geven, je toegevoegde waarde moet bieden aan de mensen die je wilt bereiken. Je begint iets omdat het je motivatie of je passie is. Maar zodra je iets begint te verkopen, moet je luisteren naar de mensen die ervan profiteren. Als u halters produceert en u vindt zwarte halterschijven mooi, maar u wilt uw halterschijven internationaal verkopen en uw klanten geven de voorkeur aan blauwe halterschijven, dan is het zakelijk gezien zinvoller voor u om blauwe halterschijven te produceren. De basismotivatie en idee blijft hetzelfde, maar de oriëntatie wordt aangepast.

Samengevat betekent dit dat als je iets wilt aanbieden, doe het dan omdat je ervan houdt. Uw aanbod moet echter toegevoegde waarde bieden voor uw potentiële klanten. Geen toegevoegde waarde, geen business. Je kunt nu al het andere bouwen op deze constructie.

Waarom iedereen van dit passieve inkomen houdt

Ik weet zeker dat je er ook van gehoord hebt. En waarschijnlijk ben je daar ook wat meer bij betrokken geweest. Het lijkt de Heilige Graal te zijn om welvaart te bereiken. Grofweg gezet, dat is het! Ik ga je niet vertellen waarom het hier zo belangrijk is, maar ik zal je een kort overzicht geven van de belangrijkste punten, zodat als je er echt nog niet zoveel over gehoord hebt (wat bijna onmogelijk is als je financiële onderwerpen hebt behandeld) je een indruk kunt krijgen waarom het zo geweldig is en waarom het je echt een beetje kan bevrijden.

Een passief inkomen is een terugkerend inkomen dat u ontvangt zonder uw tijd als direct equivalent te ruilen. Op het werk ruilt u uw tijd en activiteiten in voor een maandloon. Met een passief inkomen zou je dit loon ontvangen zonder dat je elke dag naar je werk hoeft te gaan. Klinkt goed voor mij. Een woning geeft u bijvoorbeeld een passief inkomen als u er een bezit en huurt en dus maandelijks de huurinkomsten van de bewoners ontvangt.

Voor een passief inkomen heb je meestal alleen een object, een item, een product of iets dat je bezit of hebt gemaakt, waarmee je achteraf terugkerende inkomsten kunt genereren, zonder er veel voor te hoeven doen. Vooral in het huidige informatietijdperk biedt het internet tal van mogelijkheden om dergelijke passieve bronnen van inkomsten te genereren.

Want hier kunt u producten of diensten online aanbieden en altijd en overal beschikbaar stellen.

Een bijkomend voordeel van een passieve inkomstenbron is wanneer uw product oneindig grootschalig is, zodat u het oneindig vaak kunt verkopen en het niet wordt verbruikt of beperkt tot bepaalde bronnen.
In theorie kan slechts een beperkt aantal mensen in een woning wonen. Een coachingsvideo over "beter verkopen" als voorbeeld kan eindeloos worden gekocht en gedownload. Daarom zijn online programma's en online trainingen zo populair geworden. Ze combineren nog meer voordelen, zodat de leerling er overal toegang toe heeft met een internetverbinding. Comfort en gemak zijn hierbij doorslaggevend. Dergelijke online producten zijn zeer voordelig voor zowel de verkoper als de koper.

De passieve inkomsten zijn dus afhankelijk van de vraag of ze schaalbaar zijn of niet (d.w.z. op de een of andere manier beperkt - behalve door het aantal mensen op deze planeet).

Dit betekent niet dat passieve inkomsten die niet schaalbaar zijn, niet goed zijn. Het betekent eenvoudigweg dat schaalbare producten een nog groter potentieel hebben. Dat kunt u meenemen in uw overwegingen. Het is echter belangrijk om hiermee om te gaan, omdat deze bronnen van inkomsten je echt passief, dat wil zeggen incidenteel, geld opleveren. Theoretisch, zelfs als je slaapt. Wat kan er beter zijn?

Het is geweldig wanneer uw product passief geld verdient, schaalbaar is en over een lange periode terugkeert, zodat u een bepaalde inkomstenbron als "beveiligd" kunt beschouwen. Dus terwijl u passief inkomsten genereert, kunt u uw vrije tijd op een zinvolle manier gebruiken om deze bron van inkomsten verder uit te breiden of om een nieuwe activiteit te starten, die dan weer passief inkomen kan genereren. Natuurlijk kunt u de tijd ook gebruiken voor actief inkomen. Al deze combinatie brengt u enorm vooruit. Dus als je op dit moment in een arbeidsrelatie zit, kun je iets opbouwen aan de kant waarmee je passief geld kunt verdienen. Dit is zeer effectief.

Wat zijn geschikte passieve bronnen van inkomsten?

De mogelijkheden zijn legio en daardoor ook heel verschillend, of ze nu gemakkelijk of moeilijk te bouwen zijn, met veel of weinig investeringen kunnen worden gecreëerd, wat de lopende kosten zijn en ga zo maar door. De beste optie voor u is zeker om uw sterke punten, passies en talenten te ontdekken in een coaching of een persoonlijk gesprek, zodat u daaruit het ideale product kunt ontwikkelen. En ik verzeker u, zoals hierboven al geschreven, dat u iets zult vinden dat ook andere mensen aanspreekt. Als u deze coaching zelf overneemt, moet u aan de hand van de vorige onderwerpen nagaan welke ideeën en mogelijkheden er zijn om passief inkomen te genereren.

Hier zijn enkele typische voorbeelden van passieve bronnen van inkomsten en hoeveel moeite en investeringen zij met zich meebrengen:

affiliate marketing

boeken schrijven

online cursussen

online plannen

online coachings

onroerend goed

Dit zijn slechts algemene termen voor alle soorten producten en diensten. Denk na over welke van uw activiteiten bij welk supertopic past.

Geld is slecht

Ofwel heeft u deze verklaring al eens eerder gehoord, bent u ermee geconfronteerd, ofwel heeft u een soortgelijke mening. Er zijn veel vooroordelen verbonden aan geld. Aan de ene kant omdat je denkt dat geld mensen hebzuchtig maakt, en aan de andere kant omdat het de slechte eigenschappen van iemands karakter onthult. Wat denk je, mens? Zijn deze vooroordelen gerechtvaardigd? Is het gewoon zo?

Daarnaast twee vragen, waarover u zich graag direct een paar gedachten kunt maken: Welke persoon heeft zo'n uitspraak gedaan, d.w.z. u met deze uitspraak geconfronteerd? Hebben deze mensen zelf veel geld om dit uit eigen ervaring te claimen of hebben ze veel contact met mensen met veel geld om deze uitspraak vol vertrouwen te doen?

Nu is het zo: We houden allemaal niet van mensen die veel onwaarheden verspreiden. Ze geven ons altijd een been in het leven en kosten ons kracht, tijd en geloofwaardigheid, die we graag willen geven, maar dan in een groot, leeg bassin vallen. Een bassin vol onwaarheden.

We vinden het vaak ongekwalificeerd als er uitspraken worden gedaan die niet gebaseerd zijn op solide persoonlijke ervaringen en onvoldoende onderzocht zijn. Dit komt omdat er meestal een gebrek aan plausibiliteit is. Als we er op deze manier naar kijken, dan moeten we kijken naar wat deze uitspraak "geld is kwaad" zo anders maakt, omdat we ervan overtuigd zijn of zelfs onze predikers ervan overtuigd zijn. Betekent dit dus dat we deze verklaring zo geloofwaardig kunnen maken als dezelfde factoren hier de overhand krijgen als bij elke andere zinloze verklaring? Waarschijnlijk niet......

Het is een uiterst provocerende uitspraak, noch op basis van ervaring (persoonlijk of van vertrouwelingen), noch op basis van degelijke informatie. Geld op zich is noch goed noch slecht. Geld is volledig neutraal. Geld geeft alleen de mogelijkheid om producten of diensten te gebruiken waarvoor wij geld inwisselen. Het geld zelf is dus volledig neutraal. Het zijn de mensen erachter die de bal aan het rollen brengen en beslissen hoe het geld moet werken.

Met geld kan in grote behoeften worden voorzien, kan er veel goeds worden gedaan en kan er veel redding worden gedoneerd. Maar geld kan ook worden gebruikt om veel onheil te bedrijven door gebruik te maken van de macht die in onze samenleving met geld wordt geassocieerd. Er zijn hier dus twee belangrijke vragen: wie heeft er geld en wat wordt er mee gedaan?

Ik ben ervan overtuigd dat geld niet van karakter verandert. Ik ben ervan overtuigd dat geld je niet beter of slechter maakt. Ik ben er echter van overtuigd dat geld uw karaktertrekken benadrukt, die vanaf het begin in u sluimeren en nu worden versterkt door deze "vermeende" macht. Als u een behulpzaam, welwillend persoon bent, zal geld u helpen om grotere, betere en nuttigere dingen te doen. Je hebt de mogelijkheid om veel meer te doen, zodat je zonder geld kunt doen. Je hebt meer middelen tot je beschikking, omdat je nu veel grotere hendels kunt draaien. Geld is goed, geld is hulp!

Geld wordt ook gezien als een machtsinstrument in onze samenleving. Dit geeft de rijken een status die hen in staat stelt om meer te doen dan andere mensen die niet zoveel geld hebben. Omdat we allemaal (min of meer) afhankelijk zijn van geld in ons leven, zijn we natuurlijk ook afhankelijk van de mensen die geld hebben. Dit kan er al snel toe leiden dat we ons ongemakkelijk voelen in deze situatie en ons machteloos voelen, dat we onszelf ondergeschikt moeten maken en voor geld moeten werken om het geld te krijgen om ons bestaan veilig te stellen. Uiteindelijk associëren we het met de kwaadaardigheid die we aan geld toeschrijven. De positie die we innemen door middel van onze geldafhankelijkheid geeft geld deze status het is slecht.

Heeft het dan wel zin om geld als positief of negatief te beschouwen? Je bepaalt altijd zelf hoeveel belang je aan geld hecht, hoe afhankelijk je ervan bent of van de mensen die geld bezitten. U bepaalt ook zelf wat geld u biedt voor kansen. Geld beslist nooit over je personage. Je personage bepaalt wat je met geld doet. Geld geeft u alleen maar kansen. Niet meer, maar niet minder.

Leer hoe om te gaan met geld

Een eenvoudig voorbeeld: Mensen die snel geld verdienen (topsporters, loterijwinnaars, etc.) verliezen vaak snel hun geld. We kennen allemaal de negatieve voorbeelden uit het nieuws, waar sporters worden geprezen als insolvent en hun hele fortuin hebben verspild. Of loterijwinnaars die na 3 jaar al hun winsten hebben verloren en nu slechter af zijn dan voorheen. Waarom is dat?

Omdat ze nog niet geleerd hebben hoe om te gaan met geld. Omdat ze niet geleerd hebben hoe geld werkt en hoe geld werkt of hoe met geld te werken. Mensen die dit weten, zullen binnen een paar jaar enkele miljoenen, misschien zelfs miljarden euro's omzet in miljoenen. Mensen die dit niet weten en het niet geleerd hebben, hebben na een paar jaar alles verloren en kunnen inderdaad slechter af zijn dan voor de grote overwinning.

Wat te doen met gespaard geld?

Je hebt een belofte om mij te maken, alstublieft: Het maakt niet uit hoeveel geld u bespaart of misschien al bespaart: Laat dit geld nooit achter op uw betaalrekening of investeer het ergens voor één procent rente per jaar. Zelfs als je denkt: "Beter dan niets en daar is het veilig. Dan leef je helaas nog steeds achter de maan.

Dit zijn harde woorden, maar ik wil u graag kort uitleggen waarom dit zo is en waarom ik denk (dit is mijn mening). Je moet je ermee bezighouden en vervolgens een logische beslissing nemen. Ik wil hier niemand betuttelen of dingen ontkennen) dat je geld daar ongelooflijk slecht is opgeslagen.

1% rente is slecht. Want als we uitgaan van een gemiddelde inflatie van 3% per jaar, betekent dit niets meer dan dat uw geld van jaar tot jaar 3% minder waard is. Het geheel is niet zo triviaal als het hier lijkt en heeft zijn economische relevantie, maar dat betekent dat het voor u effectief is. Dus als je 10.000 euro hebt bespaard, als je het maar 1% investeert, is het uitgegroeid tot een verbluffende 10.100 euro. Nu komt de inflatie en maakt uw geld minder waard. Het wordt steeds duurder, dus je hebt meer geld nodig om hetzelfde te doen. Dat is inflatie in toevallige termen. Een inflatie van drie procent betekent dat uw geld van 10 100 euro dan slechts drie procent minder waard is, dus 303 euro minder. Aan het einde van het jaar heb je dus nog maar 9.797 euro over van je 10.000 euro. U hebt dus effectief, zelfs na uw één procent rendement, 203 euro verlies geleden. Hoewel je het op en het was verondersteld om meer te zijn. Inflatie speelt hierbij altijd een belangrijke rol. Zeker, het slaat altijd overal toe, maar het zou voor u moeten betekenen dat u uw geld investeert waar u minstens die drie procent krijgt. Dit alles is dan echt effectief voor uw kapitaal, zodat u vooruitgang kunt boeken.

Hoe ga je verstandig om met geld om?

Investeren in plaats van consumeren

Investeer uw geld in zaken die u een regelmatig rendement opleveren en u een passief inkomen opleveren. Dit kan in het begin het plezier van u wegnemen, maar zal u op de lange termijn veel meer plezier brengen. Als u 500.000 euro tot uw beschikking heeft, kunt u in sommige delen van Duitsland een mooi huis en een geweldige auto kopen. Of ga op vakantie, bestel dure technische apparatuur of consumeer deze op een andere manier. Geen van deze zaken levert u elke maand een positieve cashflow op, d.w.z. liquide financiële middelen. Ze eten in het ergste geval nog maandelijks meer geld (hier zinspeelde ik op de misvatting van een belegging met een zelfbezettend onroerend goed). Het is waar dat de waarde van uw huis en die van uw auto in de loop der jaren kan toenemen. Maar u moet hier eerst kapitaal in blijven investeren (onderhoud, belastingen, etc.) en het na een bepaalde periode weer verkopen. Misschien kunt u de waarde van uw verkochte artikelen een beetje verhogen, maar deze stijging is waarschijnlijk niet zeker omdat ze altijd sterk beïnvloed worden door de politiek en de economie (denk aan de waarde van edelmetalen, de prijsreglementering voor onroerend goed en de dieselpoort voor auto's, emissienormen, etc.). Daarnaast staat de winst uit de waardestijging in de loop der jaren in verhouding tot de verdere onderhoudskosten daarvan. Als u een huis koopt voor 200.000 euro en het in 10 jaar voor 250.000 euro verkoopt, heeft u na 10 jaar een winst van 50.000 euro gemaakt. Klinkt redelijk voor mij. Maar die 50.000 euro krijg je pas als je het huis echt verkocht hebt (en dit proces kan erg zenuwslopend, tijdrovend en kostbaar zijn) en het geeft je geen maandelijks, regelmatig inkomen. Bovendien staan ze in verhouding tot wat u moest investeren in de 10 jaar kapitaal voor onderhoud, reparatie, enz. Als de gevel afbrokkelt, de leidingen barsten of de warmwaterboiler uitbrandt of de pijp verstopt is, dan moet je ervoor betalen. Daarnaast betaalt u belastingen en andere terugkerende kosten zoals afvalkosten, waterkosten, etc.... Het geheel kan zich opstapelen. En deze kosten worden gecompenseerd door 50.000 euro winst over 10 jaar. U bent dus in de plus als u minder dan 5.000 euro per jaar uitgeeft aan onderhoud, belastingen of andere uitgaven. Als u erboven zit, verliest u geld op uw eigendom.

Natuurlijk is dit niet zo eenvoudig als hier beschreven, want u bespaart huur omdat u in uw eigen woning woont, u kunt indien nodig belasting besparen en de waardestijging kan groter zijn. U ziet echter dat u in ieder geval het geheel relatief moet beschouwen en dat waarde-investering niet gelijk is aan waarde-investering. Uiteindelijk hangt het altijd af van wat er aan het eind overblijft.

Een solide investering kan u in het begin niet toestaan een supersportwagen te kopen, maar later en langer. Want als u uw geld voor u laat werken, levert het maandelijks of liever gezegd regelmatig geld op dat u kunt blijven investeren of zelfs gebruiken voor uw wensen.

Gezien over 10 jaar kun je van 200 00 euro aan opbrengst en slimme plant zeker meer dan 400 00 euro maken. Betekent voor u dat er naast tal van mogelijkheden er ook 200 00 Euro meer is, die u nu kunt investeren in een auto of een huis. Zien hoe geld kan werken?

Je kunt jezelf dus ook behandelen met alles waar je jezelf op wilt trakteren. Alleen niet vandaag, en dan nog maar tot volgende week, maar net volgende maand, en voor een oneindig lange tijd, want in de eerste plaats krijg je je kapitaal, in de tweede plaats kun je het zelfs verhogen en in de derde plaats kun je je dromen verwezenlijken. En zelfs daarbuiten meer investeren.

Wat kunt u met uw geld doen?

U heeft hier verschillende keuzes. Aan de ene kant kunt u uw gespaarde en verdiende kapitaal gebruiken om te investeren in de dingen die u, uw idee of uw potentiële bedrijf (of online business) ondersteunen. Dit omvat bijvoorbeeld online marketing of externe dienstverleners die dit voor u kunnen verzorgen, zodat u andere schroeven kunt draaien. Als u professioneel automatisch gegenereerde e-mails wilt versturen, een online uitzendoplossing wilt gebruiken, een distributiepartner of iets dergelijks, dan kunt u dit meestal met weinig kapitaaluitgaven doen en aanzienlijke toegevoegde waarde voor uw bedrijf genereren. Hier kunt u uit een paar honderd euro's een toegevoegde waarde van enkele duizenden euro's halen. Facebook reclame of Instagram reclame kost u ook een beetje, maar is aantoonbaar een van de meest succesvolle huidige reclamemethoden. En de investeringen die u in het zal worden teruggegeven aan u vrij snel door het aantrekken van potentiële klanten om uw product te kopen door middel van uw reclame. Afhankelijk van de omzet die u genereert, kunt u de advertentiekosten al na enkele dagen, weken of maanden terugverdienen. Natuurlijk is het ook bepalend welk product of dienst u aanbiedt, hoe hoog de prijs is, welke toegevoegde waarde u levert, hoe u de markt penetreert en nog veel meer.

Betekenisvolle marketinginstrumenten zijn nog steeds e-mail distributeurs, en natuurlijk zijn alle toegestane tools zoals nieuwsbrieven, sweepstakes, gratis tips en coaching aanbiedingen, promoties en ga zo maar door. De verscheidenheid aan mogelijkheden is zeer groot! Wees creatief! Het is een verademing van frisse lucht! En vooral: Doe de zelfcontrole: Zou u, als u deze boodschap (in welke vorm dan ook) zou ontvangen, er in gaan? Of gewoon omdat je zelf de schrijver bent?

Bovendien moet u deze e-mails automatisch laten genereren, zodat u zich geen zorgen hoeft te maken over het schrijven van duizenden e-mails per dag. Natuurlijk kunt u alleen e-mails versturen als u ook e-mailadressen heeft waar uw berichten naartoe gestuurd moeten worden. Dit betekent dat u eerst de toestemming van uw potentiële klanten nodig hebt en vervolgens ook hun e-mailadres. Dit zijn de zogenaamde leads. Omdat ze leiden tot contact met deze persoon. U kunt op vele manieren leads genereren. Voor een, door het plaatsen van een bericht op uw homepage (u moet zeker een homepage hebben als u een bedrijf begint). Meestal wordt tegenwoordig eerst gecontroleerd of je ook online aanwezig bent. Zo niet, dan dalen de rente en het vertrouwen dramatisch). Op uw website kunt u gratis tips verspreiden of een gratis coaching, product of iets dergelijks geven, als de persoon zich registreert in het gevraagde gebied. Hiermee krijgt u de gegevens die u kunt gebruiken met toestemming van de geregistreerde persoon.

Een andere manier om leads te genereren is door je in te schrijven op onze nieuwsbrief, zodat mensen weten wat voor soort projecten je op dit moment hebt. De inhoud van uw nieuwsbrief kan bestaan uit gratis aanbiedingen, video's, podcasts of meer. Ook hier een tip: Schrijf enkele pagina's over uw onderwerp, lever toegevoegde waarde en presenteer uw product. Het geheel in de vorm van een brochure of een eBook door het gratis aan te bieden (online als pdf-bestand of offline als gedrukte versie). Om dit product te bestellen hoeft de klant alleen zijn/haar e-mailadres in te voeren en in de offline versie betaalt de klant alleen voor de verzending. Dit zijn effectieve methoden om mensen te overtuigen van uw toegevoegde waarde, leads te genereren en kosten beheersbaar te houden.

Bovendien moet u niet pietluttig zijn over het plaatsen van online reclame. Vooral op sociale media zijn deze advertenties veel waard, zelfs als je denkt dat niemand erop klikt. Geloof me, er zijn ontzettend veel mensen die dit doen, bewust of per ongeluk, maar ze staan aan uw kant en aan uw aanbod. En het is beter voor slechts één op de 1000 mensen om het te kopen dan helemaal geen, nietwaar? Hoe hoger het conversiepercentage van sitebezoeker naar koper (ook wel conversie genoemd), hoe hoger uw omzet. Pogingen om online marketing te doen, maar met beheersbare kosten. En de kosten zullen zich zeker terugbetalen. Uw website moet aantrekkelijk zijn. Het moet op het eerste gezicht duidelijk zijn wat voor soort product of dienst u aanbiedt, en het moet alle zintuigen dienen die worden gestimuleerd door het bekijken van uw site. Schrik niet af met te veel tekst, maar start een video die direct de aandacht trekt door een provocerende toespraak of een belofte, maar zeker door een eye- and earcatcher.

Ik ben zeker geen online marketing expert. Er zijn echter een paar eenvoudige basisgedachten en dingen die je vanaf het begin kunt overwegen zonder veel kennis over het onderwerp te hebben. Op gevorderd niveau zou het geheel professioneler moeten zijn. Daarom wil ik u er alleen maar op wijzen dat als u beslist wat ik in dit geval zou aanbevelen, u de relevante vakliteratuur moet lezen of deskundigen moet raadplegen. U kunt experts op dit gebied heel gemakkelijk vinden: Vraag een paar grote mensen die al bekend zijn op sociale media over hun contactpersonen. Iemand gaat je de contacten geven. En als je deze persoon kent en in het beste geval overtuigd bent van zijn uiterlijk, dan lijkt de marketingafdeling iets goed gedaan te hebben. Maar u vindt ook voldoende goede contacten op het internet. Besteed hier gewoon aandacht aan goede beoordelingen of maak je eigen ervaringen. U hoeft geen zakenpartner van uw leven te vinden. Als u niet succesvol met hem/haar bent, probeer dan de volgende. Inmiddels zijn er veel online marketeers.

Hoe groter en beter uw bedrijf wordt, hoe meer het zin heeft om het professioneler te maken en meer experts aan boord te krijgen. Om te beginnen kunt u het meeste werk echter ook zelf doen. Het enige wat u hoeft te doen, is de tijd nemen om zich in te zetten. En ik doe liever iets dan niets. In tegenstelling tot wat velen denken, ben ik ervan overtuigd dat je eerste verschijning niet uitmuntend hoeft te zijn, je hoeft alleen maar aanwezig te zijn en jezelf voortdurend te verbeteren. Dit maakt u ook sympathiek en tastbaar en het helpt u om stap voor stap iets op te bouwen en zo ook in de toekomst meer vertrouwen en transparantie voor uw klanten te creëren.

Het belangrijkste is om de bal aan het rollen te krijgen, de aandacht te trekken en wat inkomsten te genereren. Dat is het eerste en belangrijkste. Als het erop aankomt, dan moet je natuurlijk verder gaan. Dit boek is niet bedoeld om deze kwestie in detail te behandelen. Maar we kunnen eerder persoonlijk spreken voor professionele en verstrekkende tips of u laat ons u adviseren. In ieder geval is dit het volgende niveau waar je naar de details moet kijken.

Geld beleggen in risicovolle activa

Natuurlijk klinkt deze uitspraak in eerste instantie erg ondoorzichtig. Maar ik bedoel niets anders dan het beleggen van uw geld in bedrijven, aandelen, opties of obligaties.

Waarom raad ik u dit aan? Want als je dat doet, is het een veilige haven voor je kapitaal. Zelfs als het risicovolle activa zijn. Dit zijn beleggingsactiva, zo veilig als ze kunnen zijn.

De vuistregel is: "hoger risico is gelijk aan hogere winst". Zo is het altijd, niet alleen in de financiële wereld. Als je iets riskant vindt, zul je naast de rationele kant altijd nog een psychologische component ervaren. Wanneer je een hoog risico neemt, is je zoektocht naar succes ongelooflijk hoog. U bent bereid om iets te riskeren, maar alleen omdat de output vele malen hoger is dan wat u een normaal resultaat zou kunnen geven of uw investering vele malen overstijgt. Anders zou je geen risico's willen nemen. Dat zou dom zijn. Dus uw honger naar maximale output is navenant hoog. Dit betekent dat u naar een positief resultaat verlangt en hoopt dat het resultaat dienovereenkomstig uitbundig zal zijn. Toch brengt het risico natuurlijk ook gevaren met zich mee, waarvan u zich bij voorkeur bewust bent. Daarom hecht u waarschijnlijk meer belang aan het resultaat van een risicoproces dan aan het resultaat van een routineproces zonder grote risico's.

Terug naar het onderwerp financiën. Deze uitspraak geldt ook hier: hoe risicovoller uw investering, hoe winstgevender deze kan zijn. Natuurlijk alleen omdat er altijd het gevaar bestaat dat het kapitaal verloren gaat. Dit risico en gevaar is echter nog steeds gezond als u uw kapitaal op een verstandige manier belegt. Uw geld is gebonden aan de prestaties van een derde partij. Enerzijds leidt dit tot afhankelijkheid en daarmee tot een relatief verlies van controle, maar het biedt ook kansen. Omdat u de mogelijkheid heeft om uw kapitaal te beheren of te diversifiëren en zo het risico te spreiden. Op deze manier kunt u uw risico's beperken en uw kansen krijgen. En dit beleggingsproces is niet risicovoller dan andere. Want zelfs het geld dat je in je zak hebt, het geld op je rekening, dat is allemaal riskant. Risico's die wij niet kennen, die nog steeds bestaan en u al uw vermogen kunnen ontnemen.

Daarom moet het woord "risico" altijd als relatief en nooit absoluut worden beschouwd. Want er is altijd een kosten-batenverhouding die je moet afwegen. Wat zijn de maximale kosten die ik kan maken en wat zijn de maximale voordelen die ik kan krijgen? In de handel wordt dit heel concreet de risico-rendementsverhouding genoemd. Welke kans heb ik en welk risico moet ik nemen? Hoe groter de kans, hoe groter de bereidheid om een risico te nemen. Als dit niet het geval is, moet je eerst nog eens nadenken over welk paard je weddenschappen afsluit en welke potentiële risico's er kunnen zijn, waarvan je misschien helemaal niets weet of waarvan je je helemaal niet bewust bent. Deze risico-rendementsverhouding is alomtegenwoordig in ons leven, niet alleen in uw investering!

Maar dat geldt ook voor uw investeringen. U kunt investeren in bedrijven of aandelen die al jaren succesvol opereren en zal het, door de economische situatie en het management, de komende jaren waarschijnlijk zeer goed blijven doen. Dit zijn beleggingen met een lager risico als u ervoor kiest om in bedrijven te beleggen in de vorm van aandelen. In de regel leveren ze echter geen overgedimensioneerde waardestijging op. Minder risico, minder kans. Uitzonderingen bevestigen de regel. Hoe volatieler iets is, d.w.z. hoe minder duidelijk de toekomst van een bedrijf is, hoe groter het risico, maar natuurlijk ook de potentiële winst.

Wat kunt u nog meer doen met uw spaargeld?

ETF, Exchange traded funds zijn altijd aanbevolen investeringen. Een ETF is een op de beurs verhandeld indexfonds dat de prestaties van een onderliggende waarde volgt. Het betekent dus niets anders dan dat u belegt in een fonds dat zich op dezelfde manier in waarde ontwikkelt als de onderliggende waarde waarop die belegging betrekking heeft. Een ETF op de DAX maakt dus soortgelijke bewegingen als de DAX. Als de DAX 100 punten hoger gaat, dan gaat de ETF 100 punten hoger en vice versa.

Een ETF biedt vergelijkbare mogelijkheden als een fonds, maar kan ook worden verhandeld als aandelen. Het combineert dus min of meer beide.
Het voordeel van ETF's is dat ze de beweging van een onderliggende waarde volgen, maar veel goedkoper zijn. Hierdoor kunt u kosteneffectiever beleggen in grote indexen dan wanneer u rechtstreeks in de index belegt. U kunt via ETF ook in vele andere beleggingscategorieën investeren.

ETF's kunnen worden gekocht vanaf een klein maandelijks spaarplan. De huidige goedkope investeringen bieden een maandelijkse investering vanaf 25 euro. Betekent dat u effectief 300 euro per jaar investeert. Natuurlijk kunt u het geheel naar eigen inzicht vergroten.

Het is zinvol om in ETF te investeren als u ervan overtuigd bent dat een index als de DAX, die bestaat uit de 30 grootste Duitse beursgenoteerde bedrijven, zal blijven stijgen. De waarschijnlijkheid is zeer hoog, omdat deze de laatste jaren enorm is toegenomen. Natuurlijk zijn er hier en daar grotere back-sets, die niet dramatisch zijn, maar wel gezond voor de markt, zodat het niet oververhit raakt (zoals bijvoorbeeld de cryptomunten). Alles wat opstijgt, moet weer vallen. Zo gaat het voor jou zijn. U zult blijven opstaan en vooruitgang boeken, op een gegeven moment zult u ook weer een tegenslag maken, waar u nog sterker uit tevoorschijn zult komen. Dat is wat de beurs doet.
In tijden van sterk genetwerkte en geglobaliseerde markten is het bijna zeker dat er een effectenbeurs komt en dat bepaalde producten en diensten via deze beurs worden gecontroleerd en verhandeld. We bevinden ons nog steeds in een intacte opwaartse trend, want de grote economische machten doen het heel goed, ook al veroorzaakt politieke of economische onrust van tijd tot tijd paniek. Er zijn ook mensen aan het werk naast alle machines. En mensen raken vaak sneller in paniek dan in euforie.

ETF's worden dus altijd gezien als vrij veilige banken, die u over een paar jaar zeker geen miljonair zullen laten worden, maar uw kapitaal zullen behouden of verhogen met een mooi jaarlijks rendement. Als u meer geïnteresseerd bent, kunt u zeker een paar artikelen van het internet uitkiezen. Als u specifieke vragen heeft of als u meningen of ervaringen nodig heeft, bied ik u altijd mijn informatie aan.

Het is belangrijk dat u de investeringen afhandelt voordat u ze doet. Want niets is erger dan onwetendheid op de markten. Het enige wat je kunt doen is geld verliezen. En als je iets verdient, dan weet je meestal niet hoe je er verstandig mee om moet gaan. Een kleine analyse of het verwerven van basiskennis is dus buitengewoon zinvol. Natuurlijk hoef je geen analist te worden en maandenlang met deze onderwerpen bezig te zijn als je niet bijzonder geïnteresseerd bent. Dan kunt u altijd hulp krijgen van experts. Het enige probleem met dit verhaal is weer dat ze geld willen verdienen, dus je betaalt ze voordat je er een uitkering krijgt, laat staan dat je resultaten ziet. Een gezonde mix is hier zeker heel goed. In de regel kunt u echter kleine bedragen gaan investeren en uw kennis in de loop van de tijd verdiepen om verdergaande investeringen te kunnen doen. Want dankzij het samengestelde interest effect en het rendement kunt u snel een aanzienlijke hoeveelheid kapitaal genereren door verstandige en vaardige investeringen.

edele metalen

Edelmetalen bieden een uiterst duurzame investering, waarbij de prijzen van goud, zilver en platina ook onderhevig zijn aan aanzienlijke schommelingen. In het algemeen worden edele metalen natuurlijk minder beïnvloed door politieke of economische beslissingen. Dit maakt ze bijzonder interessant in tijden van crisis of in turbulente markten. Natuurlijk worden de prijzen ook gereguleerd door vraag en aanbod. Het betekent ook dat een overaanbod van goud door grootschalige exploratie en andere incidenten de prijs extreem onder druk kan zetten. Toch zijn er momenten dat er veel vraag is naar edele metalen.

Investeringen in edelmetalen beschermen uw kapitaal vrij goed tegen valuta-inflatie. Maar u hebt ook altijd de juiste verblijfplaats en kluizen nodig om edelmetalen te kopen en te bewaren. Interessant voor u om te weten: Alle Gold producten zijn vrijgesteld van omzetbelasting in Duitsland. Speculatieve winsten met een aanhoudingsperiode van ten minste één jaar zijn ook belastingvrij. Als u geïnteresseerd bent in beleggen in edelmetalen, moet u zeker een beetje in het nieuws zijn en kort weten of de prijzen momenteel op een hoog of lager niveau liggen. Dit zal u helpen om de start beter en slimmer te timen.

Maak een éénjarig plan.

Beantwoord de volgende vragen en maak een 1-jarenplan!

Hoeveel geld bespaart u in een jaar als u uw geld elke maand opzij zet?

Berekening: Bespaarbaar totaal (minus 30% van de onzinsuitgaven) x 12 = Resultaat

Hoeveel geld heb je nodig voor al je dromen en doelen?

Welk deel van de waarde is uw jaarlijkse besparing?

Berekening: de som van de kosten van dromen gedeeld door de jaarlijks bespaarde som.

Daarna kunt u zelf bepalen hoe u uw geld wilt investeren. Ik steun en adviseer u graag op dit punt, maar ik zal u alleen helpen als u er echt al in detail over nagedacht heeft.

Wat verwacht u over een jaar terug te keren?

Waar wilt u in investeren?

Aanvullende vragen voor uw beleggingsbewustzijn:

Waarom wilt u erin investeren?

Hoe lang gaat u hierin investeren?

Hoeveel geld kunt u per maand investeren?

In welke mate investeer ik in risicovolle activa en welke beleg ik tegen een vaste rente?

Als u een realistische rendementsverwachting realiseert (8-12% per jaar is goed haalbaar), hoeveel zou u dan jaarlijks kunnen besparen aan extra geld?

Welk overschot kunt u bereiken door uw jaarlijkse rendementsverwachting in vergelijking met een eenvoudige "besparing"?

Berekening: kapitaal na jaarlijkse investering - kapitaal na jaarlijkse besparing = resultaat

Hoe ziet het resultaat er na tien jaar uit? Beleggen versus puur sparen

Opmerking: Bereken het samengestelde rente-effect van uw rendement (gebruik een rekenmachine op het internet om u te helpen)

Berekening: kapitaal na investering (10 jaar) - kapitaal na pure besparing (10 jaar) = resultaat

Hier kunt u zien wat een zinvolle investering elk jaar op uw rekening brengt. Belastingen kunnen we voorlopig buiten beschouwing laten, omdat ze met potentieel betere rendementsverwachtingen worden afgeschreven.

Wat doe je graag?

Waar ben je erg goed in?

Waar wil je goed in zijn?

Hoe kun je er geld mee verdienen?

Welke stappen zijn nodig om er geld mee te verdienen?

Aan welke voorwaarden moet worden voldaan om geld te verdienen?

Welke kans heeft u om morgen meer geld te verdienen?

Welke mogelijkheden heeft u om meer geld te verdienen aan uw werk?

Hoe kunt u van deze mogelijkheden gebruik maken?

Wat wilt u vandaag veranderen?

Wat zal er volgende week anders zijn?

Wat gaat er in een jaar anders zijn?

Wat zal er over tien jaar anders zijn?

Berekening: Wat moet je vandaag nog veranderen om dit te laten gebeuren?

Ga er nu mee aan de slag! Ga je gang en leg de eerste steen!

Wat probeer ik je te vertellen? Waarvoor dient de hocus-pocus?

Concreet zou ik u hier willen aanbevelen dat u zich fundamenteel bezighoudt met investeringen en kapitaalinvesteringen. Het is een onvermijdelijk punt als u wilt dat het kapitaal voor u werkt. De vorm van de investeringen kan zeer verschillend zijn. Een daarvan is voorraad. Aandelen zijn een uitstekende manier voor u om uw kapitaal te beleggen. En hier kunt u beginnen met zelfs de kleinste bedragen. En ik dring er bij u op aan hetzelfde te doen. Ook 50 euro in aandelen is beter dan 0 euro in aandelen. Ook hier wordt het vaak genoemde samengestelde rente-effect weerspiegeld. U krijgt rente op uw interesse, u krijgt rendement op uw retourzending. Als je dit extrapoleert naar een paar jaar, dan kun je zelfs enkele honderden of zelfs duizenden euro's van 50 euro's maken. Meer risico betekent potentieel meer geld in minder tijd. Het kapitaal dat u tot uw beschikking heeft, moet daarom goed doordacht en verdeeld zijn. Kies voor een kleinere positie voor risicovollere investeringen, zoals kleinere bedrijven, bloeiende sectoren, startende bedrijven. Huidige voorbeelden zijn biotechnologische voorraden, productievoorraden (lithium, kobaltverkenners of producenten), elektrische autofabrikanten, cannabisvoorraden, biobrandstofvoorraden, enzovoort, enzovoort. Denk na over wat belangrijk kan zijn in de toekomst, hoe en waar onze samenleving en de mensheid zich ontwikkelen en wat het onderwerp van morgen kan zijn. Autofabrikanten hebben gewoon een probleem wanneer benzine- en dieselmotoren hun belangrijkste motortechnologieën zijn: Elektrische auto's of waterstofauto's zijn op dit moment op de voorgrond. Cannabis, een paar maanden geleden nog steeds onderwerp van discussie, trekt steeds meer farmaceutische en sociale aandacht: deze voorraden exploderen en verdubbelen momenteel in zeer korte tijd. Er is veel vraag naar grafische kaartfabrikanten, omdat de game-industrie niet langer een kleine, donkere niche is voor de nerd naast de deur, maar eSports is op de opmars. Particuliere tv-zenders ondervinden economische moeilijkheden, omdat mensen steeds minder tv kijken, maar steeds meer gebruik maken van video-on-demand. Dat werd gisteren al aangekondigd en wordt vandaag geleefd. Wat gebeurt er morgen?

Komen er binnenkort digitale camera's voor hobbyfotografen? Of worden ze vervangen door professionele camera's en mobiele telefoons? Is er nog steeds een analoge telefoonaansluiting? Kunnen we in de toekomst nog steeds schrijven met behulp van het toetsenbord of misschien hologrammen, misschien zelfs alleen voice control? Zal er in de toekomst nog plastic zijn of zal er een andere biologisch afbreekbare oplossing op de markt komen? Hebben we over 20 jaar nog steeds vliegtuigen nodig?

Sommige vragen lijken misschien nogal abstract, omdat ze vragen stellen over dingen die voor ons nog steeds dagelijks zijn. Maar heb je enig idee hoe het dagelijks leven van morgen eruit zal zien? Als u een trend herkent, vroegtijdig opmerkt welke interesses, bewegingen of mensen inspireert, kunt u er geld van maken. Maar hoe herken je zulke nieuwe trends? Door je ogen open te houden en je niet te sluiten voor innovaties, door te communiceren en te interageren met mensen. Dit resulteert in kansen en perspectieven die volledig nieuw voor u zijn, maar enorme kansen bieden.

Als u op zoek bent naar spannende onderwerpen die in de toekomst een grote rol kunnen spelen, wees dan alert op wat er om u heen gebeurt. Ga dieper in op de materie en stel een aantal dingen in vraag, ga verder in detail! Toen er elektrische auto's op de markt kwamen, wie heeft er dan van geprofiteerd? Natuurlijk, de fabrikanten die ze hebben geproduceerd. Maar ook de lithiumproducenten, want de batterijtechnologieën zijn onder andere gebaseerd op deze grondstof. Toen de Bitcoin opgroeide, wie heeft er dan van geprofiteerd? GPU-fabrikanten, grafische kaartfabrikanten met wie u deze munten, d.w.z. mijnen, effectief kunt genereren. Kijk naar de achtergronden, maak je zorgen over wie er nog meer profiteert via de achterdeur. Dit zijn meestal kleinere bedrijven of spelers die nog niet op het scherm zijn verschenen. Maar dit zijn de bedrijven die voorheen risicovol waren in investeringstermen, omdat ze slechts door een paar werkgevers werden gebruikt en een toekomst voor deze bedrijven onduidelijk was. Nu de vraag zo groot is, is er een groot potentieel.

Als roken overal en steeds meer verboden is, hoe zit het dan met e-sigarettenfabrikanten? Wat hebben ze nodig voor onderdelen, wie levert ze, wie van hen is profiteur en wie is de verliezer? Zoals overal in het leven moet een investeringsbeslissing ook openstaan voor kansen en gericht zijn op het potentieel dat zich voordoet. Dat is alles wat je doet in je werk, in je relatie, in je leven. Je kijkt naar wat voor jou zinnig kan zijn, wat je vooruit kan helpen. En uw investeringen mogen niet anders zijn.

Al uw beslissingen zijn riskant. Groter of kleiner. Maar zelfs als u geld hebt bespaard en het verstandig wilt investeren, zijn er kleinere en grotere risico's aan verbonden. Beide zijn prima en u kunt van beide profiteren. Eenmaal maximaal, eenmaal minimaal. Meer risico betekent meer risico, maar in de regel ook meer winst bij winst. Verspreid uw risico en investeer 50 euro, 20 euro in risicovollere investeringen die kunnen exploderen, maar ook draaglijk zijn als ze niet werken. En investeer de resterende 30 euro in investeringen met een lager risico. De kans is groter dat ze u een kleinere winst geven, maar het is veiliger. Het sleutelwoord is diversificatie of risicodiversificatie.

Ik wil u hier geen duidelijke beleggingsaanbevelingen geven omdat ik niet weet wanneer u dit boek leest. En aangezien alles in de wereld een proces van verandering ondergaat, is het mogelijk dat de tips van vandaag volgende week niet meer zo actueel zijn. Als u geïnteresseerd bent in concrete beleggingsadviezen, dan moeten we persoonlijk met u in gesprek gaan. U kunt op elk moment zeer nuttige investeringen vinden. Je hoeft alleen maar dieper na te denken en met de zaak om te gaan. Dan zult u

altijd iets vinden dat een groot potentieel heeft in termen van waarde. Denk na over wat de trend van morgen kan zijn en besluit vandaag om er deel van uit te maken. Dus je kunt niet de verkeerde keuzes maken. Je maakt de juiste keuzes en je maakt de juiste keuzes. Je mist zeker geen kans.

Wat nu?

Wat is het nut van dit alles?

Heel eenvoudig, u wilt waarschijnlijk van nature goed zijn in plaats van slecht. Dat betekent dat je op de een of andere manier tevredener wilt zijn dan ontevreden. Dus je bent liever blij dan ongelukkig. Natuurlijk zijn er ook mensen die blij zijn als ze pijn voelen. Maar dat zijn waarschijnlijk minder mensen dan de meerderheid.

Dus om deze redenen bent u op zoek naar manieren om beter in plaats van slechter te worden. Als je nu je onderbewustzijn hebt geprogrammeerd om op zoek te gaan naar kansen en, voortbouwend op dat, onbewust beslissen voor de dingen die je vooruitgaan, dan conditioneer je jezelf om volledig te kunnen voldoen aan je behoefte aan geluk met deze beslissingen en de daaruit voortvloeiende resultaten, zodat elke keer dat je een productieve beslissing voor jezelf hebt genomen, krijg je een soort van beloning. Deze beloning is een absolute staat van geluk waarin je je bevindt. En dat is precies wanneer deze dingen elkaar zullen conditioneren en aantrekken: Je beslist onbewust wat je vooruit helpt, en dan word je er uiteindelijk positief door getriggerd, zodat je verslaafd bent aan het repliceren van deze positieve gebeurtenissen omdat het je gelukkig maakt. U zult dus op zoek gaan naar nog betere en gelukkiger beslissingen in de omgekeerde conclusie, die u altijd vooruit zal helpen. Het feit dat u zich op dit moment ongemakkelijk voelt in uw situatie en er zelfs pijn mee kan associëren, drijft u nog meer op zoek te gaan naar mogelijkheden en mogelijkheden. En deze interactie zal zich vermenigvuldigen tot je bent waar je wilt zijn.

En wanneer bent u waar u wilt zijn? Als je het leven dat je hebt gevisualiseerd en heel concreet hebt opgeschreven en als je achter elk REAL-doel een klein groen vinkje kunt maken, dan ben je gearriveerd. Dan, ja, dan heb je het gemaakt, dan leef je het leven waar je altijd al van gedroomd hebt. En dan heb je het allemaal helemaal alleen gedaan. En op dat moment kan niets je meer schudden. Want vanaf dat moment kun je het steeds weer opnieuw doen! Omdat je weet hoe het werkt! Neem zijn miljoenen weg van een miljonair, en even later is hij weer miljonair. Wat is er met u aan de hand? Omdat hij weet hoe het werkt! En waarom zult u altijd succesvol zijn als u er klaar voor bent en al deze inspanningen levert? Omdat je weet hoe het werkt. En wat er ook gebeurt, je weet nu hoe je het steeds opnieuw moet doen.

Het maakt niet uit waar je bent, wat je ook hebt meegemaakt en waar je ook heen wilt. Uw verhaal is uw ervaring. Je hebt al veel geleerd. Nu hangt het af van wat je ervan geleerd hebt en hoe je nu verder gaat. Niemand heeft de perfecte omstandigheden, niemand weet alles en niemand krijgt iets gratis. En als ze dat doen, dan alleen van degenen die ijverig zijn geweest en hebben gevochten, zodat ze iets aan anderen kunnen geven.

Geen mens is onderworpen aan een lot dat elke seconde van zijn leven bepaalt. Ik wil niets vertellen aan de strengste mensen hier. Maar meestal zijn zij degenen die ons leren om nooit op te geven. Je kunt winnen als je vecht. Maar je hebt al verloren als je niet vecht.

Het belangrijkste is: blijf jezelf en streef je doelen na. Wees eerlijk tegen jezelf en vecht voor wat je echt drijft. Wees trouw aan de mensen die u op uw reis begeleiden. Zeg vaarwel tegen mensen die je niets anders brengen dan falen en je naar beneden trekken. Dit leven is mooi. Deze wereld is prachtig. Het hangt er gewoon van af wat je ervan maakt. Na het hoofdstuk waarin ik je graag wat informatie over mij wil geven, heb ik een heel persoonlijke boodschap voor je!

Over mij persoonlijk

Wie ik ben en waarom ik je iets wil vertellen

Wie ben ik om u hier tips en advies te geven? Wat geeft mij het recht om hier zo'n grote deal te maken en te denken dat ik een idee heb?

Dat alles kan ik heel snel beantwoorden: Omdat ik al die onzin zelf heb meegemaakt, kan ik door niemand betaald worden en kan ik dus zelf beslissen of ik mensen wil helpen of niet. Ik besloot het te doen omdat ik me realiseer hoe pessimistisch en niets betuttelend onze samenleving is. Ik zal de wereld niet veranderen door dit boek, maar misschien wel de manier van denken van een of twee mensen daarbuiten. En als ik deze mensen kan helpen, veel eerder, als ik je precies kan helpen, dan heb ik mijn missie vervuld. Want zoals het gezegde luidt: Geluk is het enige wat verdubbelt als je het deelt.....

Dus......
Ik ben opgegroeid in een kleine stad in Düsseldorf, meer bepaald in Vennhausen. Mijn jeugd was doorspekt met alles wat ik nodig had, hoewel ik moet zeggen dat ik waarschijnlijk niet het prototype was van pedagogisch onberispelijk onderwijs. Ik was altijd erg goed en ik was blij, althans tot op zekere hoogte.

Mijn ouders gingen al heel vroeg uit elkaar. Op dat moment was het een enorme schok, vandaag vind ik dat de beslissing al lang had moeten worden genomen.
Ik was fun-loving, sterk overgewicht en toch super populair. Dus niet een typisch mobbing slachtoffer, maar eerder de kleine, dikke, beste vriend van de buren. De school was niet moeilijk voor mij, maar ik heb ook geen uitstekende resultaten behaald. Dus gemiddeld. Ik was blij, dacht dat ik alles had wat ik nodig had, maar keek altijd naar anderen met één oog en wat er met hen mogelijk was. De probleemfactor voor ons was gewoon het geld. We hadden genoeg te eten en te drinken, we hadden een dak boven ons hoofd. Dus waarom klagen? Dat wil ik niet. Het was geweldig, ik was eigenlijk blij. reëel
Je krijgt gewoon wat er om je heen gebeurt. Je kunt zien wat je klasgenoten nieuwe dingen hebben, wat ze hebben kunnen doen en wat wij niet hebben kunnen doen. Dat was echt oké, ik was zo blij. Maar ik denk dat het me niet helemaal spoorloos voorbij is gegaan.

Ik was gewoon heel comfortabel, zeer zwaar, ook relatief weinig gevraagd. Dus alles werkte goed. In de loop der jaren zou ik naar de lagere school gaan, maar mijn moeder vertelde me dat ik de middelbare school moest proberen, omdat mijn neven en nichten en mijn broer er ook zijn.
Daar begonnen, en het liep. Ook daar was ik gemiddeld. Naarmate ik ouder werd, werd mijn gewicht ook groter. Tegen de tijd dat ik 14 was, was ik eindelijk 140 kg. Dat was echt slecht. Met uitzondering van een paar domme uitspraken en onaangename sportlessen, die over gymnastiek of gymnastiek gingen, was alles eigenlijk in orde. De luiheid en de hele traagheid

beïnvloedde toen ook mijn schoolprestaties. Ik zat bijna vast in de achtste klas. Na een paar telefoontjes van mijn leraren thuis, kwam er langzaam maar zeker een proces op gang dat ik wist dat er iets moest veranderen.

Het startschot van de verandering was toen een hanebüchene weddenschap met mijn toenmalige beste vriendin. Ik weet niet of ik hem dankbaar zou moeten zijn voor dat idee. Maar we maakten de volgende weddenschap: Hij was erg smal, ik was erg dik. Hij moet dus proberen zo veel mogelijk gewicht te winnen, ik moet proberen zoveel mogelijk gewicht te verliezen. Gezegd, gedaan: ik heb de weddenschap veruit gewonnen: 60kg verloren in 3 maanden. Nu schreeuwen alle gezondheidsdeskundigen zeker en zeggen ze dat het een ramp is om zoiets te doen. Uiteindelijk ben ik het met hen eens. Het was veel te bot, veel te snel, veel te absurd, maar het gaf me waarschijnlijk een kick om er echt iets door te willen halen. Zo grof, het ging al in anorexia. Ik moest naar de dokter en laat mijn gewicht regelmatig bijhouden. Iedereen in mijn familie raadde me aan om naar een kliniek te gaan omdat ze dachten dat je zoiets niet alleen kunt doen. Ik dacht bij mezelf: Als ik in deze staat kan komen, dan kom ik er alleen uit.

Dat was een heel donkere tijd in mijn leven, maar het heeft me ook veel goeds geleerd. Gezondheid minder goed, psychologisch gezien waarschijnlijk het meest leerzame hoofdstuk in mijn leven.

Ik heb geleerd wat het betekent om voor iets te verbranden, alles te geven en dan succesvol te zijn. De aanmoediging van de mensen om mij heen was ongelooflijk. Natuurlijk was er ook veel destructieve kritiek die me wilde vertellen dat ik het toch niet kon, dat ik het niet moest doen, dat alles niet werkt en zo verder. Ik liet hem me nog steeds niet tegenhouden. En dan, na de zomervakantie, na 6 weken, had ik al de eerste 30 kg minder. Het zal zeker veel water zijn geweest dat ik verloren heb, maar het heeft er in belangrijke mate toe bijgedragen dat ik zo veel veranderd ben dat mijn klasgenoten me niet meer herkend hebben. Zelfs mijn tante herkende me niet in de keuken van mijn vaders appartement totdat ze zich bij naam voorstelde, en ik antwoordde dat ik wist wie ze was. Dat was een gekke situatie.

Maar met alle dingen die daar gebeurden, positief en negatief, heb ik geleerd wat het betekent om succesvol te zijn. Ik heb geleerd dat er mensen zijn die je motiveren om door te gaan, en ik heb gemerkt dat er mensen zijn die je niet alleen niet steunen, maar je ook willen praten uit moed en succes. Bovendien heb ik geleerd dat de mens tot veel meer in staat is dan men in eerste instantie van hem zou verwachten. Bovenal kun je veel dingen alleen doen. Een Wolfspack is altijd mooi en in veel situaties ook zeer nuttig en behulpzaam. Maar als het erop aankomt, moet je bereid zijn om jezelf te leveren. Vertrouwen op anderen kan een prettig gevoel zijn, maar controle hebben over jezelf kan nog beter zijn.

Door deze ervaring, ongeacht of het over het geheel genomen positiever of negatiever werd ervaren, was ik in staat om veel dingen mee te nemen voor mijn leven. Dat moest dus die discipline zijn en dat zal ook zo blijven. Men zegt altijd zo mooi: Succes komt wanneer de honger ernaar groter is dan het grootste excuus. Ik denk dat dat hier het geval was. En wat daar zou moeten werken, zou ook op andere gebieden kunnen werken.

Deze discipline en deze ambitie die ik daar ontwikkeld heb, kon ik mijn hele leven echt meenemen. Ik werd meer gedisciplineerd op school, kon de 8e klas herhaling vermijden en begon echt goed te worden. Ik kreeg niet de goede cijfers en ik moest er echt hard voor werken. Maar ik had deze ervaring al gehad: Als ik echt hard werk voor iets, dan lijkt het succes te komen. Op school was het hetzelfde. Ik had geen bijzondere cognitieve vaardigheden. Ik kom uit een arbeidersgezin waar studeren een vreemd woord was. Niet omdat niemand zich een weg had weten te banen, maar omdat het simpelweg niet in onze wereld paste, kwam het niet overeen met onze horizon.

Daarna heb ik de Abitur zeer goed afgerond. Op dat moment wist ik dat er iets aan de hand was.

Omdat ik meer gedisciplineerd en ook meer betrokken was, zijn mijn ideeën en wensen voor de toekomst ook aangepast. Als ik al eerder een stage had willen doen en mezelf in een alledaagse baan had gezien, was ik nu bezig met het tekenen van een visie waarin ik zou studeren, een bovengemiddeld salaris zou verdienen en totaal andere dingen mogelijk zou maken. Niet door anderen, maar dingen die ik voor mezelf mogelijk maak, door mijn ijver en mijn werk.

Na het afronden van mijn middelbare school heb ik een vrijwillig sociaal jaar achter de rug. Voordat ik me in de wereld van het werk stortte, wilde ik me als vrijwilliger inzetten. Geef iets terug aan de wereld. Ik weet niet wat. Ik had nog niet zo veel genomen, maar ik was dankbaar dat ik kon genieten van een opleiding, ook al hadden we niet veel geld en kreeg ik gewoon de kans om op de een of andere manier mijn leven voor mezelf te bepalen.

Financieel gezien deden we het echt niet goed. We leefden van werkloosheidsuitkeringen en hadden de kinderbijslag nodig voor de meest noodzakelijke zaken. We woonden bij mijn moeder. Ze deed alles voor ons. En daar ben ik haar dankbaar voor tot op de dag van vandaag. Ik denk dat er in deze wereld niet meer mensen zijn die zichzelf opofferen dan zij. Onze vader heeft ook een bijdrage geleverd. Ook daar ben ik hem dankbaar voor. We waren in een zeer slechte financiële toestand. We moesten ons enige geërfde sieraad, een gouden munt, verkopen, zodat we geld hadden voor eten en drinken. Anderen zijn toch zeker veel slechter af in deze wereld. En dat is hier niet te vergelijken of om medelijden op te wekken. Ik wil u alleen de situatie vertellen zoals ik die heb ervaren en ervaren. Dat was dus mijn situatie. Het wordt erger, maar het wordt beter. Op de een of andere manier hebben we het doorstaan. Onze moeder heeft ons, mijn broer en ik, op de een of andere manier groot gemaakt met de minste middelen die ons ter beschikking staan, met alles wat ze had. Tot op de dag van vandaag trek ik mijn hoed uit. Wat dit betekent in termen van last, menselijkheid en liefde kan nauwelijks in woorden worden uitgedrukt.

Dus, vrijwillige sociale jaar begon. Daar kreeg ik elke maand een beetje zakgeld. 300 Euro per maand. Was niet veel, maar meer dan niets. Ik kocht er mijn eten van en redde alles wat er gebeurde. Ik heb ook een paar Playstation-spellen verkocht omdat ik aan mezelf dacht: Voordat ze waarde verliezen, heb ik liever de paar euro's. Zoals je kunt zien, hadden we een Playstation. Zo slecht leken we het niet te doen. En weer hebben we het overleefd, maar niet goed. Ik heb het Playstation zelf gekocht. Daarom ben ik in het weekend, tijdens de vakanties, 's avonds na schooltijd en deels 's ochtends voor schooltijd naar mijn werk gegaan. Alles wat ik had, kocht en werkte voor mezelf. Niet uit mijn toelage. Het is niet meer gedaan sinds ik 10 jaar oud was. Daarna werkten ze gewoon. Maar het paste ook. Het was belangrijk om deze ervaring zo vroeg te maken. Want ze liet me zien dat je hard moet werken voor geld. En ze liet me zien dat je op de een of andere manier manieren en middelen moet vinden om vooruit te komen.

Ik heb samen een aanzienlijk bedrag van 2700 euro verkocht, gewerkt en bespaard. Na 11 maanden. Dat waren bedragen. Op dat moment had ik meer geld dan mijn moeder de afgelopen maanden tot haar beschikking had!

Nu wist ik: ik wil meer. Dat was waarschijnlijk de eerste keer dat ik echt honger had na het doorlopen van dit gekke dieet (laten we het zo noemen). Ik keek dus niet alleen om me heen voor een studie of een stage, maar wilde zelfs een dubbele studie doen. Studeren en trainen op hetzelfde moment, geld verdienen en beide tegelijk doen, waarbij anderen misschien maar één van beide doen. Dat was een goed idee, dacht ik. Enkele directe annuleringen, enkele interviews. En toen kwam de e-mail die mijn leven veranderde: Fits, haar opleiding in .... (een internationaal chemieconcern, DAX-bedrijf). Ik huilde om vreugde omdat ik het gemaakt heb. Ik wist te ontsnappen. Om uit de cirkel te breken zat ik gevangen. Uit de kooi breken die om mij heen is gebouwd. Ik heb het gedaan: ik kreeg de kans om iets te doen waar veel mensen alleen maar van droomden en een paar jaar geleden durfde ik niet eens over te dromen. Het was op dat moment dat ik wist dat het aan mij lag. Nu moet ik bewijzen waar ik van gemaakt ben. Het is nu ook het moment om te leveren.

Ik heb nog harder gewerkt, nog meer gered en een appartement gehuurd met mijn beste vriendin in Monheim, een buitenwijk van Düsseldorf. Het appartement was een sociaal gebouw, zeer goedkoop. Maar het maakt niet uit. Het was mijn eerste eigen appartement. En ook de omgeving was in orde. Monheim staat niet bekend om zijn mooie hoekjes, maar het was beter dan verwacht. Ook kocht ik mijn eerste auto van mijn zuurverdiende en bespaarde ik geld. Een Renault Megane Cabriolet met 2L motor. Een ongelooflijke auto voor u in die tijd. Allemaal betaald door uzelf. Van aankoopprijs (2900 Euro) tot verzekering, belastingen, benzine en slijtage. Ik berekende hard als nagels, zelfs met het opleidingssalaris dat ik zou verdienen, en berekende het precies naar beneden. Het paste. Ik kon leven. Geen grote sprongen, maar ik kon mijn leven op dat moment nauwelijks meer financieren zoals het was. Het is ongelooflijk. Totdat ik een ongeluk kreeg op een Rewe parkeerplaats. Een ongeval waarbij alleen ik en niemand anders betrokken was. Ik scheurde de hele onderkant van mijn auto af dankzij een metalen rand van een rolluik op de parkeerplaats van de supermarkt. Schadebedrag: 2200 Euro. Quasi economisch totaal verlies. Op dit punt moest ik zien dat mijn berekeningen altijd succesvol waren, maar dat ik me niet in de beste positie bevond voor dergelijke gevallen. Ik moest de reparaties in termijnen betalen. Maar het werkte toen. Maar dat was geld, en dat was heel belangrijk voor mij. Omdat het dagelijks gebruik van de auto echt duur was. Toen besloot ik de auto maar zelden te gebruiken en meer met de trein te gaan, en natuurlijk met de trein. Effectieve tijd van huis naar werk of universiteit: 1u40min elk. Het was echt te veel voor mijn smaak. Anderen hebben dit zeker al jaren meegemaakt. Voor mij leidt dit alles, naast de leerinspanning, het werk en het huishouden, tot een te grote belasting. Ik werd ziek, ik ben bang. Psychologisch zeer ziek. Niets dat kan worden vergeleken met echt schaamteloze ziekten. Maar zo ziek dat ik er een paar maanden over gedaan heb om er te komen. In de mode zouden ze het vandaag de dag "burnout" noemen. Ik heb veel meer psychosomatische klachten gehad. Had de hele tijd paniekaanvallen, wat er vervolgens toe leidde dat ik in een ambulance uit de universiteit moest worden vervoerd omdat ik dacht dat ik aan het sterven was. Soortgelijke dingen gebeuren op het werk, thuis, overal waar ik ben geweest. Ik wilde niet meer leven omdat ik altijd bang was dat ik zou sterven. Ik was altijd in paniek dat ik een hartaanval had, mijn ademhaling stopte, een appendectomie, meningitis, etc. Ik wist niet zeker of ik een hartaanval had.

Bezoeken aan de cardioloog, de gastro-enteroloog en de huisarts waren, indien mogelijk, aan de orde van de dag. Ik dacht altijd: "Het kan niet zo zijn dat de zeldzaamste ziekten in alle mensen voorkomen, en niemand vindt dat ik hartspierontsteking heb. Ik heb mijn zekere dood gezien". Ik heb dus elke dokter gewantrouwd en heb verdere afspraken gemaakt met andere dokters. Ik wilde het hele ding doen tot iemand eindelijk iets vond. Dan zou ik in ieder geval zekerheid hebben. Wat ik met die zekerheid zou hebben gedaan, kan ik ook niet zeggen. Maar ik rekende gewoon op een serieuze diagnose. Ik was altijd getroost, moest altijd wachten, want geen enkele dokter kon mij immers bevestigen dat ik ziek was. In ieder geval niet organisch. Maar ze konden mijn angst ook niet echt wegnemen.

Dus ik ging maar door en door. Vandaag weet ik dat één enkele vorm van dokter mij sneller had kunnen helpen. Maar hij zou wel psycholoog zijn geweest. Dat zou voor mij de beste plek zijn geweest. Mijn psychosomatische heeft zich verder verspreid, het heeft mijn leven over 2 jaar bepaald. Het was een wrede tijd. Ik weet niet wat er precies gebeurd is. Ik dacht dat ik nooit meer goed zou worden. Ik deed mijn vrijwillig sociaal jaar op een gerontologische psychiatrische afdeling. Als ik in de toekomst toch langer zou leven dan verwacht, zag ik mezelf niet als werknemer, maar als huisgenoot daar. Ik was er zeker van dat ik op een nacht aan een hartaanval zou sterven in een lijdensweg. Het geheel klinkt zeker overdreven en soms zelfs grappig, maar dat was het zeker niet. Voor mij weer een heel donker hoofdstuk in mijn leven, naast de eerste ervaring van anorexia. Ik heb me overigens alleen uit anorexia uitgevochten. Door me te dwingen, ook al was het ongelooflijk ongemakkelijk, om dingen te doen waar ik seconden later spijt van had. Maar alles werkt niet van de ene op de andere dag. Het is veel belangrijker om het proces in gang te zetten en stap voor stap succes te boeken. Vandaag de dag heb ik nog steeds een enigszins verstoorde relatie met voedsel, maar ik denk op een positieve manier. Sinds het incident heb ik geen junk food, snoep, alcohol etc. meer nodig en ik ben blij met het voedsel dat ik eet. Alles gaat niet van de ene dag op de andere. Maar de weg is het doel. Zo heet het.

Het hoofdstuk over anorexia en de geschiedenis van de psychose zou boeken kunnen vullen. Het is een feit, om hier niet onnodig te verklaren dat ik er op de een of andere manier uit ben gekomen. Op de een of andere manier start ik het proces dat ik in een andere richting wil bewegen. Hoe heb ik dat gedaan? Door twee eenvoudige dingen: Ten eerste heb ik mijn huidige situatie opgeschreven en vergeleken met mijn doelsituatie. Schriftelijk, zodat ik het steeds opnieuw kon lezen. En ten tweede heb ik mijn onderbewustzijn geherprogrammeerd. En wat dat betekent en hoe het werkt, daar hebben we het over gehad.

Er waren twee dingen die ik kon leren, naast de ervaringen die deze twee, laten we het gebeurtenissen noemen, me gaven: Ik heb veel met mezelf te maken gehad en heb gemerkt dat ik zelf iets moet veranderen zodat er iets verandert. Er gebeurt niets vanzelf, behalve dat de tijd vordert. Ik was 's nachts niet gezond, zelfs niet volgende week, als ik zelf niet echt iets zou veranderen. Een van de belangrijkste ervaringen die ik ooit in mijn leven heb gehad. Zeker, dat maakt me geen held, maar ik denk dat ik iets belangrijks geleerd heb van deze grenservaringen. Iets wat misschien niet iedereen hoefde te leren kennen, kon wel (hoe men het ook wil zeggen).

Als je morgen iets wilt veranderen, moet je klaar zijn om vandaag iets te veranderen. Klinkt makkelijker dan gedaan. Maar let op jezelf als je elke dag dezelfde gewoonten toepast in plaats van een beetje te veranderen en zie welk effect het zal hebben op morgen. Het verlaten van gewoonten is altijd erg oncomfortabel. Daarom doen de meeste mensen dat niet. Het is echter de enige manier om een verandering teweeg te brengen. Het zal nog erger worden als deze verandering zich morgen niet laat zien. Dan lijkt het toch niet goed te doen. Als de verandering alleen zichtbaar is in een maand, of in een jaar, of in 10 jaar op uw bankrekening, dan is het moment zeker belangrijker voor iedereen dan het moment in 10 jaar. Het enige serieuze verschil is echter het volgende: Je leven, ook al verandert het pas over 10 jaar, zal voor altijd anders zijn dan vandaag. Worst-case scenario, nog beter. Dus wil je 10 jaar leven zoals je nu leeft, en dan, na die 10 jaar, ook nog eens 10 jaar, en dan weer 10 jaar zo? Of wilt u nu een misschien wat ongemakkelijke verandering overwegen die u hoogstens 2 of 4 weken ongemakkelijk lijkt, dan wordt het routine en vanaf dat moment is het zelfs gemakkelijk voor u? Misschien heeft het een directe positieve invloed op u en uw leven? En laat je in 10 jaar leven en vanaf dat moment voor de rest van je leven een leven leiden waarvan je nooit durfde te dromen?

Heeft dat voor jou zin wat ik hier schrijf? Als dat zo is, dan moet u nu, op dit moment, nadenken over wat u vandaag, niet morgen, vandaag, morgen, volgende week, volgende maand of volgend jaar wilt veranderen, wat u echt gelukkiger en tevredener zal maken. Deze pagina blijft hier onderaan leeg. Omdat het erom gaat dat je precies opschrijft wat je hier vandaag gaat veranderen. Schrijf het in dit boek. Ik ben er ook geen fan van, ik denk dat het het boek verminkt, maar schrijf het alstublieft in ieder geval. En stuur mij een foto ervan naar mijn e-mail (d.toelen92@gmail.com). Ik wil zien dat je klaar bent om je geluk onder ogen te zien, klaar om dat vandaag te veranderen om morgen gelukkig te zijn. Wees het jezelf waard. Over vijf jaar kunt u mij weer schrijven. En bedankt. En we kijken nog een keer naar uw foto. En je zult zien: Dit is het uitgangspunt geweest van waaruit alles nu is veranderd.

Een klein voorbeeld uit mijn leven, want het deed hetzelfde met mij. Ik veranderde mijn leven omdat ik moest deelnemen aan een spel dat mij op dat moment absurd leek: Op een reis van de groep waarmee ik het sociale jaar begon, moesten we drie doelen die we in de komende 5 jaar wilden bereiken op papier schrijven, dit stuk papier op de grond leggen en terug naar onze stoelcirkel. Daarna moeten we zo snel mogelijk na een startschot bij ons vel papier komen. Sommigen waren erg traag, maakten er lol in. Andere waren matig snel. Weer anderen liepen. Dat was beschamend. Wat was de moraal van dit spel? Het is eenvoudig. De groepsleiders wilden zien hoeveel we bereid zijn om voor onze doelen te vechten. Hoeveel we proberen vast te houden aan de doelen die we hebben opgeschreven en hoeveel we bereid zijn om obstakels (stoelen en tafels zijn in de weg gelegd) te overwinnen om dit stuk papier te krijgen. Ik ben aan het oplossen: Ik was, om wat voor reden dan ook (dus dacht ik op dat moment), een van de grappige die naar zijn briefje rende. Dat dacht ik ook niet, eigenlijk ook niet. Normaal gesproken reken ik mijzelf tot de mensen die dit soort spellen leuk proberen te maken, omdat ze niets met de werkelijkheid te maken hebben. Dergelijke spirituele verhalen zijn nog nooit eerder mijn ding geweest. Maar iets heeft me er toch toe gebracht om het te doen. Om te lopen. Het doel van het spel, en welke motivatie en expressiviteit het zou moeten bevatten, waren wij spelers niet eerder op de hoogte van het doel van het spel. We moeten deze aantekeningen gewoon herhalen. Dat is het, dat is het. Grappig verhaal, als je het zo bekijkt.

Dit is de noot:

U weet al wat er van deze doelen is geworden.

Ik wil je ook graag de weg vooruit wijzen. Simpelweg zodat je kunt zien uit welke ervaringen ik veel eerder kan spreken en schrijven.

Eindelijk ben ik begonnen met mijn studie. En mijn opleiding. Na enige tijd spelen voor een bekende voetbalclub. We hoeven niet over die tijd te praten. Het was een gek hoofdstuk. Het heeft hier niets te doen. Ik realiseerde me al snel dat chemie en biotechnologie niet waren wat ik altijd al mijn hele leven had willen doen. De eerste semesters waren voor mij dan ook vrij moeilijk. Het was niet dat het materiaal te hoog was voor mij, het was veel meer de didactiek van de studies. Sommige vakken waren erg moeilijk, voor anderen hoefde ik nooit aanwezig te zijn en het examen was een grapje. De laboratoria hebben me bijna gedood. Daar waren de eisen vrij hoog, hoewel we echt niet de beste voorwaarden kregen. Ik weet ondertussen niet eens hoe ik dat allemaal op dat moment precies heb kunnen doen, op de een of andere manier heb doorgedrukt. De Bachelor of Science was dus geen geschenk, maar het was ook geen hekserij. Voor mij was één ding tijdens mijn studie altijd zeker: als ik aan iets begin, beëindig ik het. Ik heb talloze nachten lang nagedacht over de vraag of wat ik hier aan het doen ben, wel de juiste weg is. Ik wist zeker dat dit niet zo was. Maar ik beloofde mezelf dat ik er gewoon mee door zou gaan. Zo gemakkelijk was het toch niet. Vandaag weet ik dat ik beter had moeten kiezen voor een houding in plaats van telkens weer te twijfelen en waardevolle tijd te verspillen. Ik had in geval van twijfel de industrie echt moeten veranderen, of ik had mezelf duidelijk moeten maken dat ik er nu mee bezig ben, maar dan hoef ik er niet meer onnodig over na te denken en er gewoon mee door te gaan. Ja, ik ben er uiteindelijk mee doorgegaan, maar het bracht me altijd op een punt dat ik zeker had kunnen vermijden en dat zou me veel tijd en zenuwen hebben bespaard. Nou, dat bracht me gewoon naar waar ik nu ben. En daarom wil ik u op dit punt de volgende tip geven:

Denk na over wat je wilt doen en hoe je het wilt doen. Neem de tijd voordat u een levensveranderende beslissing neemt. Maar als je haar ontmoet, ga je ermee door. Twijfel niet of je een goed gevoel had op het moment dat je ermee begon. Geen spijt van iets als je dacht dat het op dat moment de juiste aanpak was. U moet uw redenen hebben gehad. En dat is waarom je er nu mee door moet gaan. Twijfel zal je nergens brengen, spijt meestal niet. U kunt ook de verkeerde keuzes maken. Maar heb er geen spijt van als je echt dacht dat het goed was, en je hebt er al eerder grondig mee omgegaan. Want hoe dit ding dan ook eindigt, je kunt het alleen maar ervaren. En die ervaringen zullen u helpen om de volgende keer betere keuzes te maken.

Zelfs aan het begin van mijn studie kreeg ik van mijn opleidingsbedrijf altijd te horen dat het niet voldoende was om een bachelordiploma in de chemische industrie te hebben, omdat de industrie nog niet klaar is om de bijbehorende beroepen voor deze diploma's aan te bieden. Om iets te zijn, zou je op zijn minst de meester moeten doen. Het was me dus duidelijk: ik moet nu ook de meester toevoegen. Uiteindelijk hebben Bachelor en Master me vijf jaar gekost. Naar mijn mening was het een goed geïnvesteerde tijd, ook al wist ik dat ik echt niet in de chemische industrie wilde blijven. Het is goed betaald en heeft een aantal andere, niet onbelangrijke voordelen voor de toekomstige professionele wereld, maar het was me duidelijk dat dit niet het leven is dat ik wil leven. Stempel uw werktijden elke dag, precies na uren, na het werk, na het werk, vakantie, pauzes. Ik realiseerde me al snel dat ik dit leven niet wilde. Het leven, waar blijkbaar iedereen woont, en waar iedereen klaagt, althans in Duitsland. Ik dacht al snel dat het leven me meer zou moeten geven. Ik wist niet precies wat het was, maar ik wist meer.

Als u momenteel of op enig moment geconfronteerd wordt met een beslissing: Onderwijs of universiteit..... Nou, ik kan die beslissing niet voor jou nemen. Ik ben niet iemand die zegt dat je moet studeren, want het kan heel moeilijk voor je zijn als je er niet echt in geïnteresseerd bent en liever wat geld verdient tijdens je opleiding. Een degelijke opleiding kan je soms een zeer stabiele basis bieden voor je werk. Ik ben er echter ook van overtuigd dat je tijdens je studie veel kunt leren over jezelf en andere dingen die je verder brengen. Naast chemie en biotechnologie heb ik ook veel geleerd over structuur, organisatie en samenwerking van en in taken. Ik heb een hoge mate van initiatief geleerd, mijn stressgrens is verder verhoogd, ik heb belangrijke contacten gelegd. Deze studieperiode is meestal meer dan alleen maar een specialist in je vakgebied worden. Je leert veel meer dan alleen maar leren. Dit leer je meestal heel subtiel, zodat je het pas herkent als je klaar bent.

Ik bleef me een weg vechten door de cursus, werkte voor een grote bandenfabrikant voor auto's, als tutor, repetitor en stagemanager, en voltooide vervolgens met succes mijn masterdiploma. Daar was ik, Master of Science, een academisch zeer respectabele graad. Hongerig naar succes, goed opgeleid, maar geen verlangen naar dit leven. Lange tijd worstelde ik met mezelf om me aan te sluiten bij een doctoraat. Dokter Toelen. Dat klonk als een hele mooie naam voor mij. Ik wilde deze titel, dacht ik. Gewoon om iets te bewijzen aan mij en mijn familie. Ik wilde hem echt. Maar toen kwam er op een gegeven moment ook een reden in het spel. Waarom wilt u nu doctoreren als u op alle mogelijke manieren probeert om uit deze business te stappen? Doe je het omdat het je een voorsprong geeft, of omdat je iets wilt bewijzen aan anderen? Uiteindelijk werd ik me er meer dan bewust van dat ik de titel om die laatste reden zeker wilde hebben. En toen ik me daar echt bewust van werd, besloot ik dat niet te doen. Dat was waarschijnlijk een van die punten waar verstandige mensen altijd over praten: Wees eerlijk tegen jezelf. De beslissing was vrij moeilijk voor mij, omdat ik op de een of andere manier het gevoel had dat ik gefaald had. Ik heb vooral nagedacht over wat andere mensen er nu over denken. Zij kenden mij als de vastberaden en hardwerkende Dominick, niet als iemand die er ineens toch niets doorheen trekt. Maar men moet ook eerlijk zijn tegenover zichzelf.

In die tijd was ik het zelf en daarom werd me duidelijk dat ik het helemaal niet wil. En zeker niet, om te blijven waar ik ben geweest. En ook niet de weg die zich nu aan mij heeft aangeboden, wat vele anderen wel doen. Zelfs als arts. Je hebt een vast maandsalaris op je rekening (sommige artsen wel), maar je hebt nog steeds je hamsterwiel, waardoor je onvermoeibaar doorgaat. En dat was precies wat me al heel vroeg stoorde. Dit betekent niet dat elke arts in een hamsterwiel vastzit en daar onvermijdelijk blijft zitten. In mijn optiek zou dit doctoraat mij echter op de een of andere manier niet hebben geholpen. Vandaar het besluit.

Naast mijn studie heb ik geprobeerd andere dingen te vinden om op de een of andere manier geld te krijgen. Ik heb de ene of de andere sport geprobeerd, de ene ook een beetje succesvoller, waarbij ik toen ook nog een beetje geld kwam. Daarnaast ben ik begonnen met daytrading en ben ik uiteindelijk, net als veel andere beginners, enkele duizenden euro's aan hersenloze en onervaren mensen kwijtgeraakt. De hebzucht was soms te groot, de hersenen te klein. Vrij dom idee, maar het waren ervaringen die misschien ook belangrijk waren om te zijn waar ik nu ben. Een paar duizend euro was toen vrij veel van mijn totale spaargeld, als je je afvraagt waar al dat geld zo plotseling vandaan kwam. Door mijn opleiding, het werk als docent en repetitor en kleine andere taken in combinatie met mijn zeer bescheiden levensstijl kon ik een beetje geld besparen. En deze besparing werd door mijzelf verbrand op de beurs, zodat het soms weer erg krap werd voor mij financieel. Mijn duizenden euro's die ik heb bespaard, zijn gedecimeerd tot 600 euro. Met alle andere lopende kosten. Het was zeker weer een ervaring, die mij weer heeft gepolariseerd. Dat was blijkbaar ook niet de Heilige Graal. Dus hield ik mezelf op de hoogte, begon ik verschillende dingen te doen. Affiliate marketing, ben ik begonnen met het schrijven van twee boeken, heb ik een website opgezet en wilde een fitness- en voedingscoach worden. Sommigen hebben het geprobeerd, maar nooit echt doorgezet. Altijd zo half afgewerkt. Het hamsterwiel heeft me keer op keer ingehaald. Ik ben niet echt naar voren gekomen. En toen dacht ik bij mezelf: Op een gegeven moment komt het briljante idee. Toen nam ik wat extra middagen vrij om bewust na te denken over deze "ontbrandende" ideeën. Ik heb nog nooit zo'n goed idee gehad. Maar ik gaf niet op. Maar ook niets dat er echt doortrokken is. Niets is echt van de grond gekomen. Een vicieuze cirkel.

Via een universiteitswedstrijd stond ik op het punt om een bedrijf te starten met twee vrienden. We wilden bioplastics maken van organisch celmateriaal. Zou ook zo ver hebben gewerkt, alleen dat, toen het serieus werd, de meningen en meningen uiteindelijk zo ver uiteenliepen dat ik ook daar aan het scheurkoord trok. Maar tot dan toe heb ik echt ongelooflijke ervaringen gehad. Ik sprak met multimiljonairs, we werden uitgenodigd door hooggeplaatste business coaches, we presenteerden ons idee op tal van congressen. Het was echt een geweldige tijd. Het is ongelooflijk. Veel geleerd, veel geïnvesteerd, veel tijd, maar deels ook geld. Ik heb de nachten doorgebracht, lezingen en sporten afgelast omdat ik dacht dat ik iets had gevonden waar het werk en de inspanning uiteindelijk de moeite waard zouden zijn'. Maar uiteindelijk waren er te veel hindernissen die me afschrikken en de hele steiger deden schudden. Alles leek goed te gaan, maar zelfs daar zijn problemen binnengeslopen, wat me uiteindelijk weer veel tijd en geld heeft gekost. Maar het was gewoon een andere ervaring.

Maar uiteindelijk heb ik er veel van geleerd. Over werken met mensen, vertrouwen, maar ook over vele andere zaken zoals presenteren, overtuigen, verkopen, balanceren..... Als je een bedrijf probeert op te richten vanuit een idee, dan heb je te maken met zoveel dingen die je gewoon kunt leren. U kunt van al deze dingen heel veel profijt hebben en ze kunnen u echt een heel leven lang vooruithelpen.

Heb ik eigenlijk al gezegd dat mijn afstudeerscriptie bijna een maand voor inzending werd ingetrokken? Niet door mijn vergissing, maar door een werkelijk ongelooflijk slechte actie van mijn professor. Dat is geen excuus, dat is een feit. En het mislukken van het business idee gaat ook hand in hand met het verhaal van de professor. Je kunt hier echt praten over sabotage en chantage. Ik dacht niet dat dit tot dan toe mogelijk was, maar het werd een bittere realiteit. Het was niet allemaal zo eenvoudig als je je had kunnen voorstellen of wensen.

Waarom vertel ik u dit alles zo gedetailleerd? Niet omdat ik mezelf wil aduleren, maar om je te laten zien dat niemand in deze wereld goed loopt. Niemand. Ik zweer bij God. Het is waar dat het er vaak op lijkt dat bij succesvolle mensen alles altijd zo soepel, zo perfect, zo probleemloos verloopt. Maar hoeveel van deze mensen kent u beter? Hoe zeker weet je echt dat deze mensen geen problemen hebben? Ik denk niet dat je veel van hen kent. Het is menselijk om te denken dat je zelf altijd slechter af bent dan anderen, en anderen hebben het altijd makkelijker en beter. Het is menselijk, maar het is geen goede kwaliteit. Neem het dus alstublieft niet als excuus dat het menselijk is, maar wennen aan deze negatieve, destructieve en zinloze kwaliteit zo snel mogelijk. Het enige wat je eruit haalt is zelftwijfel, pessimisme en verspilde tijd waarin je productief en gelukkig had kunnen zijn.

Ik heb het ook niet goed gedaan. Integendeel. Er is veel misgegaan met mij. Uiterst veel. Aan de ene kant het gezondheidsaspect, aan de andere kant de geschiedenis van de universiteit, het bedrog door vrienden, ongenoegen en gebrek aan steun. Kan allemaal heel dramatisch klinken. Voor mij was het bij tijd en wijle zeker hetzelfde. Ik wil hier nooit vergelijken. Zoals eerder geschreven: Naar mijn mening is lijden niet te vergelijken. Maar ik was er ook zeker van dat het makkelijker, sneller, goedkoper en beter had kunnen zijn. Alles, maar dat is niet wat het heeft. Dus, wat kun je doen? Heb je medelijden met jezelf en schilder de wereld zwart, accepteer alles als door God gegeven en treurig voor je? Dat verandert niets aan het geheel. Als er één ding is wat ik tot nu toe in mijn leven heb geleerd, dan is het wel dat er 's nachts niets gebeurt. Dus ik had kunnen wachten tot ik morgen wakker werd en al mijn problemen waren opgelost, ik was een multimiljonair en de gelukkigste persoon ter wereld. Wat is de kans dat dat gebeurt? Positief geformuleerd: Zelfs niet bij nul. Meer negatief. Dat kan niet. Dus je weet hoe slecht die gedachte was. Wat is uw situatie nu? Wacht u op iets wat morgen, volgende week of misschien volgend jaar gebeurt en u gelukkiger maakt? Leef je zo en denk je: zal er ooit iets komen? Denkt u dat morgen anders zal zijn dan vandaag als u niet bereid bent om vandaag iets te veranderen? Ik betwijfel het, ik betwijfel het. Mijn geschiedenis heeft mij dit op indrukwekkende wijze bewezen. Steeds weer opnieuw.

Ik kan je zeker niet vertellen hoe je je leven moet leiden. Maar ik kan je vertellen hoe ik mijn leven tot nu toe heb geleefd. En zoals je kunt zien, kom ik uit een bescheiden achtergrond en heb ik zeker zeer slechte ervaringen gehad. Toch ben ik er op de een of andere manier in geslaagd om succesvol en vooral gelukkig te worden. Dus wat was er zo geweldig aan mij dat je zou kunnen zeggen: Ja, dat deed je..... STOP! BULLSHIT! Stop weer met het zoeken naar excuses. Je bent verantwoordelijk voor je eigen leven. Niemand doet het perfect. Voor velen loopt het zelfs het tegenovergestelde: het loopt erg slecht. Maar wat is dan de trekker die je doet slagen? Het is niet je rijke ouders, het is niet je gelukkige toevalligheden, het is je houding tegenover jezelf.

Als je je afvraagt wat ik nu doe en hoe ik heb gedaan wat ik je hier vertel: Momenteel woon ik in Dubai en werk ik met een van de meest succesvolle handelaren ter wereld. Ik ging terug in de trading business omdat het me gewoon ongelooflijke voordelen liet zien. Ik nam een paar maanden geleden een kans die mijn leven veranderde. Het was de kans van mijn leven om met een van de belangrijkste mensen van mijn leven te werken. En samen hebben we deze kans tot een realiteit gemaakt. Op dit moment werken we aan een enorm project om veel mensen te helpen. Als handelaar, als coach, als mentor. De beurs heeft me veel geleerd en ik heb er al wat van in dit boek voor jullie ingepakt. "Handelen is als in het echte leven," zoals mijn mentor en zakenpartner Koko Petkov zou zeggen. En daar heeft hij helemaal gelijk in. Daarom ben ik nu zelf handelaar, coach en mentor. Ik wil u nu helpen die weg in te slaan. Niet noodzakelijkerwijs naar de handelaar en naar Dubai. Maar aan gelukkige en succesvolle mensen. Het is mijn wens om u daarbij te helpen. Omdat ik die kant op ging. Met mijn eigen benen. Ieder op en neer. Omdat ik moest weten wat werkte en wat niet werkte.

Deze wereld is prachtig. Deze wereld is prachtig. Geef niet op. Het is uw doel, het is uw leven. Stop niet als je moe bent. Stop als je klaar bent. Met dat in gedachten:

Ze bestaan. Er zijn twee perfecte tijden in het leven. De een was gisteren, de ander is vandaag!

Uw Dominick

Mijn zeer persoonlijke boodschap aan u:

<font color="#ffffff00"-=https://drive.google.com/file/d/11PANqxmPIpsXkpLzMxHgeBvHI4BXO7Ph/view?usp=- presenteert trots

De achtergrondmuziek werd vriendelijk verzorgd door :

www.EverMusic.de

fighting_for_love/licence-free/private/evermusic

retrospectie/licentievrij/privé/evermuziek

Mijn e-mailadres:

d.toelen92@gmail.com

www.ingramcontent.com/pod-product-compliance
Lightning Source LLC
Chambersburg PA
CBHW030643220526
45463CB00004B/1625